LE DÉSERT ET LA SOURCE

RENÉ CAGNAT

LE DÉSERT ET LA SOURCE

Djihad et contre-djihad
en Asie centrale

Préface de
Pierre CONESA

LES ÉDITIONS DU CERF

Ouvrage apporté par
SÉBASTIEN DE COURTOIS

Illustrations intérieures (sauf indication) : © René Cagnat

© *Les Éditions du Cerf*, 2019
www.editionsducerf.fr
24, rue des Tanneries
75013 Paris

ISBN 978-2-204-11833-0

Figurant au patrimoine mondial de l'UNESCO, le minaret de Djam, bâti à la fin du XIᵉ siècle au cœur de la capitale d'été des Sultans de Gor, est l'emblème de ce livre. Il fut le seul édifice à survivre en 1222 à la destruction systématique de la ville par les Mongols. Isolé dans les montagnes à l'ouest de l'Afghanistan, il est actuellement sous la menace de Talibans/trafiquants occupés, autour du monument, à déterrer les trésors enfouis de la vieille cité. Cette merveille est symbolique d'une rencontre entre le christianisme et l'islam puisqu'il porte un bandeau épigraphique reproduisant en caractères coufiques la sourate coranique consacrée à Miriam (Marie), mère du prophète Jésus.

Le désert et la source n'est pas un ouvrage d'érudition. Il comporte des passages littéraires, voire poétiques, les uns et les autres *en italique* dans le texte. Les passages d'un niveau plus soutenu sont en caractères romains. Pour une bonne compréhension de l'ouvrage, l'auteur conseille une lecture préliminaire des paragraphes en italique, qui donneront une idée de l'esprit du livre et de la vie profonde de l'Asie centrale, avant de passer à la réflexion, c'est-à-dire à la lecture de l'ensemble.

L'auteur a choisi, pour les mots étrangers, la transcription la plus accessible à un francophone. L'orthographe *kyrgyz* (masculin *kyrgyz*, féminin *kyrgyze*, pluriel *kyrgyzs* et *kyrgyzes*) sera préférée à *kirghize*, car, plus proche de la langue kyrgyze, elle a le mérite de la simplicité : *Kyrgyzstan* au lieu de *Kirghizstan* et surtout, à la française, *Kirghizistan*.

À la très Sainte Vierge Marie, mère de Dieu,
À Miriam, mère du prophète Jésus.

« Il n'y a jamais de tunnel sans lumière à la fin ;
il n'y a jamais de désert sans source,
jamais de guerre sans paix. »

Colonel Bernard Grué,
ancien prisonnier dans les camps viêt-minh,
auteur de *L'Espoir meurt en dernier*.

Préface

René Cagnat est un écrivain militaire dans la plus pure tradition des officiers orientalistes qui ont tenté de faire comprendre à Paris et d'une manière générale aux capitales impériales, les spécificités des territoires sujets. Il s'intéresse dès 1981 à l'Asie centrale, en publiant avec Michel Jan une monographie, *Le Milieu des Empires, entre Chine, URSS et Islam, le destin de l'Asie centrale*, (Robert Laffont 1981, réédition mise à jour en 1990). La fascination de l'Orient lui était venue comme attaché militaire adjoint en URSS dès 1970. Russophone, disciple d'Hélène Carrère d'Encausse, il a ensuite été attaché de défense en Bulgarie puis en Roumanie ; il réalise enfin son rêve, en 1994, en devenant attaché de défense en Ouzbékistan et au Kyrgyzstan. Je l'ai connu à la Délégation aux Affaires stratégiques (DAS) alors qu'il revenait de la guerre en Yougoslavie. Les mystères des affectations administratives le cantonnèrent à la DAS à l'espace yougoslave, alors que le bureau Russie ex-URSS était occupé par une universitaire politologue bien en cour. L'homme est un pur intellectuel peu enclin aux combinaisons administra-

11

tives. Au cours de son séjour à Tachkent, il constate qu'il est en désaccord aussi bien avec la politique anti-serbe de la France qu'avec la suppression du Service national. Préférant, dans ces conditions, rester en Asie centrale, il renonce à un poste de général (inspecteur du Cadre spécial) qu'on lui propose et fait valoir ses droits à la retraite : il quitte l'armée en 1999 avec le grade de colonel et s'installe à Bichkek. Il acquiert alors, plus que n'importe qui, la connaissance approfondie de cette région complexe qu'il nous fait découvrir et tente de nous expliquer.

René Cagnat est un amoureux de l'Asie centrale, dans laquelle il nous emmène dans une ballade mi-poétique mi-stratégique. Il nous donne envie de le suivre au fil de multiples anecdotes (en italique dans le texte) et souvenirs personnels à travers lesquels il nous explique les effrayants défis que ces populations durent affronter avec la décomposition de l'URSS. Mais sa préoccupation reste l'avenir politico-straté-gique de cette immense région, et il nous ramène régu-lièrement dans les pires combinaisons impérialistes. Ce qu'il appelle le «Très Grand Jeu» remémore souvent les vieilles habitudes des puissances avoisinantes qu'elles soient globales (américaines) ou périphéri-ques : russe, chinoise et aussi turque, iranienne, indienne et pakistanaise. Il explique et démonte les multiples jeux d'alliance qui se nouent autour de cette région sur laquelle le projet chinois des nouvelles Routes de la Soie jette une lumière inattendue. Il commente l'alliance surprenante de rivaux/alliés/concurrents contre un troisième, les manipulations des Talibans ou de Daech par l'une ou l'autre des puissances, tout en regrettant que l'Europe n'intervienne pas par une influence modératrice. L'Asie centrale, Afghanistan inclus, est entrée dans la zone des tempêtes, dès 1979, avec l'invasion soviétique qui installe à Kaboul un régime communiste dans un pays où il n'existe quasiment pas d'ouvriers! Dix ans de guerre s'ensuivent: l'URSS s'écroule en ouvrant l'espace centrasiatique. À la guerre civile en Afghanistan succède celle au Tadjikistan, puis, à la suite des attentats du 11 septembre, la guerre otanienne. Alors qu'il y avait, dans ces attentats, 15 Saoudiens sur 19 terroristes, c'est encore une fois l'Afghanistan qui subit l'invasion militaire et non pas l'Arabie saoudite. Il en résulte l'échec persistant de la stratégie des grandes puissances sur cet espace qu'on croit «vide», mais qui mérite d'autant plus son surnom de «Royaume de l'insolence» que les plus redoutables armées du monde, britannique, puis russe et américaine, ont continué à tour de rôle de s'y casser les dents! C'est pour avoir rappelé quelques erreurs stratégiques dans *Afghanistan, Du djihad aux larmes d'Allah: les sept piliers de la bêtise* (Éditions du Rocher, 2012) qu'il perdra son statut de consultant auprès des instances officielles. Il insiste aujourd'hui dans le présent livre sur la réislamisation qui imprègne à des degrés divers les différents pays de la région. Il constate que les grandes puissances, au lieu de reconstruire l'Afghanistan, pivot de la zone, continuent à en faire le champ clos de leur rivalité. Aucune stabilité n'est donc envisageable dans la région. Mais quelle puissance pense en d'autres termes que militaires ce pays magnifique ?

PIERRE CONESA

Introduction

UN AVANT-GOÛT D'ÉTERNITÉ

Au long d'une allée ombragée, bordée de fontaines, le vieux président cheminait parmi les tombes de Chah-i-Zindé, la célèbre nécropole de Samarcande. À l'ambassade, nous avions proposé que cette promenade soit le « clou » de son voyage officiel en Ouzbékistan, décidé pour avril 1994. Mais l'état de fatigue de François Mitterrand, déjà atteint par la maladie, nous avait obligés d'innover : plus question de remonter vers le cimetière, comme cela se pratique presque toujours, par l'escalier abrupt entre les mausolées. Non, maintenant, il valait mieux procéder en sens inverse : suivre la pente, à partir de la Mosquée des Étrangers, par une sente agreste qui musardait entre les sépultures jusqu'aux monuments proprement dits. Le président Karimov avait donné son accord pour cette entorse à la coutume, donné l'ordre d'améliorer le sentier et fait fleurir, à cette occasion, la tombe de sa mère qui se trouve à proximité.

Nous suivions François en silence, un peu inquiets : allait-il pouvoir aller jusqu'au bout de la promenade ? Cela lui plairait-il ? Un garde du corps l'escortait de très près de façon à prévenir toute chute. S'appuyant sur une canne, le président allait assez gaillardement. Visiblement, par cette matinée printanière douce et transparente « à la samarcandaise », il était à son aise. Esthète dans l'âme, il s'arrêtait de temps en temps pour jeter un coup d'œil, demander des explications ; une fois qu'elles étaient données, il réfléchissait quelques instants, puis repartait de l'avant.

Au fur et à mesure de la progression, le spectacle était de plus en plus majestueux : coupoles et mausolées azurés se dressaient maintenant de part et d'autre de l'allée. Pierre Chuvin, notre conseiller culturel, donnait, à sa manière sobre et retenue, les commentaires sollicités. Le visage hiératique, pâle et crispé, du président s'animait parfois d'un léger sourire. François, en fait, était ravi de l'expérience : il ressentait cette révélation, cette illumination intérieure par laquelle commence souvent, chez un chercheur, la fascination de l'Orient et, plus précisément, un amour de l'Asie centrale. Parvenu en bas de Chah-i-Zindé, notre vieux président se retourna pour nous dire : « Merci ! J'ai eu un avant-goût d'éternité ! »

François Mitterrand avait ainsi exprimé très exactement ce que l'on ressent au contact de la beauté centrasiatique : souvent réduite à l'état de vestiges, réfugiée dans les recoins de sépultures tant elle a souffert, jadis et naguère, des invasions, des révolutions, surtout culturelles, et, aujourd'hui, des mauvais traitements de pseudo-restaurateurs attelés à des reconstitutions hâtives, la voilà brusquement qui jaillit, au détour d'une ruelle, d'un vallon à partir d'un petit détail, d'une ouverture minuscule vers un au-delà indestructible, ineffable, étincelant que l'esprit humain, comme par miracle, perçoit et par lequel il s'illumine.

Mais l'Asie centrale, comme l'Europe hélas, ce n'est pas seulement la rencontre et la révélation miraculeuse de merveilles. C'est aussi un entrelacement de calamités, de conflits, de guerres civiles, je dirais presque de malédictions : il faut en rendre compte en priorité pour en tirer une leçon. Mais ce faisant, puisque j'aime l'Asie centrale autant que l'Europe, tout comme le Kyrgyzstan et le Pamir presque autant que la France, je n'oublierai pas, souvent sans le dire, de heurter entre eux, comme deux silex, ces éléments si lointains, si étrangers et malgré tout ressemblants, pour en faire jaillir l'étincelle révélatrice.

Pour analyser cette similitude entre les deux régions, j'aurai recours à l'Eurasie qui les englobe.

I

SURVOL GÉOSTRATÉGIQUE
DE L'EURASIE

J'aborderai dans ce premier chapitre, d'une façon sommaire voire simpliste, l'Eurasie avant de m'insérer, d'une manière plus circonstanciée, sur l'échiquier-type centrasiatique[1], véritable modèle des divers échiquiers stratégiques.

Mon approche de l'Eurasie est beaucoup plus rudimentaire que celle des « Eurasistes[2] ». Sans adhérer à leur doctrine, à laquelle je reconnais cependant une utilité, je me contente de leur emprunter le terme Eurasie et de le confondre avec l'expression « île mondiale » chère aux géopolitologues. On trouvera en revanche dans le schéma ci-joint, simple et pratique, un peu de la conception historique et politique des Eurasistes.

---

1. L'Asie centrale classique (les 5 républiques ex-soviétiques) est élargie, comme il se doit, à l'Afghanistan et au Xinjiang.
2. École de pensée surtout russe avec notamment Liev Goumiliov pour le XXᵉ siècle et Alexandre Doughine pour le temps présent.

Ce gigantesque magma est aux prises, aujourd'hui, avec les aléas de la mondialisation et les difficultés de l'économie libérale qui amènent déjà certains pays à se rassembler, souvent avec les nations voisines, en divers ensembles de solidarité ou de survie : ils leur permettent de mieux « tenir » face aux pressions de l'hyperpuissance américaine et des autres superpuissances. Ce phénoméne se propageant, ces ensembles en cours d'apparition – en Europe centrale par exemple – font penser à la représentation géophysique de la « théorie des plaques » où, au fil du temps et de la dérive des continents, on voit se rapprocher, se juxtaposer, voire se superposer, à la surface du globe, des plaques cohérentes à la dérive. Cela vaut par exemple, de nos jours, pour la plaque indienne qui remonte vers le nord en s'insérant sous la plaque sibérienne suscitant le surgissement de l'Himalaya et de l'Hindou-Kouch.

La géopolitique, bien sûr, disloque l'île mondiale ou Eurasie. L'évolution fera tant d'étincelles que les occasions d'incendie ne manqueront pas... Pour l'instant, on voit la grande plaque russo-turco-irano-mongole se lier, à l'initiative des Russes[1], à la plaque de l'empire du Milieu chinois et ses prolongements nord-coréen, voire pakistanais. L'Inde, le monde arabo-turco-musulman et l'Europe occidentale maintiennent encore leur orientation pro-américaine. Mais cela pourrait évoluer,

---

1. Dans ce livre, l'Europe, comme il se doit, concernera aussi la Russie. Il est grand temps de réincorporer tous les Slaves dans la famille européenne dont ils sont une composante essentielle.

notamment si la Russie, comme c'est prévisible à plus ou moins long terme, lorsque les sanctions seront levées[1], devait s'éloigner de la Chine dans le triangle Washington, Moscou, Pékin. On verrait alors des évolutions décisives : « le petit cap européen de l'Asie » serait tenté de rétablir des liens « de Lisbonne à Vladivostok » avec son « hinterland » eurasiatique. Il en irait de même de l'Inde concoctant une alliance de revers, par-delà la Chine avec la plaque russo-mongole. Le monde arabo-turco-musulman, très tenu par les Américains et tout à ses divisions traditionnelles, se scinderait entre les deux camps ou parviendrait à établir, au moins avec l'Asie centrale et l'Asie musulmane du sud-est, le califat islamique.

Quid de l'Asie centrale dans ce monde en gésine ? Elle est tenue, pour le moment, dans la mouvance de Moscou par ses liens historiques avec la Russie et par sa méfiance de l'énorme Chine à ses frontières. Mais Pékin, avec son projet des Nouvelles Routes de la Soie (NRS), avance divers pions : voies ferrées, routes, tubes énergétiques, emprises financière, technologique, commerciale... Les jeunes Centrasiatiques garderont-ils la mentalité anti-chinoise de la génération actuelle ? Il est sûr que le clivage anti-chinois, pro-chinois, divisera les États comme les peuples de l'Eu-

---

1. Une bonne connaissance de l'histoire russe amène à penser que la Crimée est au peuple russe ce que l'Alsace-Lorraine est aux Français. Il faut le reconnaître et lever les sanctions – très nocives pour l'économie européenne.

rasie centrasiatique ou occidentale. Dans ce dernier cas, le clivage entre pro et anti-américains jouera aussi...

L'Asie centrale, par ailleurs, de par sa foi musulmane sunnite, regardera forcément du côté de la plaque arabo-musulmane. L'Iran chiite, situé entre les deux ensembles, sera encore, de ce fait, un pivot stratégique de première importance. De même, la Turquie, qui partage même langue, même foi et même civilisation avec les peuples centrasiatiques et qui trouve déjà chez eux son hinterland commercial, aura son mot à dire.

Comment rendre compte de toute cette confusion par un plan qui la rendrait accessible ? Confronté à ces différents éléments d'actualité que constituent la spécificité et la montée de l'islam, la condition féminine, la guerre en Afghanistan et la guerre civile, la corruption généralisée et les trafics notamment de drogue, le problème des migrations, j'évoluerai d'un ensemble à l'autre selon une spirale de plus en plus étroite. J'aborderai au moins à deux reprises ces différents thèmes pour finalement aboutir au plus compliqué, le triangle stratégique Washington, Moscou, Pékin. Je suivrai un raisonnement qui évoquera tout d'abord certains fondements historiques, géographiques, religieux nécessaires à la compréhension de la situation lorsque je plongerai dans les ténèbres du présent pour me raccrocher à quelques petites lueurs : par exemple celle du progrès des négociations au sujet de l'Afghanistan si le Président Trump continue à avoir la trempe et la carrure nécessaires pour s'imposer à son groupe de pression militaro-industriel. En fin de compte, même si la guerre continue en Afghanistan après le retrait américain, l'Eurasie pourrait résulter de retrouvailles avec la Russie mais aussi, si les Nouvelles Routes de la soie l'impose, d'une rencontre problématique avec la Chine...

Après cette présentation géostratégique d'un avenir possible, j'aborderai l'islam et le monde traditionnel tels qu'ils apparaissent en région centre-asiatique pour montrer leurs bons côtés, leurs bonnes évolutions mais aussi leurs tendances inverses qui pourraient tout compromettre si une réaction n'intervient pas à temps. À ce sujet, je soulignerai souvent l'importance de la condition féminine parce qu'elle est révélatrice de la capacité ou de l'incapacité des musulmans à se rénover, à s'adapter à d'autres civilisations, notamment chrétiennes.

Enfin, après une réflexion sur l'affaire afghane et l'évocation des trafics, je tenterai une description impartiale du «phénomène américain[1]» qui, après les «replis» de Trump, pourrait redevenir nostalgique du passé impérial de l'hyperpuissance. Ce sentiment pourrait être attisé, en cas de retraite américaine, par la résistance en Afghanistan, à Kaboul surtout, d'une frange occidentalisée de la population qu'il sera moralement difficile d'abandonner.

---

1. Dont le Président Trump est, en bonne partie, l'expression.

En conclusion, j'évoquerai, à la lumière de cette réflexion sur l'Asie centrale, ce que doivent être nos choix de société, nos réactions à nous, Français, Européens ou immigrés, pour surmonter au mieux, voire affronter, les dangers prévisibles.

L'austérité du texte sera atténuée par l'insertion de récits et d'anecdotes qui, pris sur le vif, permettront de coller à la réalité.

Traduction du kyrgyz : « Pauvre cher peuple, où allons-nous ? » Localité kyrgyze d'Aravan, septembre 2016. Campagne d'affichage organisée dans tout le Kyrgyzstan à la demande, paraît-il, de l'ex-président kyrgyz, Almaz Atambaev.

II

DE L'ASIE CENTRALE À L'EUROPE

Envergure des problèmes centrasiatiques

LES ÉVOLUTIONS DE L'ISLAM

En ce mois d'août 2016, j'effectue mon entraînement matinal dans un parc de Bichkek, la capitale kyrgyze. Je profite encore d'un restant de fraîcheur sous les chênes alors que le soleil darde ses rayons par les interstices du feuillage. J'arrête ma course en lisière pour souffler quelques instants, considérant à l'horizon les monts Célestes voilés d'une brume de chaleur. Je remarque alors devant moi, un immense panneau publicitaire recouvert d'images insolites. À l'arrière-plan, je reconnais trois groupes distincts de femmes, le premier représentant des Kyrgyzes habillées en costume national multicolore arborant l'eletchek, la haute coiffe traditionnelle, puis un groupe en prière plus ou moins voilé de blanc – la mise des pèlerines du Hadj –, et à l'extrémité, une masse noire, figée, sinistre, de femmes-fantômes revêtues du niqab, le voile intégral. Une inscription parcourt l'ensemble : « Pauvre cher peuple, où allons-nous ? »

Le spectacle de cette foule en niqab fut un choc, cette habitude vestimentaire étant si étrangère à l'âme kyrgyze. Si cette campagne d'affichage – qui fut étendue à tout le pays –

révèle, certes, une réaction « féministe » du Kyrgyzstan et de son Président, elle illustre aussi clairement un asservissement des femmes que je remarque depuis la chute de l'Union soviétique dans tout le Turkestan [1] : crédules, sans expérience, des jeunes gens – de plus en plus nombreux parmi les croyants – se laissent influencer par des fanatiques venus de l'étranger qui introduisent, dans un islam centrasiatique plutôt modéré et tolérant, coercition et rigorisme.

À mon arrivée au Kyrgyzstan en 1996, en tant qu'attaché militaire, j'avais tout de suite remarqué la liberté toute naturelle qui était laissée aux femmes de ce pays musulman, mais de tradition nomade. Quelle différence avec l'Ouzbékistan, de tradition sédentaire et beaucoup plus sévère, où j'étais aussi attaché militaire ! Et voici qu'aujourd'hui, en invoquant des traditions vestimentaires étrangères – le khidjab, le niqab –, on envisageait de mettre sous le boisseau l'esthétique suprême des visages, même à Bichkek au Kyrgyzstan !

Voici plus de vingt ans, juste après la période soviétique, rencontrer en Asie centrale une femme voilée était une sorte d'attraction : à cette époque, on se rendait à Namangan, dans le Ferghana ouzbek, pour y photographier les derniers parandja, une tenue qui dissimulait le corps féminin de la tête aux pieds ajoutant sur le visage un voile sinistre en crin de cheval noir qui le cachait en totalité.

Mais, peu à peu, dès les années 90, j'ai vu apparaître, timidement puis ostensiblement, à la place de l'habit traditionnel des femmes centre asiatiques, si seyant, si multicolore, en particulier chez les sédentaires ouzbeks et tadjks,

---

1. Ou «pays des Turks», appellation donnée traditionnellement à l'Asie centrale ex-soviétique, mais aussi au Xinjiang chinois, à l'Afghanistan du nord et au Nord-Est iranien. Par convention, on écrit «turc» pour les Turcs d'Anatolie et d'Europe mais «turk» pour qualifier les autres Turks, du Caucase à la Sibérie en passant par l'Asie centrale.

les tenues dites « musulmanes » les plus rigoureuses. Il y a dans ce « camouflage » une contrainte physique, un étouffement de la femme par rapport à l'homme, surtout si l'étoffe portée est sombre. J'en fus convaincu lorsqu'à Och, au printemps de 2017, j'ai croisé dans une grande surface une femme voilée de noir, de la tête aux pieds, en train de faire ses courses avec ses deux enfants, une fillette de dix ans déguisée de la même façon et un garçon portant avec décontraction short et polo verts. Ce spectacle eut été impensable il y a dix ans. La question est de savoir comment l'Asie centrale, voire l'Europe, réagissent face à ce changement de culture qui les concerne l'une et l'autre.

Outre les aspects géopolitiques et sécuritaires, l'objectif de ce livre est de montrer, dans le plus grand respect de l'islam, le danger que représente l'hydre aux mille têtes du fanatisme avec ses ramifications envahissantes. Une hydre qui pourrait reprendre vie dans les tréfonds discrets, mais éminemment stratégiques de ce heartland où Halford John Mackinder, le fondateur de la géopolitique, discernait le pivot du monde. Dans ce contexte, l'Asie centrale demeure paradoxalement, selon le Global Terrorism Index[1], l'une des régions qui échappent le plus au terrorisme.

Il est vrai que certains éléments de l'islam centre asiatique, comme le soufisme avec son approche plus régionaliste que nationale de la réalité musulmane, sont résolument étrangers à l'islamisme, ce militantisme religieux dont l'ambition est planétaire. Pour cette raison, peut-être, l'ambition de l'Organisation État islamique (OEI)[2] est de conquérir, un jour, ces provinces turkestanaises à forte valeur symbolique

---

1. *Institute for Economics & Peace*, U.S. Department of Homeland Security, 2016.
2. Appellation d'origine devenue EI, État islamique, pour redevenir OEI en 2018 en fonction des avatars de ce mouvement. On trouvera donc ici les sigles EI puis OEI.

> *qu'il qualifie de « Khorassan » : appellation naguère limitée*
> *au nord-est de l'Iran, jadis prospère, mais totalement rendu*
> *au désert depuis les destructions de Tamerlan au XIVᵉ siècle.*
> *J'ai pu constater, dans tout le Turkestan, que la réislamisa-*
> *tion bat son plein comme pour préparer le terrain aux*
> *islamistes.*

THÉORIE DU COMPLOT ET NOUVEAU TRÈS GRAND JEU

À ce sujet, un point de vue centre asiatique, peut-être un peu fumeux, est assez largement partagé sur place : il consiste à penser que la radicalisation de Daech au Proche-Orient, qui a suivi celle des Talibans en AFPAK – l'ensemble Afghanistan-Pakistan – a été voulue par Washington[1]. Elle traduirait une manipulation globale destinée à maintenir la prééminence américaine en divisant le monde musulman. Selon un religieux kyrgyz, l'inquiétude affichée en Occident à propos d'une intrusion de Daech en Asie centrale viserait à susciter une crainte du terrorisme qui déclencherait une intervention, au moins de la Russie, menacée dans son pré carré centrasiatique. Les États-Unis, perçus comme machiavéliques, soutiendraient en sous-main Daech pour l'amener notamment au Turkménistan sur les arrières de l'Iran, l'ennemi abhorré des Américains comme des Djihadistes, mais l'allié de Moscou et de Pékin. En attendant – ce point de vue m'a été donné en 2016 –

---

1. L'acronyme AFPAK a été inventé en 2008 par le diplomate américain John Holbrooke.

les États-Unis se seraient incrustés en Afghanistan pour mieux, un jour, soutenir l'insurrection centre-asiatique qui, suscitée par l'extrémisme religieux, se profilerait. Par contrecoup, le continent eurasien s'embraserait : la subversion islamiste, mais aussi nationaliste, ethnique serait lancée contre l'Europe – à commencer par la Russie –. Elle susciterait, de proche en proche, des réactions violentes permettant de compromettre, pour le plus grand bénéfice de Washington, les nouvelles routes de la soie mises en place par la Chine vers l'Eurasie dans le but précis, comme nous le verrons, de contrôler l'Europe afin, en définitive, de contrôler le monde.

Ce point de vue global, que le président Trump ne semble pas vouloir confirmer, a été soutenu devant moi par des Centrasiatiques et des Russes.

VERS UN DJIHAD CENTRE ASIATIQUE

La reprise de Mossoul et de Raqqa a pu donner l'impression que l'Organisation État islamique en «pays de Cham» est appelée à disparaître. Mais ce n'est qu'une impression. Daech ne se limite pas à une toquade passagère, une péripétie cruelle de l'Histoire. Il ne se limite pas non plus à une seule organisation terroriste, mais concerne plus largement l'insurrection de multiples mouvements, structurés, endoctrinés. Comme on a pu prétendre que le communisme était l'islam du XXᵉ siècle [1], on peut avancer l'idée que l'islamisme, notamment dans son volet touranien [2], pourrait être le communisme du XXIᵉ siècle. En effet, au sein du monde musulman, l'Asie centrale qui a incarné au Moyen Âge un grand moment de l'islam, pourrait accueillir, renouveler et relancer le *djihad*. Longtemps décadentes, subjuguées, ces régions qui courent depuis l'Afghanistan jusqu'au Kazakhstan et au Xinjiang, connaissent un réveil religieux, encouragé par des répressions maladroites, en Chine notamment, qui pourrait transformer de vastes zones en sanctuaires de révoltes. La participation de nombreux Centrasiatiques aux attentats qui secouent le monde occidental et ses marges, dont la Turquie, est, dans l'actualité, le signe avant-coureur de ce phénomène. L'État islamique n'est rien moins qu'un immense bouleversement, une révolution quasi universelle qui, dans les consciences, de mutations en transformations, aura la vie dure. L'Asie centrale comme l'Asie du Sud-Est peuvent lui servir de base arrière.

Tel est mon point de vue, celui d'un Occidental, russisant, qui vit en Asie centrale de façon continue depuis plus de vingt ans en l'explorant avec passion. Auparavant, je l'ai étudiée deux décennies à l'université, dans les états-majors, les ministères, les centres de recherche et lui ai consacré un doctorat sous la houlette

---

1. Claude MONNEROT, *Sociologie du communisme, l'islam du XXᵉ siècle*, 1949.
2. De « Touran », nom d'origine persane désignant la dépression aralo-caspienne ou « bassin touranien ».

d'Hélène Carrère d'Encausse[1]. Fort de cette expérience, complétée par un brevet d'École de Guerre, j'écoutais le 22 octobre 2016 sur les ondes de RFI, du fond de ma thébaïde des monts Célestes, une émission consacrée à « l'Asie centrale et la menace djihadiste ». J'ai pu alors constater que je divergeais par rapport aux participants sur un point important : le fait que la frontière centrasiatique avec l'Afghanistan voisin était « hyper-sécurisée », selon leurs propres mots, et constituait un barrage efficace contre la remontée vers le nord des djihadistes de tout acabit. Ceci est vrai si l'on envisage, de la part de l'adversaire, une attaque militaire classique avec des moyens que les insurgés ne possèdent pas. En revanche, pour avoir observé le terrain, le long du Pyandj et de l'Amou-daria qui le prolonge, au cours de sept ou huit expéditions, pour avoir franchi cette frontière en clandestin deux fois, pour avoir noté, avec l'œil du spécialiste militaire, les insuffisances de l'armée tadjike, je peux affirmer que des infiltrations multiples et simultanées de commandos sont tout à fait envisageables, surtout si des filières du transport de drogues sont mises à leur disposition.

À plus forte raison, rien ne pourra arrêter – à moins d'un massacre – des flots de « migrants » lancés vers le nord.

---

1. Doctorat de 3ᵉ cycle de l'Institut d'Études Politiques de Paris, en 1982 : « Le conflit sino-soviétique et le problème des nationalités ».

LE SURSIS ACTUEL

À propos de l'Asie centrale, il ne faut jamais oublier trois réalités fondamentales : l'omniprésence du trafic de drogues, l'importance de la corruption et le débordement démographique. Ces données transforment les frontières en passoires et sont éminemment belligènes. Nous serons confrontés, au fil de ce livre, à la corruption et aux filières de la drogue, autrement dit au crime organisé alors qu'il sape les politiques hésitantes de nos capitales notamment occidentales et empêche toute solution. L'Afghanistan et l'Asie centrale ploient sous le joug de la mafia qui, comme Daech et consorts, représente une hydre qui engendre misère et guerre civile. Pour l'instant, bien qu'en proie à la corruption, à la drogue et à des excès islamistes, ces pays, à l'exception, du Tadjikistan martyrisé par la guerre civile entre 1992 et 1997 et de l'Afghanistan, en guerre quasi permanente, ont su éviter de trop grands bouleversements, mais ils sont en sursis : pour combien de temps encore ?

J'ajouterai que, malgré ces problèmes et grâce à l'ingéniosité, au dynamisme de ses populations, aux ressources de puissances avoisinantes[1], à l'aide internationale, mais aussi et surtout aux revenus de divers trafics, l'Asie centrale manifeste un renouveau étonnant. À tel point que certains ont perçu, sur cette vieille terre musulmane, le signe prémonitoire d'une

---

1. En particulier par les « *remittances* » des expatriés.

deuxième mondialisation, la première s'étant produite, voici deux millénaires, après l'apparition des routes de la soie qui ont relié la contrée au « monde ancien[1] ». Ce nouveau « dôme de l'islam » – qualificatif attribué à Boukhara dès le XIIe siècle – pourrait donc, sur son actuelle lancée, briller à nouveau d'un éclat incomparable depuis son centre du monde.

Bien entendu, un parallèle est possible entre, d'une part, la progression dans le Touran d'un islam accompagné ou non de désordres et, d'autre part, le même phénomène en Europe, notamment en France. Mais je n'y insisterai pas, me limitant à des allusions. De même, je ferai un parallèle discret entre la très profonde division ethnique quasi insurmontable de l'Asie centrale et le rapprochement spectaculaire et, pour l'instant, plutôt réussi de 28 pays d'Europe. Il est encore à poursuivre en direction de la Russie. Mais voici que la Grande-Bretagne prend le large : attention aux prolongements de cette première dislocation !

Car cet ouvrage n'a pas été entrepris seulement par amour de l'Asie centrale. Je l'ai écrit en pensant à mon pays et à l'Europe qui eux aussi sont menacés par les malfaisances de toutes sortes. Ma patrie sera toujours présente, de page en page, au fil du livre. En décrivant ce qui se passe au Turkestan, notamment en Afghanistan, j'ai voulu, fort d'une longue expérience en zone

---

1. Catherine POUJOL, *Asie centrale, au Carrefour des mondes*, Ellipses, 2013, p. 12.

de crise, montrer à mes concitoyens et suggérer respec-
tueusement à nos dirigeants ce qui les guette s'ils
ne favorisent pas, de tout leur être, l'assimilation de
tous ceux qui nous ont rejoints, s'ils ne sont pas assez
exigeants face aux nouveaux venus et vigilants face
à l'extrémisme, s'ils ne réagissent pas de toutes leurs
forces, dès aujourd'hui, en présence de l'inacceptable :
la résignation face à la dislocation de la Communauté
européenne.

I ASIE CENTRALE, AFGHANISTAN ET XINJIANG

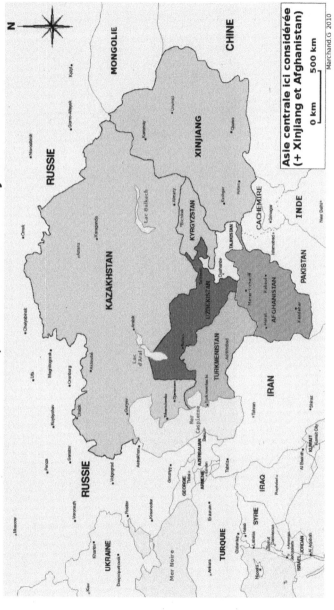

Asie centrale ici considérée
(+ Xinjiang et Afghanistan)

0 km   500 km

Marchand.G 2010

III

L'ASIE CENTRALE

Dans quelles limites et
pour quelle signification ?

Si chargée d'histoire et de prestige qu'elle soit, l'Asie centrale n'est qu'un concept géographique. D'abord sous influence culturelle persane (jusqu'à l'empire tadjik des Samanides au Xe siècle) puis mongolo-turque du fait des invasions, elle tomba finalement sous la coupe de la Russie à la fin du XIXe siècle. Conscient de l'opposition nomades – sédentaires, le pouvoir impérial, pour en tirer parti, créa au nord le Gouvernorat général des steppes (à dominante nomade) et au sud celui du Turkestan (à dominante sédentaire). La terrible épreuve de la Guerre civile (1917-1924) aboutit, selon la volonté de Staline lui-même, à une division plus profonde, cette fois-ci sur une base ethnique : cinq républiques socialistes soviétiques apparaissent peu à peu, chacune autour d'une nationalité dominante. Cela n'empêche pas, en catimini, divisions et contestations, néanmoins contenues par la poigne communiste qui crée un certain amalgame centrasiatique. Et voici qu'en

1991, l'incroyable se produit : ces républiques reçoivent une indépendance qu'elles ne demandaient guère… On pouvait s'attendre à une foire d'empoigne tant les problèmes surgissaient de toute part. Pas du tout ! Chaque république – sauf au début le Tadjikistan persophone en proie à la guerre civile – a exacerbé, et même créé ses particularités, tracé voire édifié ses limites, inspiré sur les bases soviétiques un appareil d'État. L'isolement de la cuvette touranienne entre steppes au nord et à l'est, montagnes et déserts au sud, étendues lacustres (Caspienne) à l'ouest, s'est trouvé aggravé par l'apparition de frontières souvent artificielles, certes, mais très réelles : barbelés, miradors et même, parfois, champs de mines. Il en résulte que la région centrasiatique, en particulier l'Ouzbékistan, est plus enclavée que jamais. Cet isolement n'a pas favorisé un rapprochement des peuples locaux, bien au contraire. Le concept d'unité centrasiatique, au plus confédéral, n'a jamais vu le jour. Les cinq pays qui composent la mosaïque centrasiatique entretiennent donc entre eux d'assez mauvaises relations, un certain isolement, tout en étant à la peine pour maintenir dans leurs États un semblant de cohésion, notamment ethnique.

La notion unificatrice de « Turkestan », le « pays des Turks », est trompeuse. Ces nouvelles nations, en effet, ne parlent pas toutes la même langue ni ne partagent tout à fait la même culture, à commencer par le Tadjikistan – un refuge ethnique à l'abri des montagnes – où les langues utilisées, indo-iraniennes, puisent leurs racines dans un vieux fond persan bien antérieur aux *tsunamis* à répétition des invasions turco-mongoles. De même, la notion de communauté de civilisation ne tient pas. L'Asie centrale demeure divisée entre, d'une part, la tradition sédentaire – Ouzbékistan et Tadjikistan – et, d'autre part, la tradition nomade, fortement minoritaire : Kazakhstan, Kyrgyzstan et Turkménistan. Enfin, l'idée d'une communauté de religion vole en éclat : l'unité de façade – près de 90 % de musulmans sunnites de rite hanéfite – est en passe d'exploser devant la prétention d'un islam rigoriste venu de l'étranger à récuser le soufisme et le culte des saints qui imprègnent tant, d'un bout à l'autre, l'islam centrasiatique.

En bref, l'Asie centrale est, pour l'instant, une vision de l'esprit et ne peut guère aboutir à un rapprochement de type européen... Mais les fourmis chinoises s'activent et, à toute vitesse, créent un réseau d'autoroutes, de voies ferrées, de gazoducs et oléoducs, de dépendances financières, etc., qui, à la longue, éveillerait un « ensemble » à leur profit.

UNE ASIE CENTRALE DANS QUELLES LIMITES
ET POUR QUELLE STRATÉGIE ?

La question touranienne ne doit pas être prise en compte d'une façon restrictive – celle du pré carré soviétique à cinq républiques peuplées de 70 millions d'habitants – mais plutôt par une approche « à géographie variable », plus large et ambitieuse. Aussi, est-il indispensable de prendre en considération deux entités extérieures de grande importance, le Xinjiang chinois (27 millions d'habitants) et l'Afghanistan (34 millions), même si ces pays ne font pas partie de l'Asie centrale *stricto sensu*. Mais, si tiraillés qu'ils soient – pour « le Xinjiang », entre l'Asie centrale et la Chine, pour « l'Afghanistan », entre l'Asie centrale, la péninsule indienne et l'Iran – ils prolongent sur leurs territoires une communauté de destin, de culture et de populations avec le Touran : appellation d'origine persane à laquelle on préfère à tort le mot « Turkestan ». Aussi existe-t-il un « Turkestan oriental », le Xinjiang, et un « Turkestan afghan » au nord de l'Afghanistan.

L'Asie centrale élargie au Xinjiang et à l'Afghanistan est ainsi peuplée d'environ 130 millions d'habitants pour une surface un peu inférieure à celle de l'Australie. Il y a encore de la place pour les populations et c'est l'une des rares données réconfortantes de la région !

LE XINJIANG (NOUVELLE FRONTIÈRE EN CHINOIS)

La Région autonome du Xinjiang, ou encore Ouïgourstan, le pays des Turks ouïgours, est la province la plus occidentale, le *Far West*, de la République populaire de Chine. Malgré un contrôle chinois intermittent

étalé sur deux millénaires, mais effectif seulement pendant quatre siècles, surtout ces dernières décennies, cette province demeure partie intégrante du bassin du Touran tant par ses paysages que par sa population encore majoritairement turque, à 54 %, et musulmane à 59 %, si l'on en croit le recensement chinois de 2010.

L'histoire comme la civilisation de cette « Région » sont liées au monde turc en particulier par une résistance de turcophones et musulmans devant l'afflux massif de Chinois hans qui les accablent notamment par leur nombre. Cette part chinoise de la population – près de 40,1 %, renforcée sans cesse par une forte immigration intérieure venue de Chine – représente de nos jours, avec 11 millions de « Célestes », la première minorité du Xinjiang derrière les Ouigours, presque 12 millions, peu à peu rattrapés. Ces Chinois – fait significatif – constituent, déjà, la première minorité étrangère en « Asie centrale élargie », loin devant les Russes, passés en un quart de siècle de 11 millions à 5,1 en Asie centrale[1].

L'AFGHANISTAN, UNE BOMBE SUR LE FLANC DE L'ASIE CENTRALE

L'Afghanistan, « cimetière des empires », partage beaucoup de liens avec l'Asie centrale, mais nombre d'entre eux sont inavouables, ceux, par exemple, du trafic de drogue : le pays a le triste privilège de produire 90 % de l'opium illégal mondial et utilise l'Asie centrale pour environ 40 % de ses exportations en particulier vers la Russie, seconde consommatrice mondiale d'héroïne. Le premier consommateur n'est autre que l'Afghanistan dont 15 % de la population est dépendante de la drogue avec, ces derniers temps, près de 200 000 victimes aussi nombreuses que celles, civiles et militaires, de la guerre. L'avenir du

1. Les Slaves (Russes, Ukrainiens, Biélorusses) étaient, au recensement de 1979, 10 780 000 dans le Turkestan soviétique (dont 7 millions pour le seul Kazakhstan). Ils n'y sont plus aujourd'hui que 5 millions (dont 3 au Kazakhstan, 1,4 en Ouzbékistan, 0,5 au Kyrgyzstan).

GROUPES ETHNOLINGUISTIQUES EN AFGHANISTAN

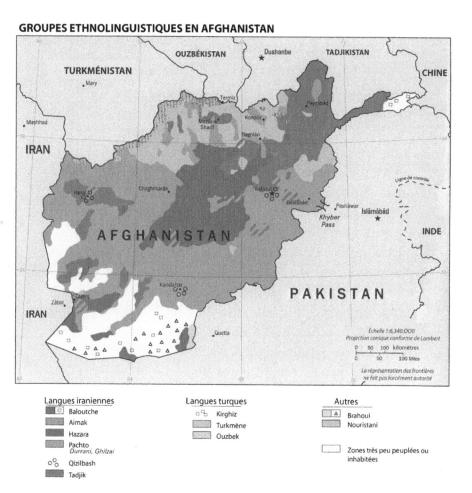

Langues iraniennes
- Baloutche
- Aimak
- Hazara
- Pachto
  Durrani, Ghilzai
- Qizilbash
- Tadjik

Langues turques
- Kirghiz
- Turkmène
- Ouzbek

Autres
- Brahoui
- Nouristani

- Zones très peu peuplées ou inhabitées

peuple afghan s'en trouve gravement atteint. Mais nous verrons que la corruption est, en pays afghan, beaucoup plus déterminante pour cet avenir.

L'Afghanistan partage avec le Touran une juxtaposition de populations à la fois persophones (87 %) et turcophones (12 %), mais dans des proportions inverses : 12 % seulement de persophones en Asie centrale. Le pays afghan est donc lui aussi un prolongement vers le sud du monde centrasiatique, mais surtout une bombe fixée au flanc du Turkestan prête à exploser en lançant, tels des éclats, au nord du Pyandj, guérilleros et surtout candidats à l'émigration : alors que la population afghane, l'une des plus jeunes au monde, est de 34 millions d'habitants, sa natalité extrêmement forte devrait être à l'origine de projections démographiques effrayantes. Si rien n'est fait pour le pacifier et l'assagir, le peuple afghan ne pourra que se déverser sur ses voisins, notamment ceux du nord, les plus faibles. Le problème est encore aggravé, aujourd'hui, par le retour au pays, plus ou moins forcé, mais *par millions*, de réfugiés jadis chassés sur le pourtour par la guerre.

LE *HEARTLAND* ACTUEL

Sept pays et, rappelons-le, 130 millions d'habitants : tel est le *Heartland* actuel qui correspond à la partie méridionale de cette «aire-pivot» définie en 1904 par

Sir Halford John Mackinder, l'un des fondateurs de la géopolitique. Cette position centrale permet à son possesseur de mettre à portée de tir et d'action nombre d'objectifs «hostiles». Cette zone, en prévision d'interventions en tout genre, est devenue un carrefour stratégique essentiel pour les superpuissances, voire les puissances régionales à la recherche de capacités de frappe ou du pré-positionnement de leurs forces. De même, la présence sur le pourtour de la zone de quatre puissances nucléaires, la Russie, la Chine, l'Inde et le Pakistan donne un intérêt stratégique au pivot centrasiatique[1], d'autant plus que le Pakistan pose problème : ce «pays des purs» – signification en ourdou de Pakistan – possède la bombe dite «islamique» pour l'avoir financée avec l'aide de l'Arabie saoudite, ce qui donnerait à ce dernier pays un droit de regard sur l'utilisation. On peut trouver là une explication «nucléaire» à l'obstination des Américains à s'incruster en Afghanistan. Ce pauvre pays, en tout cas, où grouillent les Talibans et Daechistes, est aussi, certainement, le plus grand panier de crabes en ce bas monde.

Mais, hormis ce panier, qu'il faut surveiller, il existe bien d'autres raisons pour les États-Unis de s'incruster en pays afghan : stratégiques, tout d'abord, grâce aux bases de Bagram et autres bases américaines qui permettent au Pentagone de figurer sur les arrières de la

---

1. Heureusement, par entente entre les pays centrasiatiques, à l'instigation du Kazakhstan, l'Asie centrale est dénucléarisée depuis les années 1990.

Chine, de la Russie, de l'Inde, de l'Iran et du Golfe persique. Économiques ensuite, lorsque l'on sait que l'Afghanistan recèle d'énormes ressources en matières premières et terres rares. S'il s'agit, enfin, pour les Américains de compromettre le projet chinois des nouvelles routes de la soie, c'est à partir de l'Afghanistan qu'ils pourront le faire pour sa partie terrestre. Une tentative de Djihadistes et consort de contrôler « Le royaume de l'insolence » allait donc se heurter, de la part des États-Unis, à une forte résistance en fonction de multiples préoccupations du plus haut niveau. C'est effectivement ce qui se produit encore dans la province orientale du Nangarhar bordant le corridor sino-pakistanais. Mais ce n'est pas le cas, étrangement, dans le Turkestan afghan, notamment dans les provinces afghanes bordant le Turkménistan où Daech semble avoir, pour l'instant, la bride sur le cou, voire disposer d'un soutien des Américains... L'État islamique, dans cette région du Turkestan afghan, est très proche, il est vrai, de l'Iran, son ennemi chiite. Est-il possible d'imaginer que la diplomatie américaine dont le poing droit américain cogne sur Daech au Nangarhar, met au contraire un gant de velours à sa main gauche pour aider le même ennemi face au Turkménistan... et à l'Iran ? C'est une figure machiavélique de diplomatie qui permettrait en l'occurrence à Washington de ménager l'avenir ! Nous y reviendrons.

QUE CHERCHE DAECH EN ASIE CENTRALE ?

Daech (EI en arabe) vient du plus profond et du plus lointain des contradictions musulmanes : une haine incoercible entre sunnites et chiites, frères ennemis de l'islam. Fils du salafisme et du wahhabisme, Daech émane aussi d'Al-Qaïda : une apparition qui découle des erreurs commises par les États-Unis au cours de leur intervention en Irak. Fidèle au salafisme, l'organisation terroriste récuse, entre autres, l'acceptation des coutumes populaires, le culte et la médiation de saints, la visite de sanctuaires et les pratiques *ante* islamiques. C'est au contraire ce qu'accepte l'islam centrasiatique traditionnel, qui, en récupérant les religions ancestrales et en tolérant le culte d'Ali, est accusé par les extrémistes de se rapprocher du chiisme. Le « calife » Al-Baghdadi, a eu tout le temps d'analyser « la déviation turkestanaise » lors d'un long séjour à Kaboul, entre 1996 et 2000, dans l'entourage immédiat d'Al-Zarqawi. Un séjour qui a été révélé par les services spéciaux irakiens et vérifié sur place par l'agence de presse afghane PAJHWORK : elle en a multiplié les preuves.

Comme nous venons de le voir, l'Asie centrale n'a aucune réalité dans son ensemble. Elle existe néanmoins en tant que champ de manœuvres en juxtaposant les faiblesses de tous ses États constitutifs avec celles de l'Afghanistan. Elle existe aussi, nous le verrons, en tant que cible pour les États qui l'entourent, l'influencent ou la détiennent partiellement, prêts à la dépecer.

IV

C'EST NOTRE ÂME QUI CHANTE

L'islam centrasiatique et le soufisme

Pour moi, l'âme de l'islam centrasiatique que j'ai tant aimé correspond à des moments privilégiés, vécus dans la douceur des jardins ou la rudesse des montagnes.

Soirs de Tachkent, qui dira votre incomparable douceur ? Là-bas, en bordure de la plaine où le dekhan, le paysan ouzbek, se confine et prodigue son labeur sage et mesuré, les monts Célestes, encore festonnés de neige, bleuissent à l'horizon. Ici, dans ce jardin secret où, près d'un grand mûrier, les fleurs et les fruits rivalisent de séduction, la table est mise sous les pampres d'une vigne généreuse et touffue. Ce soir, nous sommes les invités d'une amie ouzbèke et de sa fille. Visages ambrés et délicats à la Nefertiti, où l'Asie des yeux effilés et des pommettes saillantes est à peine perceptible. Elles viennent de préparer, sur un feu de bois, dans la kazane, marmite ronde du campement nomade léguée aux sédentaires, le traditionnel dom lama – pot-au-feu de mouton longtemps mitonné, baignant dans un bouillon de légumes à la saveur d'antan. Le calme n'est troublé que par deux étourneaux afghans, étranges volatiles, insolents et querelleurs, qui se chamaillent près d'un bassin aux eaux turquoise. Soudain, un appel assourdi par la distance fige ce petit monde : récitatif entre l'incantation et la prière, mélopée tantôt modulée, tantôt heurtée… Tout se tait pour l'écouter. C'est l'événement ! De la mosquée du quartier qui vient d'être rendue à la religion, le chant du muezzin, discret, paisible, mais fier et solitaire, s'élève à nouveau vers Allah. « C'est notre âme qui chante », murmure en russe Goulia, notre amie ouzbèke, en pleurant d'émotion[1].

DJAM : UNE MERVEILLE MENACÉE

Je me souviens d'une allocution du regretté Pierre Chuvin en 1998 à Tachkent. Amis et collègues, Ouzbeks et Français, nous étions rassemblés autour de cet éminent helléniste doublé d'un turcologue dans le ravissant petit Institut français d'études de l'Asie centrale (IFEAC) qu'il venait d'aménager dans une vieille demeure d'un *mahallah* (quartier) de la capitale. Alors qu'il nous quittait pour rejoindre Paris puis prendre la direction de l'Institut d'Istanbul, celui qui venait d'être, avec autant de brio que de modestie, notre conseiller culturel nous livra en quelques mots une sorte de testament :

L'Asie centrale est une contrée de toute première importance pour l'islam : elle a joué un rôle essentiel dans son histoire et son développement. Nul doute que, maintenant, après la parenthèse soviétique, elle va de nouveau apparaître, dans le monde musulman, comme une région-phare.

---

1. René CAGNAT, *La rumeur des steppes*, éd. Payot-Rivages, 3ᵉ édition, 2012, p. 43.

Les années passant, je réalise combien Pierre Chuvin avait raison ! Il lui fallait toute son érudition pour parvenir à ce constat inédit : l'islam centrasiatique, malgré son déclin et ses errements actuels, nous réserve de belles surprises, à l'image de ce minaret de Djam, merveille oubliée de l'art musulman, qu'un aviateur, éberlué par sa découverte, remarqua en 1943 (1re photo du cahier), sur les abords de l'Hindou Kouch à 1 800 m d'altitude et à 200 km à l'est d'Hérat, métropole de l'Afghanistan occidental. Ce vestige fut photographié pour la première fois en 1957. Classé au patrimoine mondial de l'UNESCO, il constitue dans son splendide isolement un pur joyau né, voici un millénaire, d'une dynastie lointaine et oubliée, celle des *Ghôrides*. Un seul vestige subsiste, rendu plus fascinant encore par sa solitude.

Imaginez dans l'écrin dur, sec, désolé de l'Hindou-Kouch, un canyon aux nuances mauves et beiges qui dévale enserrant là-haut un ciel aussi limpide que l'eau sourdant, parcimonieuse, de ses fonts. Alors que, suivant un sentier au bas des gorges, vous commencez à vous lasser de cet univers minéral et clos, voici soudain, au détour d'un rocher, dans une solitude absolue, sous l'éclat du soleil afghan, la délivrance, la révélation : l'envolée verticale jusqu'à 65 mètres d'un minaret simplissime, grandiose, intact. Simplissime, certes, ce monument l'est, dans sa sveltesse, tant ses trois étages sont à peine marqués. Mais le spectacle qu'il offre est aussi d'un raffinement suprême par l'entrelacs sobre des briques et mosaïques qui le composent et l'étreinte des cinq bandeaux épigraphiques qui le ceignent. En arabe et caractères coufiques, en céramique et briques émaillées bleu turquoise, il exalte le nom d'Allah et reproduit les 98 versets

Site du minaret de Djam (XIe siècle).
Montagne de Turquoise. Hindou-Kouch. Afghanistan.
La solitude absolue du minaret accompagne et souligne sa splendeur.

de la 19ᵉ sourate du Coran, dite de Mariam (Marie), qui condamne les monothéistes juifs et chrétiens. Mais la calligraphie sur le minaret est si pure, si hiératique qu'on en oublie l'injuste blâme. L'auteur du chef-d'œuvre est connu par un cartouche hexagonal à la base : « Ali, architecte venu du Khorassan ». On voit ainsi ressurgir – rapprochement étrange – le nom d'une province voisine sise en Perse, donné par Daech à toute l'Asie centrale.

Le site de Djam est à maints égards symbolique du Turkestan et de son islam. L'isolement et jusqu'à l'oubli dans lesquels était tombé le prodigieux minaret rappellent l'histoire centrasiatique. Sur le site de Djam comme ailleurs au Turkestan, les Mongols, en 1222, n'ont laissé intact que ce minaret central qui le méritait bien. Ils ont, en revanche, rasé à l'entour jusqu'au niveau du sol une mosquée, un autre minaret et, probablement, la capitale du sultanat de Ghor dite de la « Montagne de Turquoise [1] ». Son bâtisseur, Ghiyassudine Muhammad ibn Sam – qu'Allah le bénisse ! – « Roi des Rois » de l'empire Ghoride a choisi au cœur des montagnes un « tabernacle » d'une splendeur divine, écrin de roches aux teintes mauves, pour accueillir sa capitale d'été et, depuis, ce qui en reste : un minaret aussi colossal que raffiné, ocre et turquoise. La solitude altière et secrète de cet « élan vers Dieu » témoigne, bien sûr, d'un monde de montagnards et de pillards de

---

1. Rory STEWART, *En Afghanistan*, Albin Michel, Paris, 2009, p. 172 à 181. L'auteur a découvert des Afghans occupés à déterrer des antiquités sur un versant dominant le minaret. Tout s'est éclairé quand il a appris que la tribu locale était celle des *Aïmaks firozkuhi* : Aïmaks de « la montagne de turquoise », nom de la capitale détruite.

caravanes que les chemins de la soie n'ont jamais vraiment rattaché au reste de l'univers. Mais il participe aussi du mysticisme, notamment soufi, *des tariqa* – confréries – et des maîtres de sagesse, qui n'a cessé d'empreindre les musulmans touraniens.

« Les fouilles sauvages qui ont lieu aux abords immédiats du minaret se comptent par centaines sur tous les flancs de montagne environnants », écrit Bernard Dupaigne[1] dans son très bel *Afghanistan*. La merveille de Djam, comme le minaret de la mosquée Al Nouri de Mossoul, détruit par Daech, connaîtra-t-elle la triste fin des grands Bouddhas de Bamiyan pulvérisés en mars 2001 par les Talibans ? On ne peut l'exclure, car le minaret, à l'image des pays qui acceptent, voire encouragent un essor islamiste, est en sursis, menacé dans ses fondements par les fous de Dieu qui le cernent.

LES DÉCHIREMENTS DE L'ISLAM

Le Turkestan, c'est aussi, de Tamerlan à Bâbur, une histoire grandiose, remplie de merveilles. Daech sait, en s'attaquant à l'Asie centrale, qu'il aborde un islam illustre, auréolé par son passé prestigieux, ses monuments uniques et disposant d'étonnantes reliques : le plus ancien Coran, le « Coran d'Osman » d'après la tradition, n'est-il pas conservé à Tachkent ? Admirable-

---

1. Bernard DUPAIGNE, *Afghanistan. Monuments millénaires*, Actes Sud, Imprimerie nationale éditions, 2007 (288 p., avec 220 illustrations).

ment calligraphié sur peaux de gazelle, datant du
IXe siècle, le précieux Livre est présenté sous coffre
de verre dans la bibliothèque de la mosquée Telyas-
hayakh. Tamerlan, au cours de sa conquête du Moyen-
Orient, aurait récupéré le manuscrit qu'il transféra à
Samarcande, sa capitale. En 1868, lorsque les Russes
s'emparent de la ville, ils l'emportent comme prise
de guerre et le déposent à la bibliothèque impériale
de Saint-Pétersbourg. Après la Révolution d'Octobre,
Lénine, dans un geste de bonne volonté à l'égard
des musulmans de Russie, confie le manuscrit à la
population d'Oufa – capitale de la Bachkirie, de nos
jours Bachkotorstan –, et, finalement, après des protes-
tations réitérées des populations du Turkestan, le
dirige vers sa cinquième capitale, Tachkent, où il est
resté depuis.

Daech sait surtout que l'islam centrasiatique est
profondément marqué par le chamanisme : une pratique *ante* musulmane qui fait bon ménage avec le
soufisme, islam mystique, imprégné d'une originalité,
voire d'une poésie, qui est aux antipodes de l'interprétation rigoriste du Coran imposée par l'État islamique.
Dès aujourd'hui, on observe un conflit impitoyable
entre ces deux approches de l'islam au cours de la
pénétration de Daech en Afghanistan. La victoire ne
pourra revenir à Daech, cependant, que s'il accepte
de composer un tant soit peu avec cet islam local,
largement partagé par les Talibans. Un rapprochement
paradoxal difficile à imaginer.

L'EI envisagerait-il aujourd'hui de se réinsérer dans cette région phare du savoir et de l'islam ? Oui, nous avons tous les éléments pour le penser, sinon l'observer. Au VIIIe siècle, ranimée par l'invasion arabe et le rétablissement des chemins de la soie, l'Asie centrale, encore de civilisation persane, se mit à rayonner, à partir de la Transoxiane[1], d'un éclat exceptionnel. Une pléiade de théologiens, mathématiciens, médecins, géographes, qui furent en leur temps à la pointe des connaissances ont illustré cet âge d'or. Il s'agit d'Al-Boukhari historien et théologien, compilateur des *hadiths* – actes et paroles du Prophète – considéré comme une sorte de saint Augustin de l'islam, d'Al-Bîrunî[2], un esprit universel, d'Avicenne, médecin génial, d'Al-Khorezmi, l'un des fondateurs de l'algèbre et créateur des algorithmes, d'Al-Kachgari, auteur d'un dictionnaire des langues turques et d'une des premières représentations cartographiques du monde, et de tant d'autres ! Ce que Daech sait moins c'est qu'en Asie centrale, il va aussi accéder à un islam simple, pur, mais également original, longtemps protégé par les déserts et les montagnes, voire par le confinement où le maintenait l'Union soviétique.

---

1. Région comprise, au cœur de l'Asie centrale, entre le Iaxarte et l'Oxus, c'est-à-dire entre le Syr-daria et l'Amou-daria actuels, en arabe *Mawarannahr*, ce qu'il y a de l'autre côté du fleuve.
2. Curieusement au XIIe siècle, suite à un défilé burlesque des étudiants en médecine de Montpellier qui représentaient Al Birouni enturbanné, juché sur un âne, son nom a été donné à notre sympathique « Aliboron », l'âne de Buridan dans les fables de La Fontaine.

Michel Malherbe mentionne « des spéculations élevées qui ont fait du soufisme l'une des composantes majeures de la spiritualité universelle [1]. » Cette option, à la fois sensible, intellectuelle et artiste, a inspiré dans la littérature arabo-persane des œuvres telles que les contes des *Mille et Une Nuits* ou le poème d'amour *Layla et Mâjnun*. Un type de soufisme mené à partir de *zawiya*, monastères où officient des cheikhs – directeurs spirituels de novices – connaît de nos jours une certaine renaissance en Asie centrale. Dans une forêt des monts de Nourata, au cœur de l'Ouzbékistan, un *douval* – mur-enceinte – m'a clairement été présenté comme celui d'un refuge discret d'anachorètes musulmans.

Le soufisme local ou populaire imprégné de croyances et traditions pré-islamiques, zoroastriennes ou chamaniques, constitue la deuxième voie du soufisme. On observe tout particulièrement la manifestation de cet islam populaire, qui choque tant les musulmans salafistes, sur les lieux de dévotion, tombeaux de saints : par exemple à Och, dans le sud du Kyrgyzstan, au long du sentier que musulmans et soufis ou simples visiteurs gravissent dans la montagne jusqu'au « trône de Salomon ». Afin d'obtenir d'Allah la réalisation de leurs vœux, les pèlerins (surtout des femmes) doivent, par exemple, à la demande du « mollah », se faufiler dans une grotte étroite et basse pour y prier. À un autre endroit, ils ont à se suspendre en

---

1. Michel MALHERBE, *Les Religions de l'Humanité*, éd. Critérion, p. 194.

l'air, toujours en prière, en s'accrochant des deux mains à une cavité de la paroi. Enfin, dernière épreuve, il leur faut suivre, sur une pente rocheuse lissée au fil de temps par des millions de postérieurs, une sorte de toboggan qui devient dangereux par temps de pluie ou de gel. Pittoresques, bon enfant, mais intensément vécues par des gens simples, de bonne humeur, ces pratiques, à la fois chamaniques et tengristes[1], chargées de superstitions cocasses, rendent, en vérité, l'islam local difficile à réduire tant il est ancré dans l'âme du peuple!

La troisième voie du soufisme, celle de l'ésotérisme, c'est-à-dire de l'action plus ou moins clandestine de confréries, les *tariqa*, a connu, dès le Moyen Âge, son principal développement à partir de l'Asie centrale. C'est ce soufisme ésotérique que les salafistes, wahhabites et autres gens de Daech perçoivent comme le plus porteur d'une dérive vers le chiisme.

Il est incontestable que les soufis, malgré leur attachement à l'orthodoxie sunnite, comblent une partie du précipice qui figure entre sunnites et chiites. Ainsi vénèrent-ils, comme les chiites, Ali dans lequel ils perçoivent l'origine de leur tradition mystique. Ils pratiquent ouvertement le culte des Saints et tolèrent des pèlerinages partagés avec les chiites, par exemple celui effectué, près de Boukhara, sur la tombe du saint fondateur de la Naqchbandiyya, société secrète aux ori-

---

1. Le Tengrisme concerne la divinisation du ciel ou de certaines très hautes montagnes comme le Khan Tengri (7 002 mètres) au Kyrgyzstan. Il est lié à l'animisme, au culte de la nature et des ancêtres.

gines centrasiatiques. Enfin, dernier point commun et non des moindres : l'action clandestine des tariqa sunnites a son pendant chez les chiites, eux aussi engagés dans une action ésotérique. Des liens discrets peuvent ainsi se tisser entre communautés.

On peut noter à ce sujet les liaisons confidentielles établies entre pays centrasiatiques et organisations internationales les plus diverses par l'entremise de Karim Aga Khan IV, chef spirituel des chiites Ismaéliens. Quarante-neuvième « imam », ce personnage né en 1936, joue, grâce à sa fortune et à son talent, un rôle de premier plan. Disposant, de par le monde, du soutien d'une riche communauté de 10 millions d'Ismaéliens, notamment dans la péninsule indienne et autour de l'Océan indien, il « réoriente » l'aide de ces fidèles, à partir de son château de Chantilly en France, vers les communautés les plus défavorisées de ses adeptes. Ainsi la petite communauté ismaélienne des Pamiris réfugiée, depuis des siècles, dans le Pamir et ses contreforts[1] pour échapper aux constantes persécutions sunnites, bénéficie-t-elle, aujourd'hui, de cette aide. Un exemple : les Pamiris du Gorno-Badakhchan tadjik n'ont pu survivre, de 1993 à 1999, à la famine qu'avec l'aide de l'Aga khan transitant à partir du Kyrgyzstan par des routes de montagne. Tout un réseau d'organi-

---

1. Communauté d'un peu moins d'un million : 250 000 au Badakhchan afghan, 200 000 au Gorno-Badakhchan tadjik, 300 000, peut-être, dans le nord du Pakistan (région de Gilgitt) et jusqu'au Cachemire indien et Karakoram chinois (Pamiri et Kyrgyz sarikola).

sations internationales et de représentations « nationales » (notamment dans les pays centrasiatiques) régule cette aide qui se poursuivrait vers le Badakhchan afghan par les ponts bâtis dans ce but sur le Pyandj. Les mouvements salafistes sont particulièrement hostiles à la doctrine ismaélienne, car celle-ci privilégie, dans sa lecture du Coran, une interprétation ésotérique à l'opposé de l'interprétation littérale prônée par les extrémistes. Par ailleurs, les Ismaéliens, très éloignés de la *chari'a* sunnite, représentent la branche de l'islam la plus ouverte, la plus tolérante, la plus moderne. Adeptes depuis un millénaire[1] d'une action discrète et secrète qui seule leur a permis de se maintenir, ils illustrent de nos jours les possibilités d'un rapprochement progressif et prudent entre *tariqa* sunnites et soufisme chiite.

Bien évidemment salafistes et wahhabites enragent contre cette évolution et vont essayer de régler leur compte aux Ismaéliens et aux tariqa, à la Naqchbandiyya, en particulier. Mais cette dernière n'en a cure : elle en a vu d'autres, notamment à l'époque soviétique où, dirigée avec discrétion par des guides spirituels clandestins appelés *cheikh* en arabe ou *pir* en persan, elle permit une résistance passive au communisme. « Au XXᵉ siècle, les Naqchbandis sont présents, écrit Catherine Poujol, avec les Yasawis et les Qadiris, dans la lutte contre le pouvoir soviétique. Les autorités

---

1. Le mouvement a commencé en 1090 par la prise de Fort Alamout qui deviendra la résidence du « Vieux de la montagne », chef des redoutés « Haschichines ».

connaissaient la force de leur structure, complexe, mais fluide, et de leur organisation clandestine. Leur résistance active révéla leur grande capacité d'adaptation aux circonstances, leur pouvoir de médiation : infiltration des structures soviétiques, renoncement à certaines règles pour mieux résister[1]. »

Vouloir briser le soufisme centrasiatique ne sera donc pas une entreprise de tout repos, mais cette action s'impose à Daech, car elle lui permettrait de détruire l'antichambre du chiisme qu'est, à ses yeux, le soufisme : l'OEI pourrait ainsi affermir son emprise sur l'*oumma* des croyants par l'entremise d'une troisième *nahda*, renaissance[2] qui, liée au XXIe siècle, verrait l'apparition d'autres pôles de populations islamiques : celui du « dôme de Boukhara[3] » et du pôle musulman plus oriental de la péninsule indienne, de l'Indonésie et des Philippines.

Si l'Afghanistan connaît une évolution qui le met en péril, le Tadjikistan et le Kyrgyzstan vivent, eux aussi, en sursis, car ils ont toléré chez eux, depuis les années 2000, une intrusion salafiste qui les ronge peu à peu. Si le camp de l'islam politique ne cesse de progresser dans ces deux pays, il attend de se renforcer encore

---

1. *Dictionnaire de l'Asie centrale*, Paris, Ellipses Éditions, 2001, p. 217.
2. La première *nahda* (renaissance en arabe) est apparue en Égypte et au Moyen-Orient, à l'instigation de Mehmet Ali, à partir d'une volonté de modernisation et de grandes réformes, aux XIXe et XXe siècles. La deuxième intervient au XXe siècle avec l'émergence du nationalisme arabe et l'accession aux indépendances.
3. Cette appellation fut donnée à *bukhârâ-i chârif* (Boukhara-la-Sainte) au moment de son âge d'or du IXe au XIe siècle.

pour y prendre le pouvoir. Les autres pays, comme, par exemple, l'Ouzbékistan et le Turkménistan qui n'ont pas accepté la menace islamiste ou qui, tel le Kazakhstan, ont réagi fermement contre elle, présentent un état de rémission.

Le Turkestan, dans son ensemble, n'en manifeste pas moins les signes d'un réveil économique qui pourrait être prometteur s'il n'était assombri par les ravages de la corruption, du trafic de drogues et d'un capitalisme débridé : les garde-fous érigés par le système communiste pour protéger les classes les plus pauvres ont disparu et les nouveaux riches, accaparant les richesses, se livrent à une exploitation parfois éhontée d'un nouveau prolétariat. De leur fait, ainsi que l'exprimait Karl Marx, la religion – en l'occurrence l'islam – est redevenue « le soupir de la créature accablée par le malheur, âme d'un monde sans cœur, de même qu'elle est l'esprit d'une époque sans esprit : l'opium du peuple[1]. »

Ainsi peut-on expliquer pourquoi tant de jeunes centrasiatiques, souvent semi chômeurs, considèrent l'islam comme un refuge. J'y perçois le résultat d'une évolution. À la place d'un culte traditionnel, calme et bien organisé, est apparu dans les communautés islamiques locales et nationales, en provenance de l'extérieur, un remue-ménage qui, attirant d'abord par sa nouveauté, a fini par tout chambouler : la religion comme les esprits.

---

1. Karl MARX, *Contribution à la critique de la philosophie du Droit de Hegel*, introduction.

V

TERREUR

Le cadre général : selon l'organisation « Human Right Watch », des ressortissants d'Asie centrale ou des membres de sa diaspora ont été impliqués dans sept attentats perpétrés par des groupes comme l'État islamique (EI) entre juin 2016 et juillet 2018. Au moins 117 personnes ont été tuées et plus de 360 ont été blessées dans ces attentats.

Les faits : le 29 juillet 2018, à Danghara au Tadjikistan, une voiture de tourisme, engin de combat de quatre jeunes partisans tadjiks de Daech, fonce sur sept cyclo-touristes étrangers, à 71 km seulement de la capitale Douchanbé, et en écrase quatre. L'équipage a la cruauté de revenir en arrière pour parachever le massacre. « À l'encontre de ce maillon faible de l'Asie centrale qu'est la nation tadjike, il s'est agi pour l'EI de porter en pays tadjik un coup très fort et inattendu. La stratégie utilisée a une similitude avec celle de Gengis-Khan ou de la dissuasion nucléaire : elle se rapporte à la force d'épouvante (*sila oustracheniia* en russe). L'objectif est de terroriser la population centrasiatique. Il convient d'amener par l'horreur et la peur sa majorité hésitante à se conformer, d'une part, aux *fatwas* islamistes et, d'autre part, aux obligations de la *gazavat*, la guerre sainte… Soulignons d'emblée qu'Emomali Rakhmon, le président tadjik, est visé au premier chef par un attentat qui s'est produit tout près de sa ville natale, Danghara. Sa sévérité à l'encontre des musulmans (interdiction de la barbe, limitations apportées à l'habit musulman, contrôle des dignitaires et *mollahs*…) explique qu'il devienne une cible privilégiée[1]. Depuis cette horrible agression, Douchanbé fait planer sur l'enquête et sa diffusion une véritable omerta, loi du silence, qui rend difficile, pour l'instant, tout commentaire supplémentaire autre que celui-ci : « L'attentat odieux de Danghara, perpétré dans le plus pur style "daechiste" par de très jeunes gens dirigés et mis en condition par un "chef" de 33 ans, témoigne de l'existence d'un vivier terroriste en pays tadjik. L'événement, appelé à se reproduire et à s'étendre par le réveil des cellules terroristes dormantes, représente une évolution dangereuse non seulement pour le Tadjikistan qui risque de connaître une déstabilisation, mais aussi pour l'ensemble de l'Asie centrale devenue, depuis 2015, sous le nom de *Wilayat Khorasan*, un nouveau terrain de chasse de Daech[2]. »

---

1. René CAGNAT et David GAUZÈRE, « Le massacre de Danghara, vers le réveil des cellules terroristes en Asie centrale », Asia Focus IRIS, p. 3 et 4, 5/9/2018.
2. *Op. cit.*, p. 2.

Le 3 avril 2017, dans le métro de Saint-Pétersbourg, une bombe humaine éclate. Bilan : 14 morts. La Russie de Vladimir Poutine est visée. Elle est touchée à travers la ville natale de son président. Surprise : le terroriste est un citoyen kyrgyz de nationalité ouzbèke. Que s'est-il passé ? Depuis quand l'Asie centrale envoie-t-elle des kamikazes à l'étranger ? Comment la population centrasiatique le perçoit-elle ? Pourquoi la Russie, l'ancien pays frère, est-elle devenue cible ? Ce n'est que le début d'une longue spirale.

L'enrôlement des Centrasiatiques dans la cause islamiste a commencé vers 1997 avec la création dans le Ferghana du Mouvement islamique d'Ouzbékistan (MIO) tout d'abord impliqué avec des commandos dans la guerre civile tadjike, puis dans une subversion en Ouzbékistan même. Il s'est prolongé par l'apparition progressive de recrues touraniennes sur les champs de bataille du Moyen-Orient : en Irak, d'abord, puis surtout en Syrie, en particulier dans les rangs d'Al-Qaïda et de Daech. Cela signifiait qu'à l'instigation de l'AFPAK et du Caucase, par le biais aussi du pèlerinage à la Mecque, était apparu au sein de l'islam centrasiatique, un courant extrémiste prêt à tout.

À côté des jeunes nommément désignés par leurs pays respectifs pour étudier dans les grandes universités religieuses et devenir mollahs (*moldo* en Asie centrale) on vit apparaître un deuxième recrutement : venus de certains pays musulmans, surtout arabes, des « mollahs » extrémistes bien nantis en devises prestigieuses se sont intéressés dans les médersas locales aux jeunes croyants les plus enthousiastes ou les plus vulnérables. Dans une région recrue de pauvreté un séjour d'étude à l'étranger, tous frais payés, ne se refuse pas. Les candidats furent envoyés discrètement en Arabie saoudite, aux Émirats, en Égypte, au Pakistan, en Turquie, ou même au Bangladesh. Mais leur cursus fut différent : à l'instruction islamique particulièrement extrémiste de quelques sectes plus ou moins souterraines furent ajoutés l'apprentissage de la clandestinité et la pratique de l'internet. Un encadrement religieux apparut ainsi et, dès les années 2000, sur le terreau de la misère et du fanatisme, levèrent les premières moissons djihadistes. En 2015, sur 15 000 combattants étrangers plus ou moins enrôlés par Daech, il était possible de compter environ 5 000 combattants venus de l'ex-URSS, dont 2 000 Russes, Caucasiens et Tatars pour l'essentiel. Le reste était centrasiatique, dont un millier d'Ouzbeks appartenant surtout au Mouvement islamique d'Ouzbékistan, un millier de Tadjiks, 600 Kyrgyzes dont une centaine de femmes et un grand nombre d'Ouzbeks d'Och, au moins 300 Kazakhs, plus un nombre indéterminé d'Ouigours et de Turkmènes.

À ces combattants de la base, parfois accompagnés par leurs familles, s'est ajoutée peu à peu une élite formée pour le sacrifice suprême, souvent recrutée par internet, instruite surtout en Syrie avant d'être envoyée chez elle ou à l'étranger « pour action ». Le recrutement et la préparation – limités parfois à l'utilisation d'internet comme ce fut le cas dans l'attentat d'Aktioubé au Kazakhstan en juin 2016 – sont menés par des spécialistes qui alternent faveurs, menaces et chantages pour maintenir l'apprenti kamikaze dans un parfait état de dépendance. Ce dernier est, le plus souvent, entouré, accompagné presque jusqu'au dernier moment pendant lequel l'utilisation d'une drogue peut l'aider à franchir le dernier pas. Dans ce contexte, tout pays centrasiatique – sauf peut-être, le Turkménistan – a fourni son contingent de sacrifiés. Ainsi, de décembre 2015 à décembre 2016, 27 Tadjiks figurent parmi les auteurs d'attentats. Puis ils furent supplantés dans cette sombre tâche par des Ouzbeks : ils appartiennent souvent à la région du Ferghana[1] peuplée surtout d'Ouzbeks, mais partagée entre Ouzbékistan, Kyrgyzstan et Tadjikistan. Cela explique que des citoyens kyrgyz ou tadjiks sont en réalité des Ouzbeks ethniques. Ainsi en va-t-il, en remontant toute une série d'attentats où les kamikazes sont tous Ouzbeks, depuis l'attaque d'Istanbul dans la nuit du 31 décembre 2017 contre une boîte de nuit (39 morts), puis les attentats de Stockholm (7 avril 2017, 5 morts), de Saint-Pétersbourg (3 avril 2017, 14 morts), et encore à l'aéroport d'Istanbul (28 juin 2016, 45 morts) où les Ouzbeks s'adjoignent un Kyrgyz et un Caucasien. Pour illustrer, cette utilisation

---

1. Le Ferghana, cœur de l'Asie centrale, est plus petit que la Suisse mais densément peuplé par 12 millions d'habitants. Par les Ouzbeks, Tadjiks, Kyrgyzs et même Ouigours qui composent sa population, il rayonne dans tout le Turkestan, notamment du fait de sa tradition islamiste intégriste.

d'Ouzbeks ethniques, mais aussi de Centrasiatiques, nous retiendrons, pour leur originalité, deux exemples d'attentats encore non revendiqués : l'attentat de Saint-Pétersbourg, perpétré, le 3 avril 2017, par un jeune Ouzbek, et celui de Bichkek contre l'ambassade de Chine, mené le 31 août 2016 par un Ouigour.

SAINT-PÉTERSBOURG – MOSCOU

Akbardjon Djalilov avait 22 ans le jour où, dans un wagon de métro, il mit en œuvre l'engin explosif qu'il portait. Auparavant, dans une station de métro proche, il avait déposé un sac à dos lui aussi bourré d'explosifs, dont la mise à feu n'a pas fonctionné. Ce jeune homme n'était pas un « cas social », un enfant abandonné, un drogué, un détraqué, un laissé-pour-compte, un illuminé. Il venait d'un milieu modeste, certes, mais avait grandi dans une famille honorable et digne : son père, Ouzbek d'Och, n'était-il pas – sujet de fierté – citoyen russe ? Né en 1995, dans le quartier Amir Timour, qui correspond à la cité ouzbèke d'Onadyr sise à la périphérie d'Och, il a certainement souffert, dans ses premières années, de la terrible crise entraînée par la chute de l'URSS : toute une société ouzbèke recomposée à la soviétique s'était brusquement effondrée sur elle-même, avec ses règles du jeu, ses combines, ses petits avantages. Le père ne gagnait plus assez d'argent et la mère multipliait les initiatives désespérées pour joindre les deux bouts. Aidée par le quartier indigène ouzbek dit *mahalla*, solidaire et fraternel, la famille était parvenue, cependant, à ne pas permettre à la crise de trop franchir le seuil de la maison : le terroir ochéen est de toute façon si fertile qu'il offre toujours une subsistance en produits de base et en fruits. L'artisanat, l'art du jardinage et la débrouillardise d'un peuple industrieux avaient suppléé au reste. Entouré de parents attentifs, d'une fratrie et de cousins, mais aussi bercé par la douceur des jardins, Akbardjon avait donc connu, malgré les épreuves, l'enfance relativement heureuse des petits Ouzbeks : cette sympathique marmaille grouillait littéralement dans les mahallas où les familles de plus de sept enfants étaient chose courante. L'islam, naguère sévèrement bridé par le communisme, avait connu dans ces années quatre-vingt-dix une véritable renaissance : quelques nouvelles mosquées apparaissaient, mais en aucun cas la présence religieuse n'exerçait alors l'endoctrinement qu'elle affiche aujourd'hui.

Finalement, le grand choc dans la vie d'Akbardjon comme de sa famille a résulté du pogrom d'Och en juin 2010. Il se trouve qu'ayant des amis ouzbeks à Onadyr, j'ai pu revenir dans ce quartier à la fin du pogrom, affichant alors mon soutien aux Ouzbeks. J'eus l'occasion de découvrir ce qu'avait été le siège mené à Onadyr par des Kyrgyzs déchaînés par de fausses nouvelles. Le quartier a pu résister et tenir du 10 au 15 juin, car, à la différence des autres quartiers ouzbeks, il est juché sur une longue colline longée de ravins sur deux côtés. La défense, que les Ouzbeks prétendent « improvisée », avait été organisée par secteurs, chaque détachement de secteur devant intervenir, face aux attaquants kyrgyzs, sur le rebord de crête lui incombant. Un détachement central pouvait prêter main-forte, le cas échéant, mais veillait surtout à la défense de l'hôpital et des femmes qui avaient été regroupées dans une école transformée en forteresse. Partout je voyais, inscrit sur les toits des S.O.S désespérés – *save our souls* – car les Ouzbeks d'Onadyr espéraient une intervention aérienne notamment à partir de l'Ouzbékistan voisin. Mais le président ouzbek, Islam Karimov résista à la tentation : se serait-il laissé aller et c'était l'explosion de l'Asie centrale ! Je suis certain qu'Akbardjon, qui avait alors 15 ans, et son frère Akhror ont participé aux combats de défense avec leurs camarades. Certaines échauffourées furent héroïques. On me montra l'endroit escarpé où, le 13 juin en soirée, des adolescents désarmés ont tenu la crête face à une attaque inopinée des Kyrgyzs. Ces derniers, à pied ou à cheval, et souvent armés, remontaient une pente abrupte. Le temps que les renforts arrivent, ils ont été arrêtés par une grêle de galets. Deux jeunes Ouzbeks furent tués, ce soir-là, à cet endroit. Le nombre probable des victimes a dû dépasser dans la région, pour une durée de six jours, 2 000 personnes. Les exactions, plus ou moins inspirées par la mafia, furent innombrables, inqualifiables et opérées des deux côtés sans ménagement, dans un total aveuglement. Qu'un membre de l'ethnie opposée vous tombât entre les mains et il s'agissait aussitôt de l'égorger sans autre forme de procès. Qu'une femme fut dans la même situation et c'était inévitablement le viol, voire pire. Le plus clair résultat de tant d'iniquité est l'apparition en 2011 dans les camps talibans d'Afghanistan de 400 jeunes Ouzbeks venus d'Och et assoiffés de vengeance. En Orient il n'y a pas de pire appel au meurtre que le souvenir d'une injustice ou d'une torture : cinquante ans après, un petit-fils sera encore capable de venger son grand-père. Le sang appelle le sang, la torture la torture, le malheur le malheur. Le djihad actuel des Ouzbeks kirghizstanais trouve une origine dans cette vengeance.

En tout cas, le pogrom d'Och a frappé de plein fouet la famille Djalilov dès lors désireuse de fuir. Le père, la mère et le fils postulent, dès 2010, pour un départ en Russie : parfaitement recommandables, ils l'obtiennent et partent en 2011. Akbardjon, à peine âgé de 17 ans, obtient la citoyenneté russe alors qu'il travaille comme chauffeur à Saint-Pétersbourg : une preuve supplémentaire que ce garçon mène une vie rangée et n'attire pas l'attention. Mais l'acclimatation en Russie est toujours difficile, surtout pour les Centrasiatiques : découragés par le climat nordique de leur nouveau refuge, comme par l'accueil rugueux des Russes, les parents Djalilov reviennent dès 2012 à Och. Akbardjon, quant à lui, préfère rester à « Piter » : seul. Pendant les cinq années qui suivent, cet adolescent est laissé à lui-même, à l'islam, peut-être, et, surtout… à internet! Comme pour tant d'émigrés, en tout pays, l'accueil du pays choisi n'est guère réconfortant. Dans le cas russe à plus forte raison: les Russes sont charmants, chaleureux, sentimentaux même, mais seulement après le franchissement d'une barrière derrière laquelle ils se retranchent. Certains étrangers n'ont jamais pu franchir cet obstacle. Et ce fut le cas d'Akbardjon. Cet adolescent, doté d'une grâce juvénile et dont le visage ne manque pas de caractère, qui travaille dans la restauration et, par elle, noue facilement des relations, n'a jamais eu, semble-t-il, de *podrouzhka*, l'inévitable petite amie russe. Il reste, pourtant, très proche de sa famille prenant chaque année un congé pour revoir ses parents: sauf en 2015 et 2016, période qui semble marquer une rupture. Si l'on en croit «*Russia beyond the headlines*[1]», il revient quand même en février 2017 et, en bon Ouzbek de tradition, déclare vouloir se réinstaller à Och, construire une maison et prendre femme. Son frère Akhror ne remarque alors aucun changement dans son comportement: Akbardjon, qui ne semble pas s'être réfugié dans l'islam comme le font tant de jeunes Centrasiatiques, n'est pas allé, même une seule fois, à la mosquée. Son ordinateur n'indique aucune activité particulière.

Toute la famille Djalilov est unanime: elle ne croit pas à la culpabilité d'Akbardjon. Elle est persuadée

---

1. Article de presse russe du 11 avril 2017.

qu'il a été la victime d'une machination et que la bombe qu'il transportait à son insu a été déclenchée à distance. Le jeune Ouzbek a cependant été déchu de sa citoyenneté russe, le 22 avril, comme si les autorités avaient tiré leurs conclusions quant à l'attentat. Il est vrai qu'à ce moment-là le FSB – le service fédéral russe en charge de la sécurité intérieure – vient de réussir un coup de maître : il a arrêté, le 16 avril, dans une forêt moscovite Abror Azimov, 27 ans, soupçonné d'être l'organisateur de l'attentat et, trois jours après, son frère Akram Azimov, 29 ans, qui aurait assuré par ses liens avec l'étranger le financement de l'attentat. De plus, aux yeux des enquêteurs, la culpabilité d'Akbardjon ne fait guère de doute, car on a trouvé à son domicile des matériaux qui ont pu être utilisés pour confectionner la bombe. Au total, sur les dix individus arrêtés entre Saint-Pétersbourg et Moscou, huit sont originaires d'Asie centrale et sont presque tous des Ouzbeks ethniques, mais de citoyenneté kyrgyze, chacun ayant obtenu par la suite la citoyenneté russe.

Comment peut-on expliquer une telle « spécialisation » des Centrasiatiques et, à plus forte raison, des Ouzbeks ethniques ? Bien sûr, l'extrême pauvreté du temps de crise a été un terreau fertile de frustration, de radicalisation. Mais il n'y eut pas que cela. Comme nous l'avons indiqué, le pogrom de 2010 à Och et Djalalabad a joué un rôle essentiel dans la mobilisation de la jeunesse ouzbèke – qui perdure depuis – en laissant l'espoir d'une revanche contre les Kyrgyzs.

DANS LE *POD'POLIE*, LES BAS-FONDS

Une autre mobilisation de la jeunesse musulmane est issue de la focalisation des jeunes gens, notamment centrasiatiques, contre la Russie. C'est déjà une vieille histoire puisqu'elle remonte aux interventions contre la Tchétchénie en 1994-1996 et 1999-2000. Moscou s'est révélée alors comme un ennemi rageur et n'en a pas démordu, allant jusqu'à guerroyer en Syrie. Mais sans atteindre ce niveau politico-militaire on peut constater qu'en Russie – comme un peu partout dans le monde – l'intégration de millions de migrants [1] – dont la moitié sont des Ouzbeks – se passe mal : le capitalisme triomphant en fait une main-d'œuvre servile soumise à bien des excès, bien des exploitations. Un incendie survenu le 27 août 2016 dans une typographie du sud-est de Moscou a fait 17 victimes féminines kyrgyzes ! Presque toutes étaient heureuses de travailler illégalement, sans contrat, sans livret de travail, sans assurance, sans couverture sociale. Des incidents de ce genre se produisent presque chaque année et n'indiquent guère de progrès dans la protection des personnes – notamment des femmes – malgré tous les perfectionnements administratifs recherchés officiellement. Trois jours de deuil national au Kyrgyzstan n'ont pas suffi pour refermer

---

1. Si l'on ajoute aux immigrants clandestins (environ 25 %) ou tolérés (à peu près un tiers) les immigrants officiels, on aboutit facilement à une population marginale de plus de cinq millions d'étrangers, dont la moitié au moins est centrasiatique.

une plaie béante qui le demeure dans une sorte d'*omerta* qui permet de ne pas remettre en cause un système quasi mafieux, avantageux pour les riches, mais aussi, un peu, pour les pauvres. L'entrée du Kyrgyzstan en 2016 dans l'Union économique eurasiatique ne s'est guère traduite, à l'évidence, par une amélioration de la condition des travailleurs de ce pays en Russie : le terrorisme actuel, comme les attentats anarchistes spectaculaires du début du XXe siècle, participe lui aussi de l'éternelle révolte des exploités contre des classes privilégiées acharnées à utiliser toutes les occasions de profit qui se présentent. Faut-il un exemple en Asie centrale ?

Dans un restaurant turc d'une capitale centrasiatique, où j'allais régulièrement au début de ce siècle, j'avais remarqué le dévouement et la compétence des toutes jeunes filles, souvent encore mineures, qui assuraient le service. Comme si elles venaient d'une école hôtelière, elles étaient stylées, avenantes, efficaces. Pourtant, j'avais la surprise de constater, tous les mois, la disparition et la relève régulière de ces charmantes personnes. À leur sujet, les réponses au restaurant étaient toujours embarrassées, évasives. Intrigué, je me décidai à chercher par moi-même l'explication du mystère. J'avise une de ces jeunes personnes, que je connaissais un peu, quittant le restaurant visiblement affligée. Je la rejoins et lui demande ce qui s'est passé. Éclatant en sanglots, elle me répond :

« Le patron vient de me renvoyer, malgré mes efforts, pour incompétence. J'étais à l'essai pour deux mois. Je pars sans être payée... – Mais que prévoyait votre contrat ? – Qu'est-ce qu'un contrat ? – Un document

signé qui indique au moins votre salaire. – Je n'ai jamais vu ce document... »

Ainsi ce triste individu avait trouvé le moyen d'utiliser une main-d'œuvre gratuite ! À quelques jours de là, j'appris qu'il avait été assassiné...

Voilà un exemple – je pèse mes mots – des tortures infligées par le capitalisme sauvage à de pauvres gens. Le communisme soviétique, avec l'équité et la générosité incontestables de ses militants de base et malgré tous ses défauts, était d'un autre acabit !

Mais tout ceci passe et disparaît comme une eau d'égout : on l'oublie peu à peu et aujourd'hui, conformément à la mentalité centrasiatique caractérisée par une réticence à se pencher sur un avenir que l'on devine préoccupant, l'ambiance dans les « -stan » est plutôt insouciante. Pourtant, certains événements, tel celui qui suit, sonnent comme un dernier avertissement.

UNE BOMBE À BICHKEK !

Alors qu'au contact de populations turkestanaises[1] j'avais constaté une certaine sympathie pour le « califat » instauré en Syrie du Nord et en Irak, je n'ai pas été surpris de remarquer, fin 2014, qu'al-Baghdadi se ruait déjà dans la brèche. Dès l'été 2015, le chef de l'État islamique s'est lancé à la conquête du Nangarhar où ses guerriers n'ont pas tardé à créer une amorce du Khorasan idéalisé. Toutefois les Américains, dorénavant au fait des réalités centrasiatiques,

---

1. Texte inspiré d'un article écrit fin 2016 et publié à l'époque.

l'ont vu venir et ont fait mine de lui refuser, à grands coups de drones et de bombardements, ce recoin éminemment stratégique. Mais Daech s'est accroché de toutes ses forces dans le petit district d'Atchine qu'il n'a pas lâché. Aussi m'attendais-je sur le pourtour centrasiatique, à une diversion comme l'État islamique en a le secret depuis qu'il est entré sur la scène médiatique. Pas du tout ! Seul le lointain Kazakhstan, contaminé à coup sûr par le Caucase, a continué, en 2015 et 2016, à être secoué de spasmes terroristes comme c'était le cas dès 2012, bien avant l'apparition de Daech. À l'époque, les Ouigours de Chine avaient entamé, de l'autre côté des monts Célestes, une action bien plus sérieuse. N'ont-ils pas été les premiers, en 2013, à redécouvrir les effets psychologiques de l'arme blanche, en l'occurrence sur des Hans horrifiés par tant de barbarie ? C'était déjà « du Daech », mais concocté trop loin : sur les confins chinois, vous pensez ! Ce ne furent donc que des sursauts écrasés dans l'œuf.

Cependant, voici qu'arrive l'an 2016 et son cortège de fêtes et de commémorations, notamment, en fin d'été, le vingt-cinquième anniversaire d'une indépendance fourguée par l'URSS en 1991 aux républiques d'Asie centrale. J'ai pensé : « voilà l'occasion rêvée ! Des foules en liesse, comme pour un 14 juillet : ce sera facile à exploiter… »

J'étais si sûr de mon fait que, dès le 25 août, soit six jours avant la fête nationale kyrgyze, 31 août, une semaine avant celle de l'Ouzbékistan et une quinzaine avant celle du Tadjikistan, je me suis fendu d'un message de vigilance écrit en russe et en français : « Daech a ses stratèges : je pense que pour eux, à l'occasion de ces anniversaires et en utilisant parades et rassemblements populaires, un agencement d'actes terroristes dans quelques-uns des pays centrasiatiques qu'ils ont infiltrés serait une façon fracassante d'élargir leur champ d'action… »

Le 30 août, par un paisible matin d'été, je me rends chez un kompioutiertchik *– réparateur d'ordinateur – pour lui remettre, une fois de plus, mon «ennemi intime», cette saleté de notebook toujours défaillant. Huitième étage d'un immeuble dernier cri : baie vitrée donnant sur l'immense panorama des monts Célestes et le nouveau quartier des ambassades, surtout les ambassades ultramodernes et, dit-on, «hyper-enfouies», des États-Unis et de Chine. Pour mieux s'épier et s'écouter, leurs Excellences sont au coude à coude : pas plus de 300 mètres séparent les deux compounds. Mais je ne jette qu'un regard distrait sur les divers «cubes et rectangles diplomatiques» recroquevillés à mes pieds tant je suis fasciné, devant moi, par l'amphithéâtre bleuté des monts Célestes encore enneigés qui surplombent de quatre mille mètres les basfonds du Tchou (la plaine de Bichkek). «Deux cents kilomètres après ce fouillis de montagnes, et c'est la frontière chinoise», ai-je pensé.*

Je reçois alors comme un choc qu'amplifie une détonation forte et sèche : les vitres se couvrent de zigzags, prêtes à éclater. Et je vois, à environ un kilomètre de moi, un champignon de fumée blanche s'élever lentement masquant la montagne derrière les «cubes» américains.

«I vot», «ça y est !» – s'écrie en russe le réparateur – «les Ricains ont leur dose : depuis qu'on attendait ça !» dit-il. «Non… C'est pas croyable : les Chinois ont été visés», lance-t-il. Effectivement. Personne n'en revenait, à commencer par les Chinois eux-mêmes se demandant si cette frappe contre eux n'était pas due à une erreur ! Sirènes, alerte, ambulances, déploiement de forces, quadrillage du quartier. Bilan au demeurant étonnamment léger : une seule victime, l'assaillant à son volant, et seulement trois blessés. Quelque chose a «foiré». Et pourtant les terroristes avaient mis les moyens : deux cent cinquante kilos d'explosif servis à point sur le parvis de la résidence de l'am-

bassadeur de Chine ! Aucun Chinois atteint ! « *Commenceraient-ils – me suis-je demandé – à prendre, comme tout un chacun, des vacances d'été au bord du sublime lac Yssyk-Koul*[1] *?* » *Les heures passent... et, fait inusité, personne ne revendique l'attentat : étrange, étrange...*

Finalement, le gouvernement kyrgyz confie le dossier à ses services spéciaux. Ils font diligence et rendent, six jours après, le verdict de leurs enquêtes : beau rapport, bien ficelé, concis, précis. Peut-être trop beau pour être vrai... En tout cas, conforme aux consignes données par le pouvoir.

On trouvera ci-après, en complément de la version officielle, l'interprétation vraisemblable de l'événement fournie par certains enquêteurs et fondée sur des faits précis. L'attentat, selon les policiers kyrgyzs, aurait été commandité et financé par des groupes ouigours actifs en Syrie et subordonnés au groupe Al-Nosra. Le plan est exécuté par un membre du Mouvement islamique du Turkestan oriental (MITO), Ouigour, détenteur d'un passeport tadjik au nom de Zoïr Khalilov. Mais à part lui, tous les autres organisateurs directs, sur place à Bichkek et à Istanbul, seraient des Kyrgyzs de nationalité ouzbèke originaires de la région d'Och. Leur façon de procéder démontre une bonne formation au cloisonnement censé ne pas permettre une remontée des filières. Ainsi l'exécutant a été accueilli et guidé à Bichkek par des complices qu'il ne connaissait pas et qui ont disparu une fois qu'on lui a remis la camionnette Mitsubishi Delidja chargée d'explosifs. L'artificier, lui-même, a pris l'avion pour Istanbul plusieurs heures avant l'attentat. Le candidat kamikaze s'est donc retrouvé seul, le 30 août, dans une ville étrangère : même le quartier dans lequel il devait intervenir n'était connu de lui que d'une façon très superficielle ! De plus en plus décontenancé, il a donc erré, au fil des rues,

---

1. Vaste lac de montagne réputé pour ses stations balnéaires, situé à 180 km à l'est de Bichkek.

au volant de son véhicule sans oser, pour retrouver sa route, poser de questions de peur d'attirer l'attention sur ses intentions et son chargement.

On sait de bonne source qu'un drone de repérage d'une entreprise privée financée par les Américains et qui se trouvait au-dessus de l'ambassade des États-Unis – voisine de l'ambassade de Chine – avait repéré le manège et les hésitations du conducteur. Ce dernier, faute d'avoir trouvé l'ambassade américaine, a probablement joué son va-tout alors qu'il passait devant le compound chinois : un portail momentanément entrouvert lui a permis de se ruer à l'intérieur de l'enceinte et de faire exploser son véhicule à proximité de la résidence de l'ambassadeur. Les origines ouïgoures probables de l'assaillant l'ont sans doute aidé à prendre cette décision finale. En fait, il est vraisemblable que l'attentat visait l'ambassade des États-Unis et qu'il était commandité par Daech par l'intermédiaire du groupe Mahdi, organisation djihadiste kyrgyze fondée en 2012 et qui a déjà commis plusieurs attentats.

Mais ceci était-il avouable par les Kyrgyzs ? Cela revenait à engager les Américains qui n'avaient certainement pas envie d'être désignés comme cible dans cette sombre affaire. Quant aux Chinois, il ne leur déplaisait pas que le discrédit soit jeté sur les organisations terroristes ouïgoures. Les Kyrgyzs, quant à eux, auraient donc fait de leur mieux, sans être dupes, pour satisfaire tout le monde. Celui qui, dans l'affaire, a retiré son épingle du jeu n'est autre que l'ambassadeur de Russie dont la résidence – est-ce un hasard ? – jouxte les ambassades chinoise et américaine. La vérité éclatera-t-elle un jour, dévoilant bien des manigances ?

Un mois après, alors que l'opinion est confisquée par d'autres événements à sensation, on ne s'intéresse plus guère à cet attentat raté dont le seul mérite pourrait être d'inspirer un jour le scénario d'un film tragi-comique. Il confirme combien l'information est infléchie de toutes parts, se transformant peu à peu en désinformation pure et simple : une habitude de la région et pas seulement. Ce processus est amplement facilité lorsque le pays ou la contrée où l'événement se passe sont quasi inconnus et quand la victime ou l'organisateur de l'attentat ne sont pas des personnages célèbres.

Face à un avenir alarmant, que l'on occulte, la société centrasiatique privilégie le présent, c'est-à-dire la survie, sans guère réfléchir au passé. Dans ce passé, dont en aucun cas il ne faut faire table rase, figure pourtant la guerre civile tadjike qui, par bien des côtés, peut donner une idée de ce qui va se produire.

VI

GUERRE CIVILE AU TADJIKISTAN

Modèle prémonitoire ?

Nous sommes en 1992, au Tadjikistan, seul pays de l'Asie centrale ex-soviétique à parler un idiome persan, ce qui le rapproche de l'Iran et de l'Afghanistan. Les Iraniens vont rester à l'écart du conflit alors que les Afghans s'en mêleront. Disons-le tout de suite : l'Afghanistan comporte beaucoup plus de Tadjiks que la République tadjike elle-même, à l'époque 4 millions en Afghanistan contre seulement 3 300 000 au Tadjikistan. Au cours de l'intervention soviétique, de 1979 à 1989, de nombreux soldats tadjiks ont pris langue avec les Tadjikophones afghans. Soulignons dans ce dialogue un danger : l'islam rigoureux de l'Afghanistan est le même que celui du Tadjikistan. Les liens religieux d'avant la révolution bolchevique se sont donc rétablis aisément.

Le Tadjikistan connaît justement, en ce début des années 1990, en particulier à cause de l'islam, une agitation révolutionnaire : d'un côté, les nostalgiques du communisme – les « *Yourtchiki* » d'après le prénom

Youri d'Andropov, l'un des derniers secrétaires généraux du Parti communiste et chef célèbre du KGB – ; de
l'autre, une coalition disparate islamo-démocrate, celle
des « *Vovtchiki* » déformation russe de « wahhabite »,
sobriquet évocateur appliqué à tous ceux qui appartiennent au camp sympathisant avec l'islam. Alors que
le reste de l'Asie centrale ex-soviétique parvient à
éviter la guerre civile entre communistes et islamistes,
le Tadjikistan, au contraire, s'y plonge par suite, entre
autres, de l'influence religieuse afghane.

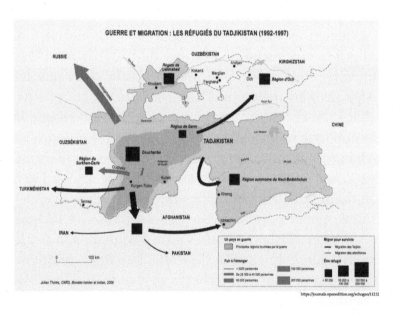

Ce conflit a été largement oublié, mais certes pas
par les Tadjiks. Les Yourtchiki tiennent alors le nord,
Khodjent, et la région sud de Kouliab, tandis que les
Vovtchiki ont leurs points d'appui dans tout l'est du

pays. La capitale Douchanbé, plus à l'ouest, oscille entre l'un et l'autre camp et changera de maîtres plusieurs fois. La guerre durera jusqu'en 1997, avec des séquelles jusqu'en 2010, en se traduisant, sur une durée semblable, par une hécatombe humaine (entre 60 000 et 100 000 victimes) presque proportionnelle à celle de la France au cours de la Première Guerre mondiale. La leçon à tirer pour l'Asie centrale est de savoir si le scénario tadjik peut se reproduire au niveau de la région, autrement dit : quels sont les facteurs belligènes observés alors en pays tadjik qui marqueraient déjà ou pourraient marquer l'évolution actuelle du Turkestan ?

LES PRÉMICES

Le courant wahhabite s'est révélé, dès l'époque soviétique, prégnant dans certaines régions de l'Asie centrale ; il y inspire différents mouvements qui ont des doctrines semblables prônant la disparition des « croyances médiévales ». Une agitation se manifeste, dès 1986, dans le Tadjikistan où un prédicateur est arrêté parce qu'il appelle à la solidarité avec les moudjahidines afghans. Par la suite, des « mollahs auto-désignés » – c'est-à-dire hors de l'islam contrôlé par le gouvernement – surgissent dans la république soviétique tadjike. Ils prônent la pureté originelle de l'islam, mais aussi la réduction des droits de la femme et, même, la construction d'un « État islamique[1] » : ces opinions leur valent déjà le sobriquet de « wahhabi » transformé plus tard en « vovtchiki ». Par le verbe de prédicateurs itinérants, ils parviennent à susciter des rassemblements, à déstabiliser le « clergé officiel » aussi bien que « l'islam parallèle » des soufis. L'apparition en 1990 du Parti de la Renaissance islamique (PRI), créé dans la basse Volga par les Tatars d'Astrakhan et bientôt étendu au Daghestan et au Tadjikistan (PRIT), sonne l'heure de la révolte. Concomitant avec l'effondrement de l'URSS et une crise économique terrible, l'avènement de ce parti entièrement nouveau sera l'une des origines, en 1992, de la guerre civile.

Le reste de l'Asie centrale se défend de son mieux de la contagion : le PRI est interdit dès 1990 en Ouzbékistan et la guerre civile sera circonscrite au Tadjikistan, notamment par une vigilance aux frontières des pays voisins. Un peu concurrencés par les Turcs et les Iraniens, les Saoudiens continuent dans les années 1990 à financer généreusement la renaissance de l'islam – et à préparer la future guerre civile ? – par la construction de mosquées, la fourniture de Corans et l'envoi de prêcheurs. « Ils exportent… un type d'islam extrêmement conservateur à travers, notamment, la Ligue islamique mondiale[2] ». Le courant saoudien parvient à récupérer dans son camp Hajji Mukhtar

---

1. Voir Habiba FATHI dans *Lettre d'Asie centrale n° 2*, « le wahhabisme en Asie centrale », automne 1994, p. 2.
2. *Ibid.*, p. 3.

Abdullah, mufti en charge à Tachkent de la Direction spirituelle des musulmans d'Asie moyenne et du Kazakhstan, c'est-à-dire le plus haut dignitaire religieux officiel du Turkestan ex-soviétique. Les Saoudiens l'amènent à militer au moins théoriquement pour le « califat international ». Il est contraint de démissionner, en mai 1993, pour avoir critiqué le gouvernement ouzbek. Un cheikh naqchbandi – donc soufi – lui succède marquant la reprise en main de l'islam officiel par le pouvoir ouzbek et sa volonté d'utiliser le soufisme et le patriotisme contre une forme d'internationalisme religieux.

La thèse d'un « islam, communisme du XXIe siècle » est, une fois de plus, étayée par l'internationalisme du califat, la soumission des croyants pour le promouvoir, la tradition conspiratrice des nouveaux venus, mais également les bases idéologiques de la lutte des factions. L'apparition progressive d'Al-Qaïda, puis la rivalité et enfin la lutte entre les différents mouvements rappellent aussi le conflit entre léninistes et trotskystes.

UNE RÉPÉTITION GÉNÉRALE ?

Cette guerre sanglante, mal connue et donc sous-estimée, a forcé plus d'un million de Tadjiks, soit un cinquième de la population, à émigrer ! Quant à l'estimation comprise entre 60 000 et 100 000 morts, je peux avancer, ayant été témoin oculaire d'un conflit souvent parcellaire et éparpillé sur tout le territoire, que l'estimation de 100 000 victimes me paraît bien plus vraisemblable que celle de 60 000 : il y eut beaucoup de victimes dans des recoins perdus de montagne dont les décès n'ont pas été enregistrés. Or plus d'un million de migrants et près de 100 000 victimes constituent des évaluations énormes pour un peuple de 5 300 000 habitants en 1990.

La guerre naît, de 1990 à 1992, d'un cocktail explosif mêlant plusieurs causes internes, à savoir : l'effondrement de l'économie soviétique, le *baby-boom* tadjik des décennies 1960 et 1970 (le plus élevé alors de l'Union soviétique qui, met à la rue, vers 1990, une masse impressionnante de jeunes chômeurs), la prédication wahhabite auprès d'une population très sensible au phénomène religieux islamique, la lutte à mort entre, d'une part, les *aparatchiki* communistes qui s'accrochent au pouvoir et, d'autre part, les personnalités montantes des forces nationales-démocratiques et islamiques (le clergé musulman officiel s'impliquant plutôt du côté de cette opposition), enfin et surtout la prise en compte à partir des années 1980, de pans entiers du gouvernement et de l'administration par des partis ou des ethnies qui vont promouvoir dans tout le pays une guerre de clans particulièrement haineuse. Ainsi, les Khodjenty du Ferghana tadjik, contrôlent-ils le Parti communiste alors que les Kouliabtsy occupent des postes importants dans les diverses structures de la force publique. Quant à eux, les Pamirtsy, chiites ismaéliens, sont influents dans le KGB et dans le mouvement *Lali Badakhchon*, « Joyau du Badakhchan ». De même les Garmtsy, sunnites intégristes, sont présents largement dans le parti *Rastokhez*, « Résurrection ». Par ailleurs, les ingérences extérieures n'ont pas manqué, depuis celles, inévitables, des Russes – présents sur place avec leur 201ᵉ division de fusiliers motorisés et leurs gardes-frontières [1] – jusqu'à celles des Moujahidines puis des Talibans afghans sur le Pyandj, en passant par les multiples intrusions et interférences des Ouzbeks. Que ce cocktail réapparaisse en Asie centrale et la région aura bien de la peine à échapper à une guerre civile : elle pourrait s'élargir à tout le Turkestan dans les mêmes conditions et avec la même violence que cette répétition générale miraculeusement limitée au pays tadjik en dépit de toutes sortes de débordements. Nous verrons qu'au moins un pays de l'Asie centrale, le Kyrgyzstan, présente certaines similarités avec cette éclosion de la guerre civile tadjike. L'étincelle sera peut-être là.

La première flambée de violence correspond aux manifestations massives qui se déroulent à Douchanbé en février 1990. Une arrivée de réfugiés arméniens venus de l'Azerbaïdjan – en proie à une agitation anti-arménienne – et relogés au détriment de Tadjiks,

---

1. Soit 7 000 hommes au total, effectif bien insuffisant pour rétablir l'ordre mais suffisant pour influer, comme on le verra, sur le cours des événements. Les Russes le peuvent d'autant plus qu'ils sont alors en garnison à Douchanbé, Kouliab et Kourgan – Tioubé, presque au cœur des principaux combats.

permet à des agitateurs d'attirer dans la rue des milliers de manifestants qui remettent finalement en cause le pouvoir communiste. Un temps calmée, la contestation augmente après l'échec du putsch à Moscou en août 1991. Le communiste Qahhor Makhamov, qui vient à peine d'être élu Président de la République du Tadjikistan, donne sa démission. Le 24 novembre, un autre communiste de Leninabad (Khodjent aujourd'hui), Rakhmon Nabiev, gagne frauduleusement les élections présidentielles sous l'étiquette du « parti démocratique », au grand dam du clergé musulman et des nouveaux mouvements de l'opposition, le parti de la Renaissance islamique du Tadjikistan (PRIT) en particulier. En avril 1992, des manifestations massives de provinciaux – jusqu'à 60 000 personnes – ont lieu à Douchanbé tant du côté de l'opposition islamique que du parti dit démocratique, « cryptocommuniste » en fait. Les islamistes, appuyés par une partie du clergé musulman, d'une part, et les communistes gouvernementaux, d'autre part, créent rapidement des milices armées à leur dévotion. Le 5 mai, les combats commencent dans la banlieue de Douchanbé entre les miliciens islamistes locaux et les renforts gouvernementaux venus du sud. Le 11 mai, la capitale est sous le contrôle de l'opposition musulmane. Le 12 mai, un nouveau « gouvernement de réconciliation » à dominante islamique y est créé.

Les forces aux prises sont alors les suivantes : les communistes ou gouvernementaux du Front populaire surnommés « *Yourtchiki* ». Leur bastion principal est, jusqu'en fin 1992, la province nord de Leninabad (Khodjent) où l'ethnie tadjike est à peine plus nombreuse que l'ethnie ouzbèke. Cela explique l'importance locale du « Petit frère ouzbek » qui voudrait bien annexer la région et, en attendant, fournit aux communistes une aide militaire qui n'est pas négligeable. L'autre bastion communiste est celui de la province de Kouliab : il devient prééminent avec la victoire de son chef de file Emomalii Rakhmonov, en décembre 1992, qui sera soutenu surtout par le grand frère russe et le petit frère ouzbek.

En face se trouve la coalition très hétéroclite de l'opposition dite « islamo-démocrate » : les *Gharmi*, montagnards sunnites, dévots, de la vallée de Gharm et de Vakhch, enclins au fondamentalisme, résistants obstinés à l'emprise communiste dès les années 1920 où ils furent *basmatchis* (mouvement d'opposition armée au régime soviétique). Ils ont pour cousins proches et pour alliés les *darwazi* qui tiennent les montagnes les plus au nord du Pyandj. Les uns et les autres sont contrôlés par le PRIT qui s'est rapproché de l'idéologie des Frères musulmans. À leurs côtés, figure curieusement ce que les sunnites considèrent comme une bande d'épouvantables hérétiques : les Pamiri, chiites ismaéliens fidèles de l'Aga khan, qui défendent leur forteresse naturelle du Gorno-Badakhchan et n'en sortent guère. Ces divers « islamo-démocrates » seront soutenus à partir de l'Afghanistan – où ils se réfugieront en nombre – par la « coalition du nord » du Tadjik Shah Massoud et de l'Ouzbek Dostom, ensuite par les talibans. Dans la deuxième moitié de 1992, le plus haut niveau de la guerre civile est atteint. Douchanbé change plusieurs fois de mains. Finalement, la capitale est récupérée le 10 décembre par les Yourtchiki du front populaire maintenant commandé par Emomali Rakhmonov devenu le nouveau président de la République. Partout, mais notamment dans la région de Kourgan-Tioubé, les prises de contrôle de villes ou de territoires se traduisent par des massacres de soi-disant collaborateurs. La guerre civile, ayant ravagé le sud en fin 1992, se transfère à l'est dans les vallées de Garm, de Romit et dans le Darwaz. L'opposition musulmane se rassemble alors dans « L'Opposition Tadjike Unie ». À partir du printemps de 1993, sur la frontière afghano-tadjike du Pyandj, des détachements d'islamistes tadjiks réfugiés en Afghanistan, mêlés à des moudjahidines afghans, s'efforcent à plusieurs reprises de traverser le fleuve pour prêter main-forte aux Vovtchiki. Le 13 juillet, une tête de pont sur la rive nord est réduite par une offensive de la 201e DFM qui rétablit la frontière : les Russes n'hésitent pas à intervenir pour protéger le camp originellement communiste de Rahmonov qu'ils ont toujours soutenu et soutiennent encore.

D'autres tentatives de franchissement en force du Pyandj seront effectuées, mais sans succès en 1994 et 1995. Des divisions internes déchirant alors aussi bien les Vovtchiki que les Iourtchiki, les combats s'émiettent entre factions sur tout le territoire. C'est alors que, attaché militaire en Ouzbékistan, mais profitant de frontières tadjikes poreuses, j'ai commencé à parcourir, en 4 × 4 Toyota, le Tadjikistan en guerre, sur toute son étendue. Presque partout, on pouvait voir les traces des combats ou de pogroms plus ethniques que politiques ou religieux, le plus souvent sous forme de villages ou de quartiers incendiés. Les gens rencontrés étaient maigres et, parfois, dépenaillés. Les visages les plus marqués étaient ceux des jeunes femmes qui trahissaient une immense fatigue, voire un désespoir rentré. De-ci de-là, des volutes de fumée surmontant la campagne indiquaient les derniers engagements. Les miliciens impuissants et terrorisés se cachaient. Personne – et je ne faisais pas exception – ne comprenait ce qui se passait. J'allais voir les coopérants français isolés, sans protection diplomatique, jusqu'à Douchanbé. Les conversations avec eux en soirée dans quelque recoin, sur fond sonore de tirs de kalachnikov, mais devant les bonnes bouteilles, voire les fromages que j'avais apportés, ne m'apprenaient pas grandchose. Pour eux comme pour moi, l'ennemi était partout et les amis bien rares. Avant d'entrer au Tadjikistan, on pouvait voir, le long des routes, des files de réfugiés : il y en eut plus d'un million à quitter le pays au hasard. Leurs campements dénotaient parfois une misère épouvantable. Il en allait de même de leurs villages quand ils avaient pu commencer à en construire, ce qui n'allait pas sans résistance de la part des populations locales. Je me souviens d'avoir parcouru, atterré, dans une vallée perdue de l'Alaï kyrgyz, l'une de ces concrétions de misère : un hameau tadjik brûlé et rasé jusqu'à terre « à la mongole » – par qui ? Pourquoi ? – en tout cas déserté de ses habitants.

En avril 1995, les premiers pourparlers de paix eurent lieu à Moscou entre le gouvernement et l'opposition, suivis d'un armistice d'un mois. Après des rencontres à Kaboul entre Rahmonov et Saïd Abdulloh Nouri, chef de l'opposition, la trêve fut encore prolongée de trois mois. La dynamique de paix était lancée. L'ONU et la Russie, dont l'action conjointe fut remarquable, se démenaient de leur mieux : huit rounds de négociations de 1994 à 1997. En guise de bonne volonté, 5 000 guerriers de l'opposition furent acceptés dans l'armée gouvernementale, 5 000 autres opposants bénéficièrent d'une amnistie. Finalement, le 27 juin 1997, un accord fut signé à Moscou : des unités militaires de l'opposition furent incorporées dans l'armée tadjike[1]. Si Rakhmonov restait président, des membres de l'opposition entraient au gouvernement et le PRIT était représenté au parlement : il le sera jusqu'en 2015 et ce fait fut souvent présenté comme un signe de démocratie par ailleurs bien rare au Tadjikistan. Depuis, le PRIT est considéré comme une organisation terroriste.

---

1. Rappelons que ces négociations de paix réussies sont parfois invoquées comme modèle pour un règlement de la crise afghane.

Régulièrement, ensuite, il y eut des rébellions armées en 1998, 2010, 2011 et 2015 qui étaient autant d'incitations au retour de la guerre civile. Jusqu'en 2010, des détachements islamistes parvinrent à se maintenir dans des massifs montagneux difficiles d'accès. Un petit millier de Tadjiks aurait figuré parmi les guerriers de Daech en Syrie-Irak. On sait que le commandement de l'armée de Daech a été entre les mains du colonel tadjik Gulmurod Khalimov, ancien chef des OMON (forces spéciales de la police dès l'époque soviétique), qui a rejoint l'État islamique en avril 2015. Ce personnage charismatique, qui a effectué des stages militaires de perfectionnement aussi bien en Russie qu'en Amérique, est certainement un héros parmi les jeunes Centrasiatiques oppositionnels. Mais les Russes, en début septembre 2017, ont affirmé l'avoir tué par bombardement. Ceci révèle tout le potentiel révolutionnaire qui continue d'émaner du plus petit pays d'Asie centrale.

Ce désastreux conflit aura au moins eu pour mérite de mettre en garde contre la guerre civile le peuple tadjik qui, depuis, n'a pas répondu à différents appels d'aventuriers. Mais, aujourd'hui, qu'en sera-t-il alors que la moitié de ce peuple a moins de vingt ans ? Qu'en sera-t-il, surtout, s'agissant de l'ensemble de la population d'Asie centrale qui, hormis par quelques pogroms et coups d'État – au Kyrgyzstan en particulier –, n'a point connu la guerre civile et voit même s'effacer dans les mémoires les souvenirs d'un effondrement du communisme déjà lointain ? Il n'est donc pas inutile de rappeler, à partir de l'exemple tadjik de 1992, les symptômes d'apparition d'une guerre civile pour les comparer à leurs équivalents éventuels d'aujourd'hui.

INDICES PRÉMONITOIRES

Tout d'abord, comme dans le Tadjikistan de jadis où le plus grand danger est venu d'élites corrompues, contestées par des masses populaires aveugles ou guidées par un nouveau parti, il existe en tout pays centrasiatique (et ailleurs…) une déconsidération dans l'opinion à l'encontre des milieux politiques (partis et hommes d'État). Qu'ils appartiennent au pouvoir ou à l'opposition, ils sont souvent perçus comme malhonnêtes. Parfois un chef d'État, comme Noursoultan Nazarbaïev, est beaucoup plus populaire dans les nations voisines que dans son propre pays. Tout cela n'annonce pas une solidité des institutions.

Par ailleurs, comme en 1992, à l'orée de la guerre civile tadjike, le problème des musulmans est prédominant en tout pays de l'Asie centrale élargie : l'impression prévaut que l'islam, notamment clandestin, attend son heure en essayant de récupérer discrètement des positions-clés. Au Kyrgyzstan, nous le verrons, l'influence de groupes salafistes ainsi que la prédication et le rayonnement des Tablighi sont apparus. Certes, les autres pays de l'Asie centrale élargie – sauf, bien sûr, l'Afghanistan ! – ont mis un

terme à l'activité et aux prêches des groupuscules extrémistes, notamment le Xinjiang qui affronte avec maladresse l'islamisme, par la création de « camps de
rééducation ». Cet excès n'est pas partagé par le
Kazakhstan qui établit cependant un contrôle sévère :
il lui permet, depuis des années, d'inspirer confiance
auprès de ses bailleurs de fonds de tout bord et de
mener une politique étrangère ambitieuse. Le Kyrgyzstan vient de se mettre au goût du jour en publiant,
enfin, le 5 avril 2017, une liste assez complète des
organisations terroristes interdites chez lui : 19 organisations islamistes sur un total de 20 ; mais les Tablighi
demeurent libres d'agir dans ce pays qu'ils commencent pourtant, comme nous le verrons, à « noyauter ».

Comme par le passé à Douchanbé, il se produit, de
nos jours, des tentatives de récupération et de déstabilisation des clergés officiels, notamment dans les pays
les plus exposés : le Tadjikistan et le Kyrgyzstan. À
Bichkek en particulier, où vient d'apparaître un président musulman pratiquant originaire du sud-kyrgyze,
M. Djeenbekov, la capacité d'infiltration de l'islamisme
dans les organismes d'État est nettement sous-estimée,
voire camouflée. Par ailleurs, l'ethnie au pouvoir
continue de récupérer à son profit des pans entiers de
l'administration. Ainsi à Och la police (ex-Milice d'État)
est-elle la propriété exclusive des Kyrgyzs locaux :
une récupération qui est, certes, traditionnelle, mais
qui semble, dans les conditions actuelles, plus pré-
occupante que naguère.

Enfin, la création clandestine de bandes armées, affiliées parfois à des organisations plus ou moins mafieuses, dont le Tadjikistan a jadis tant souffert, est un fait majeur aujourd'hui, à des degrés divers de gravité, certes, mais en tout cas dans presque toute l'Asie centrale élargie.

De profondes divisions à l'origine tribales, ensuite politiques et économiques, voire provinciales et religieuses comme il y en eut à l'origine de la guerre civile tadjike existent de nos jours en tout pays centrasiatique et surtout, bien sûr, en Afghanistan qui part à veau l'eau.

Néanmoins, il existe encore de vastes espaces tenus d'une main ferme : le Xinjiang, l'Ouzbékistan et, peut-être, le Kazakhstan. Des rivalités aiguës, mais cachées, jusque dans l'appareil d'État, n'en sont pas moins probables au Turkménistan, en Ouzbékistan et même au Kazakhstan dans son contexte successoral actuel. Comme en 1992 à Douchanbé, des États comme le Kyrgyzstan ou, à nouveau, le Tadjikistan peuvent éclater entre nord et sud.

En définitive, dans un contexte de crise politique, sociale ou de dégradation économique accrue, l'appel à Daech par des organisations extrémistes ou par des régions (le Ferghana) pour une subversion est un risque qui peut être envisagé en particulier à Bichkek et à Douchanbé. Mais le coup d'État islamiste qui semble, parfois, pouvoir se profiler dans ces pays pourrait se traduire – ou se camoufler – en réaction islamique purement nationale plutôt dans la ligne soufie. Dans les deux cas, il déclencherait, ne l'oublions pas, une intervention – déjà planifiée – des Russes et, en même temps, de l'Organisation du Traité de Sécurité Collective (OTSC[1]), voire des Chinois.

Le Kyrgyzstan et le Tadjikistan qui, comme nous l'avons vu, multiplient les vulnérabilités, semblent être les plus exposés face à une entreprise de déstabilisation généralisée, ardente, mais pleine d'une retenue patiente et obstinée.

Après l'intervention de l'islam ainsi esquissée, nous devons maintenant aborder celle de l'Amérique et des réactions locales qu'elle suscite.

On peut envisager, en donnant la priorité au phénomène essentiel de la résistance islamique, que nous avons été témoins de deux guerres successives américano-afghanes :

– la première guerre (2001-2015) témoigne d'une unité relative de la résistance surtout incarnée par les Talibans afghans et décrite sommairement dans le chapitre 7.

– la deuxième guerre (2015-…), développée dans le chapitre 8, révèle au contraire, avec l'intrusion dans le conflit de Daech, un schisme dans la résistance : les Américains sauront-ils en profiter ?

---

1. Rappelons que l'OTSC rassemble, sous l'égide de Moscou, l'Arménie, la Biélorussie, le Kazakhstan, le Kyrgyzstan, la Russie, le Tadjikistan et, parfois dans le passé, a inclus l'Ouzbékistan

VII

CONSIDÉRATIONS SUR LES DÉBUTS DE LA GUERRE EN AFGHANISTAN... ET LEUR CONTEXTE KYRGYZ

Je fus, dès 2002, l'une des premières victimes de la guerre américano-afghane ! J'étais alors consul honoraire au Kyrgyzstan et, à ce titre, sous le contrôle de notre Ambassadeur au Kazakhstan, le seul (et modeste) représentant officiel de la France à Bichkek. Indigné, comme tous, par l'attentat du 11 septembre, j'étais très favorable à une intervention américaine qui s'imposait au nom de la dignité. Je craignais néanmoins la maladresse des États-Unis, si évidente lorsque ce pays met les pieds hors de chez lui. Cela n'a pas manqué, et dans des proportions inouïes : le bombardement, dès le 23 octobre, par les B52 d'un peuple aussi innocent que potentiellement redoutable qui, à l'inverse de ses dirigeants talibans, n'était pas hostile aux Américains, neutre tout au plus. Après les Vietnamiens, les Afghans devenaient les victimes d'une force terrible et aveugle. Il n'en fallait pas plus pour braquer de façon irréversible au moins les Pachtouns et embar-

quer États-Unis et Afghanistan dans une guerre sans
fin.

Profitant d'un congé à Paris, je décide d'alerter l'opinion. *Le Figaro* a le courage stupéfiant de me suivre. Je
me souviens des mains tremblantes du jeune journaliste
qui, dans un café du boulevard Saint-Germain, venait de
lire et serrait contre lui mon article : « Le djihad du
Président Bush » (en annexe de ce livre). J'y décrivais
jusqu'au long terme l'évolution irréversible du conflit :
l'enlisement des Américains, l'engagement comme les
compromissions de leurs adversaires. « S'appuyant
sur l'argent de la drogue parce qu'ils ne pourront
pas faire autrement, les Pachtouns se maintiendront
dans un sanctuaire d'où personne n'aura le courage de
les déloger et y feront figure de justiciers de l'islam :
ils seront les héros dont les terroristes ont tant besoin
pour rassembler autour de leur triste cause[1]. » Je prônais
en conclusion la guerre de la patience et du renseignement et, surtout, « une aide humanitaire colossale ».

L'article parut le 15 novembre 2001.

Le tollé fut indescriptible. Je reçus des lettres d'in-
jures et les reproches de camarades. Le surlendemain,
Le Figaro se crut obligé de faire paraître un entrefilet
selon lequel « la parution d'un article dans le journal ne
signifiait pas que la rédaction partageait et soutenait les
opinions qui y étaient émises. »

---

1. *Le Figaro* du 15 novembre 2001, *Le djihad du président Bush.* (en annexe)

Je n'allais pas me taire pour autant. Revenu à Bichkek, j'ai conseillé, en bon soldat discipliné (quoique retraité), l'organisation de notre intervention dans le conflit : le déploiement d'une base aérienne jointe à celle des Américains sur l'aéroport de Manas. Outre mon expérience de l'École de Guerre, j'avais la chance de disposer du soutien d'un jeune attaché culturel « de choc », Bernard Rouault. Une délégation d'officiers venus de Paris prépara l'installation de nos 500 aviateurs que j'eus l'honneur d'accueillir. En même temps, je ne manquais pas de m'exprimer en donnant des interviews à la presse locale et russe. Sont donc apparus dans les journaux de l'ex-Union soviétique des articles en russe sous le titre « Voici ce que pense un consul de France... » C'en était trop : alors que les Américains ne manquaient jamais une occasion de me manifester leur soutien, je fus prié par Paris, au printemps de 2002, de cesser mes fonctions.

J'ai profité de ma nouvelle liberté pour me concentrer sur l'étude du conflit en allant jusqu'à me rendre en Afghanistan, essayant d'influencer les autorités que je pouvais connaître. J'allais même jusqu'à écrire par internet à mon ami le général Hayden, futur patron de la CIA[1], en lui avouant mon désaccord, m'attirant cette réponse laconique : « je suis militaire comme toi : j'obéis. »

---

1. Nous fîmes connaissance en Bulgarie en 1986 alors que nous étions, lui, attaché de l'Air américain, moi attaché de défense français. Une coopération intense nous a beaucoup rapprochés. (Voir ci-après).

LES SEPT PILIERS DE LA BÊTISE

De 2002 à 2008, après de premières frappes aussi spectaculaires qu'inefficaces, les États-Unis se contentent de mener en Afghanistan une guerre de basse intensité axée sur l'étalage de leur présence dans la capitale et les principales villes : donnant à partir de 2003 la priorité à leur intervention en Irak, ils appellent, la même année, l'OTAN à la rescousse. Obnubilés par leur recherche de Ben Laden, ils manquent, dans tout le pays, de vigilance et de discernement accumulant des fautes qui vont perpétuer le conflit.

Ainsi que je l'exprime en 2012 dans mon livre *Du djihad aux larmes d'Allah*, l'évolution vers une aggravation de la crise est inéluctable. « Elle résulte d'une incompréhension totale entre Afghans et Américains. Les uns et les autres appliquent... ce qu'on appelle en jargon de stratégie "des invariants stratégiques majeurs qui structurent situations et réactions". Les Afghans commencent à répondre d'instinct, comme leurs pères et ancêtres, à un envahissement qui les révulsera de plus en plus. Les Américains, de leur côté, hantés encore par les massacres inouïs de la Guerre de Sécession[1], déterminés à tirer parti de leur avance technologique (et acharnés à prendre leur revanche contre Ben Laden...) se lancent dans un processus où la stratégie des moyens qui leur est chère leur

---

1. 620 000 tués pour une population de 31 millions d'habitants.

fera revivre, sans qu'ils s'en rendent compte, la même évolution qu'au Vietnam : du fait surtout de leur volonté de perdre le moins possible de soldats, l'afghanisation reprendra trait pour trait le schéma de la vietnamisation[1]. »

De l'enchevêtrement des erreurs américaines et de l'entêtement afghan, j'ai tiré peu à peu « une grille d'incompréhensions » en sept points qui se fonde sur l'ignorance ou le mépris de la part des gouvernants anglo-saxons et de leurs armées au sujet de la géographie, de l'histoire et des traditions afghanes. J'ai perçu en ces sept points « sept piliers de la bêtise ».

– *Premier pilier* : les bombardements massifs, les frappes de la guerre classique, ressemblent à un retour à l'intervention russe de 1979. Comme elle, ils ont braqué les populations, notamment rurales, contre les nouveaux venus. Cette consommation d'armes et d'explosifs convenait, bien entendu, tout à fait au complexe militaro-industriel ! Au lieu de cette bévue, il eut fallu, jointe à une guerre du renseignement et des forces spéciales, une action en douceur : comprendre, conquérir les cœurs, panser les plaies... L'aide humanitaire aurait dû s'adjoindre un plan de reconstruction colossal. Les sommes allouées par la suite au « *nation building* », qui correspondaient à peu près à cette politique, furent de trente fois inférieures aux mille milliards alloués aux opérations de guerre. Ces mille

---

1. *Ibid.*, p. 48.

milliards accordés au relèvement de la nation afghane en auraient fait le peuple le plus riche de la région ! Mais qu'aurait pensé le complexe militaro-industriel de ce « dévoiement » ?

– *Deuxième pilier* : à l'image de leur chef le mollah Omar parti en motocyclette se réfugier au Pakistan, les Talibans, essentiellement pachtouns, se sont rétablis en toute tranquillité chez leurs frères de race de la zone tribale pakistanaise[1]. Cette absence de « globalisation AFPAK[2] », c'est-à-dire d'une conception regroupant l'Afghanistan et le Pakistan dans un même théâtre de guerre, a été désastreuse : pendant plus d'une décennie, les Talibans, commandés à partir de la ville pakistanaise de Quetta, se sont servis du territoire pakistanais comme d'une zone refuge. À partir de là, ils ont eu tout le temps de relancer la guerre civile...

– *Troisième pilier* : l'essai de démocratisation qui se produit dès décembre 2001, suite aux accords de Bonn, en mettant l'Afghano-Américain Hamid Karzaï au pouvoir est une aberration. Comment est-il possible de démocratiser à l'occidentale une nation orientale et, qui plus est, médiévale ? Une restauration de l'ancien roi, Zaher Shah, très respecté, eût été autrement judicieuse !

---

1. Vingt millions de Pachtouns sont établis de part et d'autre de la ligne Durand, pseudo-frontière depuis 1893 entre l'Afghanistan et l'empire des Indes. Ils seraient plus de 30 millions au Pakistan, 15 millions en Afghanistan.
2. Rappel : acronyme pour Afghanistan – Pakistan.

– *Quatrième pilier* : au lieu de mener une guerre du renseignement au plus près d'une population dont on pouvait encore gagner l'assentiment, les Américains et derrière eux l'OTAN, se sont isolés du peuple afghan dans des camps-forteresses. Défiance puis haine découleront de ce manque de contacts.

– *Cinquième pilier* : la portée de l'islamisme et de ce qui en résulte, le terrorisme, a gravement été sous-estimée. Faute impardonnable en Afghanistan ! Les Talibans dans leurs 600 *madrassas*[1] de la zone tribale ont eu tout loisir de réaliser une fanatisation des croyants qui, aujourd'hui, leur fournit des centaines de bombes humaines. Par ailleurs, officiers ou responsables civils états-uniens ont le plus souvent ignoré, donc enfreint les règles de l'islam et de la tradition afghane. Il fallait, pour aborder le problème, des personnages de l'envergure et de la souplesse du Maréchal Lyautey, du Général Laperrine ou du Père de Foucault. À leur place il n'y eut, en 2011, qu'un général estimable, David Petraeus, et certainement trop prometteur puisqu'un scandale monté en épingle l'a évincé, au bout d'un an, de son commandement...

– *Sixième pilier* : le pilier central, l'erreur fatale, pas de lutte contre la drogue ! Alors que les Talibans, en deux ans, venaient d'éradiquer le problème de la culture du pavot en exécutant sur-le-champ les cultivateurs récalcitrants, le commandement américain,

---

1. Établissement de formation religieuse.

puis les Britanniques, chargés après eux de résoudre la question, ont tergiversé : il fallait, paraît-il, ne pas inquiéter nos alliés, les barons du nord, grands traficoteurs d'opium ! Résultat : dès la fin de 2002, la récolte avait augmenté de six fois et n'a cessé depuis de progresser jusqu'à être multipliée par cinquante de nos jours. Les Talibans, en effet, avaient vite annulé leur interdiction en s'apercevant que le revenu de la drogue était indispensable au maintien de leur combat. N'oublions pas qu'Achraf Ghani, le deuxième président afghan, a déclaré en 2016 : « si on avait commencé par bombarder la drogue, le problème afghan serait résolu depuis longtemps ! »

– *Septième et dernier pilier, cette fois-ci propre aux chefs talibans* : ces derniers, faisant preuve d'un incroyable acharnement, ont été et, dix-huit ans plus tard, sont toujours incapables de percevoir le parti qu'ils pourraient tirer – pour leur peuple surtout – d'un peu de souplesse. Un proverbe centrasiatique dit qu'un chameau chargé d'or peut faire tomber n'importe quelle forteresse. Avec les chefs talibans, gâtés par l'argent de la drogue et de la solidarité musulmane, ce n'est pas le cas et c'est bien dommage, car les tenants du « roi dollar », tout en gardant la base de Bagram pour leurs besoins stratégiques (arrières russe et chinois, nouvelles routes de la soie, etc.), sont prêts à mettre la main au portefeuille pour se débarrasser du cauchemar afghan. Et cela profiterait enfin, grâce à la paix retrouvée, un peu plus au peuple, exsangue, qu'aux chefs, rassasiés…

Un peu de géostratégie

Depuis « l'atterrissage », à la fin de 2001, des États-Unis en Asie centrale, la situation géostratégique s'est beaucoup modifiée dans la région. Alors qu'au début Russes et Chinois acceptaient sur leurs arrières le nouveau venu américain, on observe depuis 2003 dans la zone une rivalité des grandes puissances : elles se sont adonnées à un jeu triangulaire de plus en plus incisif en cherchant l'appui des pays locaux et périphériques.

Face à Washington qui s'intéresse aux ressources énergétiques et minérales (terres rares en particulier) du bassin touranien et de la Caspienne et rétablit sans cesse ses positions compromises tout en houspillant ses rivaux, Moscou et Pékin réagissent : elles deviennent des alliées de fait dans un « Très Grand Jeu » qui peut aller très loin et consisterait à tenir la dragée haute aux Américains, notamment sur les plans économiques, militaires et techniques.

En attendant, il est temps de revenir aux réalités de base et de décrire par exemple ce qui se passe au Kyrgyzstan, au début de ce siècle, à 300 km seulement de la guerre afghane : l'ambiance, assez paisible, y est toute autre. Au travers d'une présentation poétique, elle témoigne cependant, elle aussi, en décrivant la misère, de l'ampleur de la corruption, de l'échec flagrant et généralisé du modèle occidental qui n'est sauvé que par le dévouement de certaines organisations humanitaires et caritatives.

Pendant ce temps, au Kyrgyzstan : « Le tunnel [1] »

*Pour encore un peu plus de souffrances, voici venir l'hiver.
Le minois rieur des jeunes Bichkékoises fortunées se blottit
déjà sous la fourrure des chapkas, et leur charme, acide et
frais comme une pomme des Tian-shan, en est aiguisé. Là-
haut les Montagnes célestes s'emmitouflent de neige : fri-
leusement. « Décembre sera rude », annoncent-elles et
Bichkek, à leurs pieds, se le tient pour dit : il s'affaire
pour n'en pas trop pâtir et n'en finit pas de combler sa
misère, ses ornières... Des trous immenses qui semblent se
creuser d'eux-mêmes, mystérieusement, un peu comme
l'endettement kyrgyze : un milliard six cents millions de
dollars, 137 % du PIB, dont on se demande où ils sont
passés, à quoi ils ont pu servir.*

*Où sont-ils passés ? Mais je le sais... Ils gisent sous
« l'Axe » et tout ce qui tourne autour...*

*« L'Axe », c'est presque la seule « tranche » du Kyrgyzstan
connue des étrangers : cette route qui, à partir de l'Yssyk-
koul, la mer kyrgyze, se faufile au flanc et au travers des
Tian-shan, par des paysages superbes, via les plaines du
Tchou et du Ferghana, jusqu'à Och, l'oasis du sud. Ici, sur
l'Axe, les apparences sont sauves pour le voyageur pressé.
Le long du Trakt, la vieille route de la colonisation russe, les
villages tour à tour russes, cosaques, kyrgyzs, dounganes [2],
tchétchènes, et que sais-je encore, vous offrent des poissons
séchés, des spectacles inusités et des fruits qui vous repor-
tent par leur saveur à votre enfance. Avez-vous vu le visage
de cette vendeuse slave, presque scandinave, ses yeux lim-
pides comme le lac à l'horizon, sa taille bien prise, sa*

---

1. Essai poétique écrit en 2002.
2. Les Dounganes sont des Musulmans chinois, surtout Huis, chassés via
le Xinjiang de Chine et qui se sont réfugiés au XIXᵉ et au début du XXᵉ siècle
au Kyrgyzstan.

distinction naturelle, ses cheveux blonds, ondulés, ramenés en un sage chignon ? Natacha, à peine consciente de sa splendeur – car ici on n'apprécie guère les femmes minces – se morfond dans ce hameau ; son mari, alcoolique, l'a abandonnée avec deux enfants ; elle survit, au bout d'un verger foisonnant, dans une isba d'une propreté méticuleuse, en apprêtant à la sciure de peuplier, dans un vieux poêle enterré, des truites fumées comme jamais Fauchon ne vous en a proposées...

« L'Axe », encore un peu plus loin, c'est Bichkek, petite capitale tapie sous les frondaisons, jeune et miséreuse, et si coquette et si coquine, où la Russie des confins, géniale, tourmentée, farfelue, éméchée, un peu assagie et ordonnée, il est vrai, par les Allemands de la Volga, s'est mêlée à l'Asie des steppes, kazakhe ou tatare, à l'Asie dévalant des montagnes, kyrgyze ou tadjike. Quelle heureuse rencontre ! Ville métisse, ville d'amour où la seule froideur incongrue est celle de Lénine qui, sur la place centrale, tend une main démesurée vers la houle des Tian-shan, figée comme un décor à l'horizon. Sous lui, dans la cité, c'est le bouillonnement de tout ce qui a surgi et resurgira des tréfonds de la bêtise totalitaire, c'est le retour de cette force vitale qui, un beau jour, a raison de tous les désespoirs : « il n'y a jamais de tunnel sans lumière à la fin... », me disait, souriant, un repcapé des camps...

« L'Axe », c'est enfin Och, la capitale méridionale, au cœur d'un superbe terroir, porte du Pamir, haut lieu de l'islam, ville au passé insondable que le soviétisme a ravagée et que la drogue investit, aujourd'hui. Cependant, quelle sérénité dans cette maison ouzbèke où un paisible « aksakal [1] » m'accueille sous une treille ! Ici même, en 1990, un pogrom entre Ouzbeks et Kyrgyzs faisait rage. « Cela ne se reproduira pas

---

1. Mot à mot « barbe blanche », marque de respect à l'égard d'un ancien.

à Och – me dit le vieillard – nos souvenirs sont trop affreux[1]. Mais, autour de nous, il y a bien d'autres menaces. Par exemple, ces guerriers qui descendent des montagnes, parlent d'Allah, mais sont habités par le diable. Ils ont de l'argent, parfois de la drogue. Certains d'entre nous les écoutent, car, après la fin de l'URSS, nous sommes devenus si pauvres… »

Pourtant, comme tous ceux qui vivent sur « l'Axe », mon ami Teuusteuk n'a pas trop à se plaindre. Och et Bichkek – avec Dieu sait quel argent, celui des prêts, celui du narco-trafic ? – se couvrent de petits et grands chantiers. Les nouveaux restaurants d'Och, les discos de Bichkek ne reçoivent pas grand monde… mais continuent à fonctionner comme si de rien n'était ! Blanchiment ? Peu importe, semble-t-il, s'ils donnent quelques précieux emplois ! Pas très loin, de part et d'autre de « l'Axe », dans toute la profondeur de la montagne kyrgyze, ce n'est pas le cas…

*

Entrons dans le pays du dénuement, beau comme le paradis terrestre, désolé comme l'enfer. Abandonnées depuis dix ans, les routes disparaissent ou s'effondrent. Les parcs naturels où la nature était vraiment jusqu'ici inviolée, sublime, sont la proie de trafiquants. Avec la bénédiction des gardiens, dont les salaires ne sont plus payés, on y vend tout : le bois de ce qui reste de forêts, les aigles et autres rapaces que les Arabes achètent à prix d'or, la fourrure prestigieuse des derniers « barss », le léopard des neiges, etc. Dans les villages de plus en plus isolés, tout s'en va à vau-l'eau, tout se délite : les ex-kolkhozes, les habitations, les hommes… Même les chevaux, dans ce pays de grands cavaliers, sont mal tenus, en mauvaise santé. La seule distraction c'est la

---

1. Cela s'est reproduit pourtant en 2005 et surtout en 2010 !

vodka qui, bien entendu, est l'unique produit partout en vente. La vodka – quel beau cadeau du colonisateur ! – c'est aussi, parfois, le moyen d'oublier qu'on est malade et que, dans ces solitudes, le mal est sans remède : le médecin est parti, l'infirmier aussi. De toute façon, on n'aurait pas de quoi les payer. Les seules créatures qui peuvent s'échapper de cet enfer, ce sont les femmes. Je n'oublierai jamais cette toute jeune fille, déesse aux grands yeux noirs étrangement effilés vers le haut, au visage d'un ovale parfait, élancée comme un peuplier, cheveux de jais jusqu'aux reins – une Kazakhe peut-être – qui, ce soir-là, pauvrement habillée, accompagnée de son frère, venait tenter sa chance dans un grand hôtel de l'Yssyk-koul. Qu'est devenue cette pauvre enfant inconsciente, toute fraîche descendue, cet été-là, de son « djaïlo » – le campement de yourtes – là-haut près du glacier où tout est si pur ? Je pense à elle parfois quand je vois les jeunes prostituées de Bichkek, à peine arrivées de leurs villages, avec de temps en temps ces yeux verts, cette peau blanche, ou ces cheveux roux comme on en a ici dans les fonds de vallées les plus reculés, qui n'ont même pas dix-huit ans, qui ignorent ce qu'est le dollar, qui ne savent pas comment se soigner, se protéger, et qui, si elles survivent, s'envoleront vers cette lueur trouble qui, à l'ouest, les attirera et les brûlera comme un insecte.

Nous voici revenus sur « l'Axe » où, pour un regard exercé – qui ne peut être celui d'un touriste de passage – tout n'est pas si rose. Au sortir des centres-villes ou de la rue centrale des villages, la misère est en fait indicible. J'ai rencontré ce matin, dans la neige, un petit garçon russe – 7 ans peut-être – blond, rose et bleu, en un mot superbe. Non, il n'avait pas froid. Il était même bien chaussé. Mais les chaussures dans lesquelles il claudiquait, c'étaient des bottes de femme à hauts talons. Le blouson élimé qu'il portait, c'était un blouson de femme qui lui descendait jusqu'aux genoux. C'était cocasse et pitoyable. Ces enfants des rues, livrés à eux-mêmes, souvent russes, sont de plus en plus nombreux. Une amie journaliste, de passage à Bichkek, vient d'en trouver six dans l'habitation où elle loue un appartement : quatre filles, deux petits garçons, ayant entre 14 et 9 ans. Le père et la mère boivent. Le père a blessé son plus jeune fils qui porte les traces d'une grave brûlure. C'était intenable. Les enfants sont donc partis, cet été, de leur village, à l'aventure. Ils se sont réfugiés dans un appartement en construction de la capitale. Seul l'hiver les en a chassés. Et il n'y aurait aucune institution qui puisse les recueillir ! Eux, d'ailleurs, préfèrent la liberté des rues au peu de choses qu'on peut leur proposer. Bichkek pourtant regorge d'organisations humanitaires, d'organisations internationales. Les rues sont sillonnées par leurs véhicules 4 × 4 flambant neufs, toujours impeccables, qui ne vont guère se salir dans le bourbier des banlieues ou des campagnes. Ceux qui sont allés demander des secours me disent que, dans des bureaux luxueux, des fonctionnaires impeccables leur ont répondu – en anglais, bien sûr – qu'ils regrettaient, qu'ils n'avaient pas d'argent... Non surveillée, non suivie par les donateurs, l'aide disparaîtrait dans ces tonneaux des Danaïdes...

Voilà donc le monde qui est apparu depuis la chute du communisme. Le Président kyrgyz[1] n'en peut, mais. C'est un homme très intelligent. C'est même, dit-on, un brave homme qui s'efforce de faire quelque chose avec les quelques personnes intègres qu'il a pu trouver. Mais, comme tant de ses collègues de l'ex-URSS et du Tiers-monde – y a-t-il une différence ? – il est englué dans la pourriture quasi générale. Cette pourriture existait déjà à l'époque soviétique et c'est souvent elle qui a repris en main, en 1991, les morceaux épars du cauchemar brisé. Force est de constater qu'elle a reçu un soutien considérable de l'Occident : soutien de nos gouvernements, de nos mafias. Aussi est-elle, à présent, bien

---

1. Alors le président Akaev.

en place et mène sa coupe réglée... Qu'offrons-nous en compensation pour panser les plaies, calmer les esprits ? Surtout l'activité de nos sectes : elles sont proliférantes dans une population qui ne sait plus à qui se vouer. Comme me le disait un intellectuel, « il faut reconnaître que le Communisme, lui, malgré tous ses défauts, prenait un soin minimum du petit peuple, tandis que vous... »

Et pourtant, un miracle s'est produit ! Alors que je termine ce texte, je viens d'apprendre que cinq des six petits Russes viennent d'être recueillis par un orphelinat kyrgyz. Le sixième qui toussait à fendre l'âme – tuberculose ? – a disparu. Mais les autres ont été habillés chaudement. Ils vont à l'école et on leur permet de retourner dans le « bazartchik », le petit marché, dont les vendeuses étaient devenues, un peu, leur famille... Bref, ils sont heureux !

Je regarde les montagnes kirghizes immenses, intactes, mais néanmoins cernées par tout ce malheur. Arrivera-t-il à les gravir et à planter là-haut son drapeau noir ? Je pense à ce pauvre Président qui se démène... Je me souviens de ce jeune volontaire du Peace Corps rencontré dans un village perdu près de la frontière chinoise : il parcourait un « bazartchik » suivi par une meute de Kirghizillons. Il en profitait pour leur apprendre l'anglais. Je vois encore les regards joyeusement tendus vers l'instituteur, avides de s'instruire. La gaieté de ces petits malheureux me donnait chaud au cœur. Cette génération-là, si nous savons la former, fera du bon travail : « il n'y a jamais de tunnel sans lumière à la fin... »

Aussi bien en Afghanistan en 1989 qu'au Kyrgyzstan en 1991, l'effacement de l'Union soviétique s'est traduit par une crise que nul n'a vu venir : la relève du communisme par l'islam fanatique ou le capitalisme sauvage n'a rien de convaincant... les aléas de la guerre afghane encore moins !

VIII

LA GUERRE EN AFGHANISTAN
APRÈS 2014

L'intrusion de Daech

Fort du prestige du « califat » et de ses succès initiaux au Proche Orient, l'État islamique s'est lancé sans détour en 2015 dans une conquête du « Khorassan », c'est-à-dire, selon lui, de l'Iran et de l'Asie centrale, élargie à l'Afghanistan et au Xinjiang chinois : l'objectif forcément « dogmatique » du « calife auto-proclamé », Aboubakr Al-Baghdadi, et de ses successeurs, demeure aussi bien l'Afghanistan et le Turkestan, trop soufis à leur gré, que l'Iran chiite abhorré.

Cette ambition, à première vue, est démente. Daech est condamné à terme par ses excès comme le fut au XIᵉ siècle le mouvement ismaëlien des Hashichines, les fameux « Assassins ». Mais l'État islamique aura une certaine durée et marquera au moins une génération : il s'insère en effet dans le vent de l'Histoire, va de l'avant, frappe la jeunesse – pas seulement islamique – par ses symboles, ses slogans, son mythe, l'abnégation inouïe de ses partisans, son inqualifiable violence. « En laissant au temps le temps» on s'apercevra que l'attirance exercée par Daech sur les esprits simples et la jeune génération, les dévouements qu'il suscite, *les soutiens occultes* dont il bénéficie, rendent les prétentions du mouvement moins ridicules : le «Royaume de l'insolence[1]» et ses voisins, l'Asie centrale, le Pakistan, taraudés par la guerre, le fanatisme ou les mythes islamistes ou nationalistes[2], peuvent basculer, vers 2020-2025, vers cette forme d'extrémisme, même si le rapport des forces demeure, aujourd'hui, très défavorable à l'État islamique.

RAPPORT DES FORCES ACTUEL : LES OTANIENS

La progression indubitable, en 2016-2018, en Afghanistan, sur le terrain comme dans les esprits, aussi bien des Talibans que de Daech permet de mettre en doute la supériorité écrasante, au moins sur le papier, de l'OTAN et du gouvernement kabouliote. La meilleure preuve en fut l'insuffisance persistante des renforts décidés par le général Mattis, puis par le Président Trump pour 2018, à savoir le passage du contingent américain de 8 400 à 14 000 h. environ, plus les petits ajouts qui sont venus de la quarantaine de pays

---

1. Michaël BARRY, *Le royaume de l'insolence*, Flammarion, 1984, 312 p.
2. Ils abondent tels le grand Afghanistan, le grand Pakistan ou le grand Tadjikistan.

Afghanistan et pays environnants, situation militaire actuelle.

engagés dans la mésaventure[1] de *resolute support* :
8 000 hs, peut-être…

Le contingent américain et « otanien » de l'opération
Resolute support est donc passé, *grosso modo*, à
22 000 hommes et spécialistes[2]. Parmi eux, 12 000 soutiennent l'armée afghane et les autres sont engagés
dans la lutte anti-terroriste. Ils seraient assistés – on
le cache presque – par 27 000 *contractors* (gardiens, etc.),
dont 15 000 seraient étasuniens.

Le Président Trump a en définitive le mérite de
constater que le faible contingent otanien ne peut
régler le problème afghan par des moyens militaires.
Les Américains continuent, pourtant, de mener
(moyen de pression dans les négociations ?) une
guerre technique redoutable d'efficacité qui, sous
l'œil des drones et la frappe des missiles, décime l'encadrement ennemi. Le contingent anti-terroriste, qui
regroupe surtout des forces spéciales américaines,
intervient souvent en urgence et, en général, avec
brio, pour éviter à l'armée afghane d'être défaite.
Mais, en complément, assurer la formation « sur le
tas » de cette armée revient, selon un général américain,
« à réparer un avion en plein vol » ! La tâche est si
lourde et la progression des Talibans et Daech si évi-

---

1. Fin août 2017, La Nouvelle Zélande vient ainsi d'annoncer un renfort
de trois soldats ! La France, quant à elle, brille par son absence depuis
2012.
2. Certaines forces spéciales américaines (par exemple 3 000 Afghans
formés par la CIA) ou britanniques semblent ne pas entrer en ligne de
compte dans ce montant.

dente dans tout le pays[1] que le président américain est bien obligé de se souvenir, comme seule solution, de sa promesse électorale : quitter l'Afghanistan ! Quand on pense que, sous le «*surge*» du Président Obama, 140 000 soldats n'ont pas suffi, on s'aperçoit que le petit *surge* de 2018 est bien peu de chose, surtout si on le met en parallèle avec le délitement des forces de sécurité afghanes...

POINT SUR L'ARMÉE ET LA POLICE AFGHANES

Théoriquement, ces forces rassembleraient 200 000 hommes pour l'armée et 120 000 pour la police. Mais, malgré un certain esprit de sacrifice, cette force militaire est peu agissante, taraudée qu'elle est par des pertes de plus en plus importantes, un taux de désertion élevé[2] et surtout une corruption monumentale. Cette dernière atteint un tel point que, selon les propos du général inspecteur américain John Sopko, les Talibans conseillent à leurs troupes de s'approvisionner chez l'ennemi : les prix y sont moins élevés que sur le marché international, tant pour les carburants et équipements que pour les matériels et armements. Il y

---

1. À ce sujet, la dernière estimation américaine, faite le 30 juillet 2018, de 58,5 % du pays contrôlés par les Gouvernementaux contre 19,5 % seulement aux insurgés et 22 % disputés entre eux, suscite un doute très répandu.
2. Entre morts, blessés et surtout déserteurs, les forces de sécurité ont perdu un tiers de leur effectif en 2015.

a aussi dans cette armée afghane, où les généraux – un millier – sont plus nombreux que leurs collègues américains, entre 20 000 et 40 000 soldats-fantômes dont la solde est néanmoins perçue pour le plus grand profit de leurs chefs! Les militaires afghans, qui, à défaut de technicité et de probité, ont de la vaillance, s'illustrent cependant par leurs forces spéciales et leur aviation naissante.

Face à des Otaniens devenus, avec l'expérience, efficaces mais encore mal secondés par des Afghans gouvernementaux en proie au doute et à la trahison[1], le camp de la révolte est, par chance, depuis 2017 ou 2018, divisé.

LE CAMP DE LA RÉVOLTE

Les Talibans afghans en composent encore l'essentiel.

Ils regroupent en premier lieu les Talibans « historiques », fidèles du défunt mollah Omar, partisans d'un djihad national limité à l'Afghanistan. Sous le commandement du mollah Akhunzada et de la *choura* – « conseil » – installée à Quetta au Pakistan, ils continuent, malgré leurs fractures et dissentiments, leurs

---

1. On remarque, dans les informations, que les soldats afghans tirent de plus en plus sur leurs collègues américains, otaniens et font mouche. Ce fut encore le cas, en début septembre 2018, lorsqu'un instructeur américain a été tué par ses recrues afghanes.

pertes aussi, à mener une lutte obstinée qui n'est pas sans résultat : en fait, ils contrôlent maintenant bien plus de la moitié du territoire afghan, mais seulement un quart de la population totale. Leur effectif, selon les Américains, reste limité à une fourchette comprise entre 60 et 70 000 combattants d'élite soutenus par des sympathisants dont le nombre ne peut être évalué. Les Talibans bénéficient de l'aide, plus terroriste que militaire, d'Al-qaïda et du réseau Haqqani, soit à peine quelques milliers d'hommes, mi-guerriers, mi-trafiquants, mais particulièrement décidés. Sont-ils aidés, dorénavant, par les Russes et les Iraniens ? C'est fort possible, mais aucune preuve n'existe de ce soutien qui ne peut s'effectuer qu'en toute discrétion par de multiples intermédiaires. Le camp taliban, qui piétine depuis au moins sept ans aux portes de Kaboul, n'a contre lui qu'une certaine lassitude de ses militants qui le divise face à l'irruption tonitruante de l'État islamique.

L'ÉTAT ISLAMIQUE EN AFGHANISTAN

Le mouvement en Asie centrale est parti de l'existence en AFPAK de sympathisants à la cause du califat, notamment chez les Talibans pakistanais du *tehreek-e taliban Pakistan* (TTP) ralliés à Daech après avoir attaqué très sévèrement l'État du Pakistan. Des Talibans afghans, impressionnés en 2016 par les succès de

Daech au Levant, sont même allés jusqu'à rallier l'EI par *katibas* entières (compagnies ou bataillons) : cela s'est traduit, notamment dans la province de Gazni, par des batailles fratricides entre Talibans qui ont fait plusieurs dizaines de morts. L'organisation terroriste est ainsi vite apparue, selon la choura de Quetta, comme une institution hostile, presque étrangère car animée par le djihad international et farouchement opposée au soufisme centrasiatique comme au chiisme des Hazaras.

Ces derniers, d'origine mongole, regroupent au centre de l'Afghanistan une minorité importante de 8 à 9 millions d'adeptes du chiisme. De 2016 à 2018, des attentats aveugles et massacrants de l'EI menés contre eux, notamment à Kaboul, ont choqué tous les Afghans, y compris les Talibans historiques qui ont tendance à plus ou moins respecter le particularisme religieux des Hazaras en tant que donnée séculaire de la diversité afghane.

L'objectif de Daech est de se créer des bases d'action en Afghanistan en vue d'une conquête ultérieure du « Khorassan », étape de son projet messianique du califat universel. Bien financé en sous-main par l'Arabie saoudite et le *zakat*[1] – impôt sur les croyants détourné par divers mouvements salafistes – et avec la connivence des services secrets pakistanais, l'EI, en

---

1. Impôt prescrit par la *sunna* et 3ᵉ pilier de l'islam. Les combattants sont les septièmes bénéficiaires sur huit prévus par le Coran dans la redistribution de cet impôt. (sourate Le Repentir, n° 9, verset 60).

trois ans, a progressé d'une façon spectaculaire en Afghanistan : il a pris position non seulement dans la province orientale du Nangarhar mais aussi dans le Nord-afghan face au Turkménistan et bientôt l'Iran. Dans ces deux zones, ses combattants sont particulièrement motivés. Croyants fanatiques, ils sont bien payés : plus de 500 dollars mensuels pour un djihadiste de base, plus de 1 000 dollars pour un artificier, contre 200/300 pour un simple Taliban afghan. Regroupant, au début de 2019, une petite dizaine de milliers de combattants, ils comportent des Pachtounes ou Pathans (ex-Talibans pakistanais) et des transfuges talibans afghans, des Tadjiks de l'organisation Ansarullah, mais aussi des Ouzbeks et Ouigours du MIT (mouvement islamiste du Turkestan, ex MIO), ainsi que deux milliers d'étrangers souvent surgis de Syrie : Arabes, Caucasiens, Turcs, Libanais, Indiens, Centrasiatiques, Philippins et, même, Européens, Russes et Iraniens, etc.

Le spécialiste David Gauzère a pu ainsi parler de l'ouverture d'un troisième front, notamment face à l'Asie centrale[1]. Ce front, face au Turkménistan, Ouzbékistan et Tadjikistan est tenu surtout par des Talibans étrangers, voire pakistanais.

Les Daechistes sont aussi incrustés, tout naturellement, à l'est dans la seule région salafiste d'Afghanistan : au Nangarhar-Kounar. Avec à cet endroit un

---

1. David GAUZÈRE, 12 février 2017 sur diploweb : « Afghanistan : l'ouverture d'un troisième front ? » Le 1er front étant celui de l'Irak et de la Syrie, le second, éphémère, fut celui de la Libye.

recrutement quasi intégralement pachtoun, ils se sont maintenus brillamment dans la contrée malgré des interventions multiples et musclées des Américains et Gouvernementaux.

Ce début de réussite ne peut s'expliquer – même en Afghanistan, pays endurant à la guerre – que par le retour dans la région, via Daech, de la « stratégie d'épouvante ».

LA STRATÉGIE D'ÉPOUVANTE

Cette méthode est, pour l'instant, la même que celle à laquelle recourut Daech en Irak, en Syrie, et dans les divers attentats de par le monde. Elle n'est pas nouvelle, en particulier dans l'univers mongol ou musulman, puisque la stratégie d'épouvante est celle qui fit le succès de Gengis Khan, de Tamerlan, sans parler de la secte des Assassins, terreur au XIe siècle du Proche et Moyen-Orient. L'effrayante cruauté des Mongols ne fut jamais gratuite : elle participait d'un art de la guerre, d'une stratégie totale qui se rapproche de nos actuelles théories d'emploi de l'arme nucléaire. L'un des équivalents soviétiques de la « force de dissuasion » n'est-il pas qualifié de « *sila oustracheniya* », c'est-à-dire force d'épouvante ? Épouvanter, c'est exactement ce que visait l'ost mongole ou timouride en édifiant des pyramides de crânes et ce qu'obtiennent les commandos djihadistes d'aujourd'hui en alignant les têtes décapitées au Nangarhar à l'entrée des villages conquis : ils veulent susciter cette terreur indicible sous l'emprise de laquelle les peuples se rendent et les empires s'effondrent. L'étalage et la constante répétition d'inqualifiables sévices n'eurent et n'ont pour but que d'annihiler par la terreur, l'«épouvantement», toute velléité de résistance. Massacrer pour l'exemple, mais aussi, parfois, faire preuve de mansuétude, c'était et c'est s'assurer pour l'avenir de faciles conquêtes. À ceci près que l'Afghan, quelle que soit son ethnie, ne se laisse guère impressionner par ce genre d'exaction et qu'il a la dent dure en rétorsion. Par exemple, l'attaque par Daech, le 9 mars 2017, de l'hôpital militaire de Kaboul, qui aurait fait 100 victimes, ne sera guère oubliée dans l'armée gouvernementale. De même, les massacres de chiites perpétrés dans les villages ou les mosquées peuvent susciter l'indignation mais ils pourraient aussi – et c'est probablement le but visé – réveiller dans la population une guerre ethnique et religieuse entre sunnites et chiites qui donnerait, en fin de compte, l'Afghanistan à Daech.

Les conquêtes de l'État islamique en Afghanistan, telle qu'elles se sont déroulées, ces deux dernières années, permettent de découvrir certains ressorts très particuliers de l'affaire afghane, mais aussi les faiblesses et les erreurs du commandement islamiste qui en se répétant pourraient condamner son entreprise.

LES DESSOUS DE LA CONQUÊTE

Disons-le d'emblée : la présence actuelle de Daech en Afghanistan n'a pu se réaliser qu'avec l'appui partiel du Pakistan et l'appoint d'une « aide mystérieuse »...

Cette aide mystérieuse est une sorte de Providence que des croyants, selon leur camp, pourraient attribuer à Allah ou au Saint-Esprit... mais, bien sûr, ce n'est pas le cas ! Des soutiens occultes existent ainsi décrits à leurs interlocuteurs diplomates par des Talibans afghans à Doha : « nous combattons contre l'EI, mais ce que nous n'arrivons pas du tout à découvrir c'est d'où provient leur soutien technique et qui les évacue au moment où nous sommes prêts à les vaincre et les détruire... [1] ». Le rapporteur de ces propos, le diplomate kyrgyz Taalatbek Masadykov, ajoute un peu plus loin : « le président Hamid Karzaï a affirmé pour la première fois en 2009 que des hélicoptères non-identifiés de pays non-identifiés transportent des terroristes au sein de notre pays »... Ces hélicoptères sont devenus de véritables charters transférant terroristes et extrémistes de la frontière sud aux provinces du nord de l'Afghanistan. L'utilisation de tels aéronefs discrets est également mentionnée par les services spéciaux russes.

---

1. https://www.novastan.org : « La menace afghane est encore bien réelle pour les pays d'Asie centrale » note de Novastan en date du 9/6/17, d'après un article originel de Zanoza.

À ce propos, je me souviens que, dialoguant en 1997-1998 avec un éminent baron de la drogue afghane susceptible de rendre un service «relationnel» à mon pays, j'ai appris incidemment qu'à l'époque il utilisait des hélicoptères de marque soviétique pour sortir «quelque chose» d'Afghanistan vers un pays d'Asie centrale. Pourquoi ces aéronefs ne seraient-ils pas utilisés également pour du transport de personnel? Il suffit par exemple de payer au prix fort le trajet à la nouvelle armée de l'air afghane dotée d'excellents hélicoptères russes. Ces hélicoptères, étant donné l'itinéraire décrit – de la frontière sud... aux provinces du nord –, peuvent aussi appartenir à l'ISI, les services spéciaux pakistanais, qui éloigneraient de cette façon vers le nord des mercenaires de Daech qu'Islamabad ne veut pas voir proliférer à sa frontière. Tout est question d'argent! Or des dollars il y en a beaucoup: narcodollars, certes, mais aussi rensdollars (dollars des services spéciaux), pétrodollars des pays islamiques, islamodollars des croyants, sans compter, bien sûr, à l'occasion, un petit coup de pouce ou une bénédiction «sonnante et trébuchante» des Américains pour une affaire limitée. Il n'y a guère que le pauvre Afghan mercenaire de base, chair à canon, à ne disposer que de quelques dollars...

Les Russes qui, devant la menace, sont las de ces manèges, n'y vont plus par quatre chemins: «le 30 mai 2018, le ministère russe des affaires étrangères a publié un communiqué dans lequel il interroge les États-Unis et l'OTAN sur l'appartenance des avions non-identifiés qui fournissent des armes et d'autres matériels militaires aux insurgés dans la province septentrionale de Djaozdjân». Mais Moscou gère mal son information car la note du 30 mai de *Spoutnik* rapportant ce fait crucial n'a guère circulé! Est-il besoin de signaler que Washington n'a pas répondu?

L'APPUI PARTIEL ET PARTIAL DU PAKISTAN

Le Pays des purs, intrinsèquement mêlé à l'Afghanistan, est le premier en importance parmi les nations musulmanes au monde puisque, disposant de «la bombe islamique» depuis 1987, il est devenu une puissance atomique. Avec le soutien financier de l'Arabie saoudite et l'aide technique de la Chine et de la France[1], il a pu édifier, depuis, une force nucléaire terre-air-mer disposant d'environ 450 charges et du vecteur-missile Shaheen portant à 2 500 km. L'inquiétude que l'on peut nourrir à ce sujet a été soulignée par le candidat à la présidence Donald Trump qui voyait comme l'une des raisons à la présence américaine en Afghanistan la vigilance à l'égard de la panoplie nucléaire pakistanaise.

Menacé à coup sûr du côté indien, Islamabad s'est toujours senti inquiété du côté afghan. En vérité, ce

---

1. La France a vendu en 1994 au Pakistan trois sous-marins classiques Agosta 90 B qui sont aujourd'hui utilisés par la force de frappe maritime d'Islamabad.

n'est pas à tort car l'Afghanistan a été, en 1949, le dernier pays à reconnaître le Pakistan devenu indépendant : la raison en est « la ligne Durand », frontière actuelle entre le Pakistan et l'Afghanistan, établie en 1893 entre l'Afghanistan et l'Empire des Indes. En acceptant finalement l'entrée du Pakistan à l'ONU en 1949, Kaboul a pris soin de notifier qu'il ne reconnaissait pas cette frontière entre les deux pays.

Les incertitudes de « la ligne Durand » étalée sur 2 400 km auraient pu suffire pour susciter une hostilité réciproque. Mais il y avait aussi le problème ethnique des Pachtouns-Pathans, le même peuple partagé, de façon arbitraire, de part et d'autre de la ligne. Les Pachtouns, au nombre d'environ 20 millions, comptent pour 60 % de la population afghane où ils sont majoritaires. En revanche, les Pathans, bien qu'au moins 30 millions, sont largement minoritaires au Pakistan (17 %). Toutefois, pour leur esprit guerrier et élitiste, Pachtouns ou Pathans sont redoutés par les autres peuples locaux qui craignent, de part et d'autre de la ligne Durand, l'apparition d'un Pachtounistan dominant. Par ailleurs, l'étroitesse du territoire pakistanais rend nécessaire l'existence d'une « profondeur stratégique » qui ne peut apparaître qu'au détriment des Afghans. Enfin, pour éviter d'avoir à lutter sur deux fronts, il convient pour le Pakistan de brider à Kaboul l'influence indienne. Tous ces motifs – et bien d'autres – ont suscité l'apparition au « Pays des Purs » d'une politique retorse, pour ne pas dire perverse, à l'égard des

Afghans de tous bords. Tous les moyens, y compris la pire mauvaise foi, furent bons pour influencer et contrôler ces derniers : la guerre, depuis 1979, a été une excellente occasion d'ingérences multiples et renouvelées d'Islamabad.

Lorsqu'en 2014, l'apparition du « califat » de Daech a connu un écho favorable en AFPAK, les dirigeants d'Islamabad y ont vu l'occasion d'utiliser leurs « abominables » étudiants en religion – ceux du parti des Talibans pakistanais (TTP) – aux côtés de leurs collègues afghans, voire contre eux, afin de détourner le TTP de ses actions terroristes au Pakistan. Les uns et les autres, de même race et de même langue, ayant été formés dans les mêmes madrasas sur le versant pakistanais de la ligne Durand, pouvaient effectivement s'entendre ; le rapprochement permettait aussi de perfectionner l'emprise et les chantages exercés sur les deux mouvements par l'ISI, les Services spéciaux pakistanais. Ce machiavélisme au petit pied a bien eu quelques résultats pour les « Purs » – et continue à en avoir. Il a cependant permis récemment à Kaboul d'utiliser à son tour, à partir de son territoire, les Pathans contre Islamabad...

À la mi-octobre 2009, les prémices de l'*imbroglio* apparaissent lorsque l'armée du Pakistan, pour rétablir son contrôle sur « sa zone tribale », s'attaque enfin aux terribles guerriers TTP dans le sud Waziristan. Comme dans une partie de billard, ce premier choc va se répercuter, en six ans, jusqu'à l'autre bout de l'Afghanistan.

Pour bien comprendre le processus, remontons aux origines du parti TTP. En 2007, ce parti est créé pour fédérer la révolte de différents groupes pathans contre le général-président Pervez Musharraf, aujourd'hui déchu. Le nouveau parti, d'inspiration salafiste et partisan du djihad international, se distingue fortement des Talibans afghans. Le TTP perpètre aussitôt dans son pays d'horribles attentats dont, sans doute, celui qui frappe mortellement, le 27 décembre 2007, la malheureuse Benazir Bhutto, ex-Premier-ministre du Pakistan. Le TTP est alors puissant puisque, notamment dans le Waziristan du sud, il contrôle environ 25 000 guerriers. Fin 2009, délogé à grand mal de sa zone tribale par l'offensive pakistanaise, il se réfugie dans le Waziristan du nord. Il revendique alors l'attentat particulièrement odieux, le 9 octobre 2012, contre la jeune militante pour le droit à l'éducation Malala Yousafzai, devenue depuis l'égérie de la résistance à l'obscurantisme.

Cet agrégat de fanatiques, ainsi que d'autres groupes djihadistes, en particulier le *Lashkar-e Taïba* (L-T) et le MIT, sont chassés au printemps de 2014 de leur nouveau réduit du Nord-Waziristan par les soldats pakistanais. Certains combattants rejoignent « le maquis des banlieues », au Pakistan, alors que la majorité des TTP se met en route pour « une zone tribale afghane » qui n'existe pas encore. Le transfert est plutôt un exode puisque les insurgés sont souvent accompagnés par leurs familles au sens large. La vengeance abominable du TTP contre l'armée pakistanaise ne se fait guère attendre. Le 16 décembre 2014, il s'attaque à une école pour enfants de militaires à Peshawar : bilan 141 victimes, dont, parmi les élèves, 132 tués, plus 121 blessés. Un massacre d'innocents en plus ! Nous avons tous vu ces scènes d'horreur révoltantes à la télévision. Les Pakistanais, sans cesse sur la brèche, les tolèrent encore moins que nous !

La réinstallation dans les montagnes désolées du Nangarhar étant difficile, les migrants emménagent plutôt dans les villages du piémont en bordure de frontière. Ils y parviennent car les Pachtouns afghans sont tenus par la tradition d'accueillir leurs « frères » pathans. Ils y rejoignent des anciens TTP déjà réfugiés à cet endroit et qui ont commencé à créer des cachettes d'armement et de munitions. Ce nid d'exaltés, notamment dans le district d'Atchine, accueille d'autres Pachtounes salafistes venus des montagnes du Kounar, Nouristan et Nangarhar, seule région salafiste d'Afghanistan. Étendu à trois ou quatre districts, le long de la frontière et autour d'Atchine, cette enclave éveillera les convoitises aussi bien de Daech que des Talibans et, en tout cas, la vigilance des Américains et des Pakistanais.

La contrée, creusée de reliefs calcaires désolés, est agrémentée de grottes, cavernes et belles sources au flanc d'escarpements parfois couronnés de forêts. Elle est plus accueillante aux activités de l'homme qu'il n'y paraît car le piémont et les vallons qui en partent présentent un terroir fleuri, plein de charme au printemps, réputé pour le pavot. La route historique vers Kaboul et la fameuse passe de Khiber, au cœur des zones tribales, a attiré de tout temps des artisans capables de reproduire à la perfection n'importe quelle arme, même automatique. La région était connue pour son abondance en armements, ses refuges. N'aurait-elle pas accueilli en 2001 Ben Laden fuyant Kaboul pour le massif de Tora-Bora et son dédale de grottes ? Une malédiction est alors tombée sur le Nangarhar, telle les bombes de B 52 traquant à l'aveuglette les réfugiés d'Al-Qaïda. Et voici qu'en 2016-2017 tout semble recommencer en une mêlée impitoyable opposant les frères ennemis pachtouns – taliban ou daech – sous les bombardements alternés américains et ka-bouliotes ! Washington vient même d'en profiter pour expérimenter, contre un PC de Daech, sa « mère des bombes », la charge classique la plus puissante jamais utilisée. Le résultat n'est, paraît-il, guère probant. La campagne bucolique d'Atchine, ravagée depuis deux ans et retournée par les explosifs, n'en ressemble pas moins, par endroits, à un front de 14-18 tout aussi disputé ! Comment en est-on arrivé là ?

En janvier 2015, peu après la réinstallation du TTP en territoire afghan, le « calife » auto-proclamé, Abou Bakr Al-Baghdadi, annonce officiellement que l'État islamique élargit son action au « grand Khorassan » : cette appellation historique correspond, dans son projet, à l'Afghanistan, à l'Asie centrale avec comme objectif plus lointain l'Iran, la Russie et l'Ouest – chinois. Sans doute a-t-il appris, avant de prendre une telle décision, que la proclamation de son « grand Califat » a reçu un accueil favorable, voire enthousiaste, en AFPAK : dans plusieurs secteurs de la zone, notamment à Karachi, ses partisans, jusqu'ici non déclarés, ont défilé, à cette nouvelle, derrière la bannière de Daech. De même, la succession difficile du mollah Omar, « Emir d'Afghanistan », a valu au nouveau « calife » l'allégeance proclamée de sept commandants talibans afghans suivis par leurs guerriers. Les succès fulgurants de l'EI partout claironnés contrastent en 2015 avec les gains mesurés et les divisions internes de la résistance afghane qui se laisse aller, parfois, au découragement.

Al Baghdadi saute sur l'occasion et fait enrôler transfuges afghans et ex-Talibans pakistanais d'autant plus facilement que la prime, coquette, d'engagement serait, dit-on, de 400 $ par homme. Ces mercenaires constituent donc en 2015, aux côtés des guérilleros du MIT et du L-T, le fer de lance de la conquête dans deux directions, d'une part le Badakhchan et le Nord-Afghan, d'autre part le Nangarhar qui attire Daech par son salafisme. Mais cette province présente aussi l'avantage d'être un bastion stratégique à proximité de deux axes routiers essentiels : la route d'approvisionnement de Kaboul et le débouché de la route du Karakoram, primordiale pour la Chine car elle est l'amorce du futur Corridor sino-pakistanais en direction du port de Gwadar sur la mer d'Oman.

À partir de renseignements épars et fragmentaires, il est possible de reconstituer la longue marche et les combats de Daech vers le nord et, au nord-est, dans « la forteresse du Nangarhar ».

Les Activités des Talibans et de l'EI en Afghanistan en 2016-2019

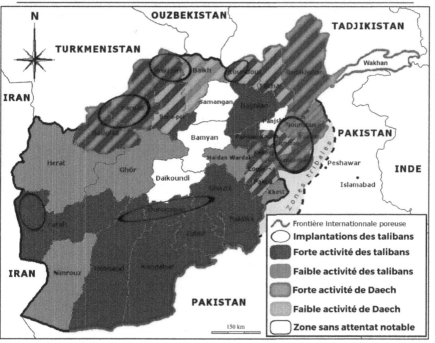

Carte établie par David Gaüzere d'après les bulletins d'information mensuels du CEREDAF, réalisation Marchand.G 2017

LA LONGUE MARCHE DE DAECH VERS LE NORD-AFGHAN

Une partie des Talibans pakistanais, soit 2 000 combattants, quitte donc, peu à peu, fin 2014- début 2015, ses refuges afghans pour le nord par la vallée de la Kounar, le Nouristan et le Badakhchan. La logistique suit, ou plutôt précède puisque, en 2015, nous apprenons que les Talibans ont déjà entreposé une centaine de tonnes d'armes et de munitions dans une vallée perdue à l'entrée sud du Badakhchan. L'opération profite, au moins jusqu'au printemps 2015, de la coexistence qui règne encore entre l'État islamique et le front des Talibans et d'Al-Qaïda. Elle profite aussi de la présence ancienne de djihadistes salafistes – et pachtouns – proches d'Al-Qaïda et de l'EI dans le Kounar et le Nouristan. La progression est rendue très difficile car les montagnes sont traversées en plein hiver : l'utilisation éventuelle de drogues peut expliquer l'exceptionnelle résistance des combattants. La traversée s'effectue par groupes d'une centaine d'insurgés, voire moins, regroupant surtout des Pathans, mais aussi des Ouzbeks et des Tadjiks. La participation « d'étrangers » – Caucasiens, Indiens, Turcs, voire Arabes – est de plus en plus flagrante. On note parfois la présence d'un mollah qui harangue ses troupes et d'un Arabe qui pourrait représenter l'État islamique : les « commissaires politiques » en quelque sorte pour reprendre mon analogie avec les débuts du communisme. Les familles des combattants suivent parfois et peuvent fournir une aide logistique importante – transport et recherche de la nourriture – mais aussi militaire comme le nettoyage des armes, l'entretien et le conditionnement des munitions ou la pose de mines. Le groupe se déplace avec les étendards noirs de Daech, et, le plus souvent, comme il se doit, est habillé de noir. Les hommes arborent le turban, mais, s'ils sont nus-têtes, ont le front ceint d'un bandeau noir avec une inscription en arabe. Curieusement, pour ces guerriers censés défendre une cause salafiste, des femmes peuvent figurer parmi eux, ainsi que le décrit le témoignage suivant d'avril 2015 :

« Dix-huit corps d'insurgés d'origine étrangère, dont deux femmes, ont été retrouvés par l'armée afghane. Leurs nationalités étaient centrasiatiques (tadjike, ouzbèke, kyrgyze) mais aussi tchétchène et turque. Ils portaient des bandeaux noirs avec les mêmes versets du Coran que revendique l'État islamique en Syrie et en Irak[1] ».

Comme toujours, lorsqu'un envahisseur arrive en Afghanistan, il est accueilli sans hostilité apparente. Mais la nasse ne tarde pas à se refermer autour de lui. En l'occurrence, il faut attendre jusqu'au mois d'avril 2015 pour apprendre que, du 10 au 13 :
« 200 Talibans et Djihadistes étrangers se sont emparés provisoirement de points de contrôle dans le district de Djorm de la province du Badakhchan à 60 km seule-

---

1. Dans bulletin du CEREDAF n° 329 de juin 2015, p. 10.

139

ment du Tadjikistan. Dix-huit militaires et policiers sont tués dans ces combats dont huit sont décapités, dix sont blessés et dix autres portés disparus tandis que les islamistes laissent dix-neuf morts, dont onze Talibans[1] ». Les destructions, décapitations et exécutions dénotent le style de Daech : il est dûment médiatisé afin de propager l'épouvante.

L'attaque des « envahisseurs » à Djorm comme l'apparition du drapeau noir sur les villages tout autour de Faïzabad, la capitale du Badakhchan, semblent avoir réveillé, en ce printemps 2015, les forces de Kaboul qui, sur place, se composent surtout de Pamiri ismaéliens, donc chiites, ou de Tadjiks sunnites. La réaction est forte et nombre de drapeaux noirs disparaissent de l'horizon. L'alliance de l'EI avec les Talibans a cependant déjà franchi et continue à franchir l'obstacle du Badakhchan, prenant dès lors son cap vers l'ouest en suivant à distance le cours du Pyandj.

Des nouvelles ahurissantes fusent alors de ce Nord-Afghan. On signale, par exemple, la présence, parmi les révoltés, d'Ouighours du MITO, la branche orientale du mouvement islamique du Turkestan. Commentant ce fait, Mohammad Hanif Atmar, conseiller à la sécurité du président Ashref Ghani, indique « que des insurgés du MITO tenteraient d'entrer en Chine au travers des contrées septentrionales de l'Afghanistan[2] ».

---

1. Reuters : *Une opération des Talibans dans le nord-est afghan*, bulletin du CEREDAF 329 de juin 2015, p. 10.
2. *Idem.*

Même dans la région du nord, assez calme jusque là, de graves affrontements opposent, dès le mois de mai, Talibans afghans et islamistes de Daech. L'entente pourtant perdure localement entre eux, tant et si bien que Koundouz, cité de 300 000 habitants, capitale du Nord-Afghan et verrou de l'Asie centrale, tombe par surprise entre les mains de l'alliance talibano-islamiste dans la nuit du 28 septembre. L'attaque bien coordonnée à partir de trois points de départ n'a duré que 12 heures. Quoique réalisée avec l'aide de mouvements étrangers – TTP et MIT par exemple – cette opération est considérée comme le plus beau fait d'armes de la guérilla talibane. L'armée gouvernementale, qui, pourtant, n'a perdu que 40 combattants, fuit la ville en débandade n'assurant, jusqu'au 2 octobre, que la protection de l'aéroport.

Un certain affolement règne, accentué par le départ massif de la population, à tel point que, dans la nuit du 2 au 3 octobre, l'armée américaine se trompe de cible et bombarde l'hôpital de Médecins Sans Frontières : bilan, 12 membres du personnel MSF sont tués et 19 grièvement blessés. MSF décide le 5 octobre de se retirer de Koundouz. Le Président Obama présente ses excuses le 10 octobre.

La reconquête de Koundouz par l'armée afghane, reprise en mains par l'OTAN, débute le 2 octobre. Elle s'effectue avec l'appui aérien américain. Elle ne sera réussie que par l'intervention des meilleures troupes de la coalition occidentale et ne prendra fin que vers le 15 octobre.

Selon Abdullah Abdullah, le chef de l'exécutif afghan, « la crise de Koundouz démontre que les troupes étrangères doivent rester en Afghanistan. » Barak Obama décidera effectivement, en fin d'année, de ralentir le retrait envisagé : premier signe d'un retour en force.

En cet automne 2015, fort heureusement pour les Gouvernementaux afghans, l'entente entre Talibans pakistanais et afghans a vécu car Al-Bagdadi, fanatique aveugle autant que mauvais politique, a consommé à coups d'invectives le divorce avec les Talibans afghans qui auraient pu lui être si utiles. Toujours pour des raisons dogmatiques mais surtout parce que la choura de Quetta refuse de reconnaître son autorité, il impose de les attaquer, même quand il n'est pas en position de force, notamment au Nangarhar. En 2016, bien qu'ayant encore progressé en Afghanistan, l'insurrection de l'État islamique a perdu beaucoup à cette séparation.

Sur le front du Turkménistan et, déjà, de l'Iran, la progression de l'EI a continué avec deux objectifs essentiels. Le premier était de montrer aux chiites que le « califat » figure sur les abords de leur forteresse persane. Certes, elle n'est pas encore atteinte mais pourrait l'être bientôt par la traversée de 150 km de désert turkmène à partir de la province afghane du Bagdhis. Cela se traduirait, au moins, par une guérilla symbolique le long du « mur iranien », bâti pour contrer le trafic de drogues. Ce serait un exemple spectaculaire de coopération entre mafia de la drogue et Daech. En revanche, le second objectif, qui consiste à exercer une menace sur les installations gazières turkmènes – les gisements de Galkynych d'où partent des gazoducs vers la Chine – est en cours de réalisation : les djihadistes internationaux sont en effet présents sur la frontière turkmène du Faryab et du Djaozdjan. Ce dernier point pourrait faire l'objet d'un marchandage alléchant dans « le bazar de la guerre afghane ». En effet, après un engagement, les hostilités cessent parfois pour permettre aux parties, par une négociation ponctuelle discrète, échanges, trocs et rançonnements : ils s'insèrent dans le cadre d'une « marchandisation » du conflit où enlèvements rémunérés, achat de l'adversaire, extorsions diverses, sont devenus chose courante tant à l'EI que chez les Talibans et les Gouvernementaux.

AU « PAYS DE LUMIÈRE », LE NOURISTAN

Le tréfonds de l'horreur a sa patrie en Afghanistan. Depuis longtemps, le malheur y rôde, de région en région. Pour qu'une province y échappât quelque peu, il fallait vraiment qu'elle fût blottie dans un endroit perdu au cœur des montagnes. Ainsi en allait-il du Kafiristan ou Nouristan, si bien appelé « pays de lumière », qui au XIXe siècle abritait encore les derniers Kafirs – « païen » en arabe – animistes, zoroastriens et sectateurs du feu. La particularité de ce peuplement n'était pas seulement religieuse mais aussi linguistique et ethnique : les tribus locales continuent de parler six langues nouristanies, indo-aryennes ; les habitants sont assez souvent de type européen nordique, parfois d'une grande beauté, avec le teint clair, la chevelure blonde ou rousse, les yeux clairs, azur, or ou émeraude. Ce type est encore observable : je l'ai repéré et photographié dans les hautes vallées du Pamir tadjik. Lorsqu'ils n'ont pas de traits scandinaves, les paysans sont parfois tellement proches de nos montagnards – auvergnats, ardèchois – que j'en étais bouleversé.

Devant tant de particularisme, l'émir de Kaboul se résout en 1895 à assujettir ces réfractaires et à les contraindre à l'islam. Les Kafirs sont alors vaincus, massacrés – on parle de 100 000 morts – et réduits en esclavage, leurs femmes superbes devenant le fleuron de nombre de harems. Le pays est annexé avec la bénédiction britannique : le Kafiristan libre devient le Nouristan soumis.

Sous le contrôle lointain et négligent de Kaboul, la contrée barricadée derrière ses montagnes abruptes et ses forêts de sapin, connaît un siècle de répit avant que Ben Laden n'ait la fâcheuse idée de faire croire qu'il s'y était abrité. Cela vaut à la zone de subir le bombardement des B-52 américains, notamment sur le massif de Tora-Bora en 2002, avant d'être livrée au trafic de bois ou de produits miniers. Une entreprise française a été par exemple accusée en 2016 d'importer du Nangarhar du talc qu'elle achèterait aux Talibans.

En 2015, ce fut au tour de l'État islamique d'attirer les calamités sur le Nouristan : Al Baghdadi, attaché au symbole de « l'Afghanistan premier pays djihadiste » s'est mis alors dans l'idée de créer un réduit dans les provinces de Lagman, Kounar et surtout de Nangarhar, ce qui correspond au Nouristan au sens large. Depuis, ses troupes locales, enrôlées pour l'essentiel parmi les ex-Talibans pakistanais, s'accrochent à quelques districts afghans du Nangarhar. La région est le théâtre aujourd'hui d'une lutte acharnée, « guerre à trois camps + 1 » entre l'EI, les Talibans afghans et les Gouvernementaux assistés par les Américains.

Washington ne semble pas vouloir tolérer cet empiétement qui met en cause la sécurité dans une zone clé qui va du Cachemire indien et du Xinjiang chinois jusqu'à l'Asie centrale considérée encore comme « une chasse gardée russe ». Il faut y joindre la haute région pakistanaise de Peshawar à Gilgitt. On observe ainsi la juxtaposition locale de quatre puissances nucléaires : la Chine, la Russie, l'Inde et le Pakistan, puissance la plus fragile, d'autant plus redoutable ! Washington bombarde donc sur place, par ses missiles guidés avec beaucoup de précision, les chefs islamistes qui sont éliminés les uns après les autres. L'aviation gouvernementale afghane bombarde aussi, sans discrimination, les milices talibanes et islamistes qui se battent en dessous d'elle et sont incapables de profiter de cette intervention d'un adversaire commun pour faire la paix et s'unir contre lui. Sur le terrain, c'est bien maintenant, sous bombardement américano-afghan, une guerre à trois qui sévit entre le gouvernement de Kaboul, les Talibans afghans et les partisans de Daech, chacun ayant deux adversaires eux-mêmes irréconciliables. Dans la zone existe même un quatrième camp, celui des Pakistanais qui pilonnent allègrement à l'artillerie certains secteurs frontaliers où ils ne veulent pas voir apparaître une zone tribale TTP favorable à Kaboul.

DÉTAILS DE L'OFFENSIVE ISLAMISTE DANS LE NANGARHAR

L'offensive islamiste est déclenchée, en juin 2015, de façon inopinée, par des troupes surtout talibanes TTP qui s'attaquent indifféremment aux Gouvernementaux et aux Talibans afghans : sur vingt-et-un districts, elle en conquiert six, aidée en cela par les ex-Talibans pakistanais favorables à Daech et réfugiés sur place. Les Talibans afghans, qui ne sont pourtant pas des « petits saints », soulignent l'exceptionnelle cruauté et sévérité des envahisseurs : ils incendient les localités conquises, décapitent les prisonniers et parfois exposent leurs têtes à l'entrée des villages. Il leur arrive aussi de faire exploser ces prisonniers. Les tortures gengiskhanides ou les pyramides de crânes à la manière de Tamerlan ne sont pas loin.

Devant la gravité des faits, le gouvernement de Kaboul, qui dispose déjà de troupes d'élite pour intervenir contre « ses » Talibans, crée une unité spéciale de combat et de renseignement pour lutter contre Daech. En janvier 2016, malgré des conditions hivernales difficiles – il peut faire jusqu'à -15° –, les combats s'intensifient dans le Nangarhar, notamment dans le district d'Atchine particulièrement disputé. Le nombre d'islamistes tués, en particulier du fait de l'aviation afghane, s'élève, ce mois d'hiver, à 570. Le 15 janvier, Hafiz Saeed Khan, « chef de l'armée islamiste du Khorassan », meurt près d'Atchine dans l'explosion d'un missile américain.

Les derniers développements sont spectaculaires : le 14 avril 2017, l'Air-Command largue sur un dédale de grottes du district d'Atchine, point de commandement (PC) où des centaines de djihadistes auraient trouvé refuge, la plus grosse de ses bombes classiques équivalant à 10 tonnes de TNT. L'explosion aurait fait 94 victimes, mais ce n'est pas prouvé. En tout cas l'EI, chassé de ce PC, en a tout simplement récupéré un autre en rassemblant, par l'utilisation d'« hélicoptères non identifiés », un millier des siens devant Tora – Bora, l'ancien repaire de Ben Laden. Face à cette concentration, les Talibans afghans qui occupaient le dédale de grottes se sont enfuis ! L'EI récupère ainsi brillamment, le 15 juin 2017, un point stratégique, à 50 km seulement de Djalalabad, qui lui sera utile en particulier pour le trafic de drogues mais aussi pour exercer une pression sur la route d'accès à Kaboul, voire sur le corridor sino-pakistanais vers l'Océan Indien. Il sera bien difficile de le recouvrer !

Sur place, l'EI a entamé une action psychologique par les émissions d'une « radio califat », en pachtoun et en dari à destination du Nangarhar. Cette radio a été détruite mais assez vite remplacée. On est surpris de la rapidité avec laquelle Daech, pourtant loin de ses bases, perfectionne en quelques mois ses méthodes dans tous les domaines, explosifs comme action psychologique. Il dispose, il est vrai, d'une certaine aisance financière qui lui permet de payer combattants et services mieux que les autres : tout est là… Enfin, la présence sur « son pré carré » du district d'Atchine de stocks de munitions régulièrement renouvelés indique non seulement une bonne logistique mais aussi, dans ce but, l'utilisation avérée du territoire et de moyens pakistanais. La complicité locale – certainement momentanée – des services spéciaux de l'ISI derrière les insurgés – même TTP ! – ne fait guère de doute : l'Afghanistan est ainsi maintenu dans un état de guerre civile qui en fait tôt ou tard un voisin plus manœuvrable.

Duplicité du Pakistan et riposte américaine

L'Inter Services Intelligence, ISI, du Pakistan est sous le contrôle de l'armée : ceci montre à quel point cette dernière, malgré le relatif retour au pouvoir des civils en 2008, demeure un État dans l'État. Il arrive, en effet, que l'ISI, célèbre par la complication de ses intrigues, mène à l'évidence une politique contraire à celle de son gouvernement. Cela est arrivé plus d'une fois dans le cas de l'Afghanistan qui souvent en secret préoccupe plus Islamabad que le Cachemire ou l'Inde. À vrai dire, tenir à bout de bras les Moudjahidines contre les Soviétiques puis les Talibans afghans contre les Américains tient du prodige, surtout dans le deuxième cas sachant que les États-Unis, d'une part, subventionnent le Pakistan alors que, d'autre part, l'ISI se permet de soutenir des anti-Américains aussi avérés que les Talibans. Les services pakistanais, en effet, aident, par la choura de Quetta, les Talibans afghans tandis que, à partir de Peshawar, ils épaulent, entre autres, les défenseurs du petit territoire conquis par l'État islamique dans le Nangarhar afghan. Ces défenseurs sont souvent des anciens TTP et l'ISI préfère les voir s'user en Afghanistan qu'intervenir au Pakistan. D'ailleurs le mur que les Pakistanais édifient à la frontière est tout particulièrement destiné à les maintenir au Nangarhar. Il leur permet aussi de matérialiser, enfin, la ligne Durand, ce qui éveille l'ire des Afghans !

Miser ainsi sur tous les tableaux donne sur les événements un moyen de pression que l'on peut réguler à volonté en dosant, de part et d'autre, l'aide et les bons services accordés, qu'ils soient humains, financiers, techniques, matériels. Un état de dépendance est instauré par le fait même. Ainsi en va-t-il de la choura de

Quetta, conseil de direction des Talibans afghans installé dans cette ville pakistanaise. Le mollah Mansour, ex-chef des Talibans afghans – depuis tué par drone – disposait d'un passeport pakistanais qui lui permettait de prendre l'avion pour l'étranger et d'y représenter son mouvement. Comme ses collègues de la choura, il bénéficiait pour lui-même et sa famille, des soins hospitaliers pakistanais et d'une protection policière. Qu'un membre de la choura suscite le ressentiment de l'État pakistanais et se mette à l'abri, il voit aussitôt sa famille incarcérée. Que la choura fasse preuve d'indépendance en ne répondant pas aux « souhaits » d'Islamabad, et les avantages accordés s'atténuent, voire disparaissent.

Par ailleurs, l'ISI organise ou « laisse organiser » des attentats en Afghanistan. Ainsi, selon le ministre de l'intérieur afghan, l'assassinat mené à Kandahar le 10 janvier 2017, qui s'était traduit par la mort de cinq diplomates des Émirats arabes unis, aurait été fomenté à Chamane au Pakistan dans la madrasa Maolawi Ahmad. Enfin, l'ISI continue de tolérer, malgré les récents avertissements du président Trump, l'existence sur le territoire pakistanais de centres de formation djihadistes de l'EI et du réseau Haqqani.

Finalement, la duplicité d'Islamabad est telle que, selon le général Dunford, président du comité des chefs d'état-major, le Pakistan pourrait être, un jour, ajouté à la liste des menaces majeures pour l'Amérique qui, en février 2017, dans un ordre décroissant et sans doute modifié depuis, ne comportait rien moins que la Russie, la Chine, l'Iran, la Corée du nord, l'extrémisme, le Pakistan... Parmi les six menaces majeures, cinq figurent dans la zone Asie centrale – péninsule indienne ou la jouxtent[1]! L'État-major américain, depuis treize ans, se rapproche de cette conclusion puisque, à partir de 2004, il a mené une véritable guerre au Pakistan même. Qu'on en juge! de 2004 à 2013, 368 attaques par drones ont été agencées en territoire pakistanais et sont à l'origine de 2 537 à 3 533 décès[2] concernant parfois de hauts personnages, tel le mollah Akhtar Mansour, chef des talibans afghans, tué par un missile, le 21 mai 2016, dans le Baloutchistan pakistanais.

Nous évaluerons, dans le chapitre 15, ce que pourrait être le résultat de la stratégie de l'administration Trump. Mais nous ne nous laisserons pas attirer, au moins pour l'instant, par la fracture qui s'approfondit entre Afghanistan et Pakistan, voire entre Pakistan et Inde. Nous reviendrons maintenant au gouffre qui se creuse entre Centrasiatiques encore en paix et Afghans rongés par la guerre et la drogue.

---

1. 24/2/2017 http://www.aopnews.com: Pakistan Can Be Sixth Major Threat To U.S. Interests: Dunford
2. Selon SEMCHEDDINE, *Le peuple afghan dans la tourmente*, article publié par *Mediapart* le 3/9/2017.

IX

AFGHANISTAN

La guerre, la drogue et les migrants

En face du «gouffre» ouvert entre elle et l'Afghanistan, torturé par «la guerre éternelle» et la drogue,
l'Asie centrale, du Xinjiang au Turkménistan, est, pour
l'instant, calme. Au printemps 2017, je viens de la
parcourir du nord au sud, sur 7 000 km, de la petite
mer d'Aral[1] kazakhe jusqu'au Ferghana tadjik. Je constate que le Turkestan occidental est maintenant doté de
polices (ex-milices) qui se sont faites moins rançon-
neuses, moins violentes, plus discrètes, plus efficaces
pour tout dire. Il est parcouru d'autoroutes – grâce aux
Chinois –, parsemé – en profitant, parfois, des revenus
des trafics et du blanchiment – de villes modernisées et
presque coquettes (y compris Aralsk, en perdition voici
quinze ans), dorénavant nanties de monuments assez
bien restaurés et attractifs pour le touriste motivé. Je
constate, en outre, cet été 2018, que l'Asie centrale

---

1. La petite mer d'Aral a été reconstituée dans l'ancien golfe de Boutakov
par la construction, avec un prêt de la Banque mondiale, d'un barrage
retenant les eaux du Syr-daria. C'est une réussite : l'espoir renaît là-bas.

153

échappe de moins en moins par le truchement des Turcs aux grandes surfaces chères à la mondialisation et aux pompes à essence russes ou chinoises… Son internet est, en général, plus performant (sauf dans le cas tadjik et turkmène). Elle profite, grâce à tout cela, d'un essor économique et d'une paix sociale relative qui devraient, s'ils se maintiennent, lui assurer, à terme, une certaine prospérité.

Paradoxalement, la corruption, tout en freinant cette évolution, participe au bien-être naissant en offrant à la société locale des solutions à presque tout problème : ces « solutions » mafieuses, payées en monnaie sonnante et trébuchante au « *Korouptsionierr* » – en russe, celui qui corromp – coûtent cher, il est vrai, mais permettent de contourner les énormes difficultés et blocages accumulés dans la vie de tous les jours, notamment par l'administration. Les mafias, de leur côté, apportent, par les trafics ou l'activité bancaire, beaucoup d'argent et fournissent du travail par le blanchiment. En bref, l'Asie centrale en paix, en profitant de cette « poule aux œufs d'or[1] » qu'est la mafia liée à la corruption, commence à mieux se porter et tire avantage du rétablissement qui se dessine. Remarquons, quand même, que corruption, trafics et mafias n'en pourrissent pas moins la société… peut-être irrémédiablement !

De l'autre côté du gouffre, l'Afghanistan est, au contraire, à l'épreuve, depuis 1979, d'une « guerre éter-

---

1. Voir note de l'IRIS, février 2011 : « Kyrgyzstan : ne pas tuer la poule aux œufs d'or ! »

nelle» et l'éprouve même de plus en plus. Il souffre d'un terrorisme qui prend des proportions inimaginables avec des attentats où les victimes se comptent parfois par centaines. Il est taraudé, nous le verrons, non seulement par les trafics mais aussi par la consommation de drogues qui tue beaucoup plus d'Afghans que le terrorisme! La situation, déjà gravissime, se complique par le combat têtu des Talibans qui, malgré l'opposition armée de l'Amérique, ont fini par contrôler plus de la moitié du territoire mais stagnent aux portes de Kaboul : «stagnent» car, usés depuis seize ans de lutte, ils ont perdu quelque peu de leur élan originel qui en 1995 et 1996, en quelques mois, leur avait donné l'Afghanistan. Ce manque relatif de dynamisme des Talibans n'a en face de lui qu'un gouvernement kabouliote rongé par le «lâchage américain», corrompu et qui plus est bicéphale : le Pachtoune Achraf Ghani et le demi-Tadjik Abdoullah Abdoullah. Cet affaiblissement relatif des Talibans et l'impuissance gouvernementale propulsent aujourd'hui l'Organisation État islamique (OEI) : nantie d'un programme, elle se bat contre ses deux adversaires non sans résultat. Pour le djihadiste de Daech, illettré mais sunnite fanatique, prendre position face à l'Asie centrale et à l'Iran signifie clairement qu'il prépare sur le terrain cette amorce de califat international qui échoue au Proche-Orient, mais pourrait, par extraordinaire, réussir au Turkestan.

Par ailleurs, nous mentionnerons ici, comme élément déterminant, le retour imposé en Afghanistan, depuis deux ans, à plus de 2 millions de réfugiés afghans par le Pakistan et l'Iran : il tombe au plus mauvais moment et pourrait, à terme, favoriser des débordements de populations vers le nord centrasiatique, l'ouest irano-arabo-turc et, au-delà vers l'Europe : le contingent afghan commence à compter parmi tous ceux qui commencent à assiéger le « petit cap de l'Asie ».

Le trafic et la guerre de la drogue

« L'Asie centrale et nous » ? Ce rapprochement concerne surtout l'abomination de la drogue afghane – héroïne, morphine, haschich – qui se déverse de plus en plus dans le monde entier, singulièrement en Europe, y tuant ou abimant, chaque année, par centaines de milliers[1], des pauvres bougres, souvent jeunes, qui, à cause d'elle, perdent toute humanité, toute dignité. En continuant à produire 90 % de l'opium illégal, l'Afghanistan se situe au cœur d'un problème qui a pris en 2017 des proportions effarantes : tout se passe comme si les insurgés afghans et les trafiquants en venaient, face à la guerre qu'on leur fait, à répondre par une guerre totale. Ils se mettent à profiter au maximum des revenus de la culture du pavot pour augmenter la production, perfectionner le

---

1. N'oublions pas que dans ce livre nous incluons en Europe la Russie, 3e consommatrice d'héroïne au monde.

trafic, multiplier la consommation, amasser encore plus d'argent et, ainsi, intensifier leur combat. Multiforme, secret, de plus en plus généralisé, le cancer de la drogue répand ses métastases en Afghanistan, en Asie centrale mais aussi, notamment, aux États-Unis, en Iran, en Russie, en Chine, en Europe. La religion, la morale s'effacent devant l'inhumanité la plus absolue. Mais, en Afghanistan, au cœur du mal, les bombardements répondent, à juste titre, à la seringue dans une mêlée qui devient de plus en plus effroyable.

Les chiffres pour 2017 sont accablants.

L'extension des cultures de pavot de 180 000 hectares en 2015 à 201 000 en 2016, a bondi, un an après, à 328 000 hectares. Parallèlement, le rendement à l'hectare a augmenté de 15 %. Cela signifie que la production d'opium a doublé en 2017 pour atteindre les 9 000 tonnes, à comparer avec les 4 800 tonnes de 2016 et les 185 tonnes en 2001, au début de la guerre. Cela correspond à plus de 90 % de la récolte illicite mondiale. Comme un malheur n'arrive jamais seul, la valeur des produits opiacés, toujours plus demandés, s'est accrue de 50 % alors que, cette même année, la production afghane de haschich, cultivée sur 50 000 hectares, s'est hissée au premier rang mondial avec 4 000 tonnes !

Les conditions de commercialisation de l'opium-base (la gomme noire extraite du pavot) furent exceptionnellement favorables en 2017 : le kg de gomme s'achetait 163 dollars et l'héroïne de 2 300 à 3 500 dollars sur le marché centrasiatique. Mais, parvenu en Europe, il s'arrachait à 45 000 dollars !

Pour la discrétion du transport des narcotiques mais aussi à cause d'un meilleur bénéfice, trafiquants et Talibans sont incités à extraire sur place en Afghanistan ou sur ses marges moins menacées – zones tribales ou déserts – « les produits nobles » et moins encombrants, héroïne et morphine. Cette pression est telle que la plus grande partie de la récolte est transformée, aujourd'hui, en pays afghan dans cinq centaines de laboratoires qui produisent de 550 à 900 ts d'héroïne de qualité exportable. Ainsi valorisé, le revenu global de la drogue en Afghanistan en 2017 a dû dépasser les 4 milliards de dollars, dont 3 sont revenus aux Talibans, soit deux fois plus que l'année précédente ! Quand on sait que les attentats d'Al-Qaïda, le 11 septembre 2001, n'ont coûté que 300 000 dollars, on devine combien les Talibans sont au large pour mener leur guerre avec une telle cagnotte. En tout cas, les revenus des Talibans et des autres – les Gouvernementaux et, bientôt, Daech – comme les deux maigres milliards de dollars que se partagent des millions de paysans afghans endettés, n'ont aucune commune mesure avec ce que rapporte la drogue aux trafiquants et, à travers eux, aux paradis fiscaux et à certaines banques. Cela se chiffre par dizaine de milliards de dollars – 68 milliards est le chiffre avancé pour 2016 – et cela donne une puissance inouïe à ces entités financières. Il suffit d'avoir vu dans les républiques centrasiatiques ce que fut l'éclosion brutale et le luxe de divers organismes bancaires pour comprendre l'ampleur du phénomène : il témoigne d'une multiplication par 20, voire 100 du profit quand on passe du producteur de base à l'organisateur d'en haut !

Ce « boom » de la drogue s'accompagne, bien sûr, un peu partout d'une explosion de la consommation, notamment en Amérique jusqu'ici vouée à la cocaïne : les narcotiques y ont tué, en 2016, 64 000 malheureux, faisant plus de victimes que le trafic automobile. Face à cette situation, le Président Trump n'y va pas par quatre chemins : plus question de fermer les yeux sur la drogue comme c'était plutôt le cas depuis 2001. Devant la concentration de la production dans un seul pays et le financement de la guerre qu'elle y assure, il a donné libre champ à ses généraux pour « bombarder la drogue » en Afghanistan.

Entamée le 20 novembre 2017 par un premier « show » spectaculaire mené par cinq types d'avions différents, cette action entièrement nouvelle ne peut aller malheureusement très loin. En effet, son bilan est assez décevant : un point de commandement (PC) et seulement 9 laboratoires détruits sur plus de 500 en activité ! Obtenir un résultat suffisant demandera, dans ces conditions, des années. Un laboratoire en vérité c'est peu de chose : une maison en torchis, un toit en éverite ou en boue séchée, 100 m² évacués quand l'opération de raffinage est terminée. Une aiguille dans une meule foin avec, en cas d'intervention aérienne, des dégâts colatéraux en vies humaines assurés. Se retour-nera-t-on vers les défoliants ? Peu probable après les déboires au Vietnam du produit orange. La mise au point de germes s'attaquant au pavot est plus probable, mais on entrera là, après des années de mise au point, dans une guerre biologique risquée… Autrement dit, la « guerre éternelle » due au pavot a de l'avenir !

« Sans drogue, cette guerre aurait été finie depuis bien longtemps. L'héroïne est la raison pour laquelle elle se poursuit. » Ce propos tenu récemment par le président Achraf Ghani reconnaît enfin toute l'impor-tance, la centralité d'un problème jusqu'ici minoré.

Par l'envergure comme par les nuisances, le trafic de drogues se hisse donc au premier plan en Afghanistan avec tous ses mystères. Aussi, ne manquerons-nous pas de réfléchir au questionnement de spécialistes et d'ins-titutions qui voient derrière cet énorme trafic, dont l'ef-ficacité n'a d'égale que la discrétion, la main de la CIA.

Les 8 milliards de dollars injectés en Afghanistan par l'Amérique depuis 2001 pour lutter contre la drogue, tout comme la direction prestigieuse de cette lutte menée par la Grande-Bretagne, ou même le sacri-fice du contingent canadien – 159 morts ! – dans les champs de pavot du sud-afghan n'ont abouti à rien. « Lutter contre la drogue c'est faire pipi contre le vent », me disait crûment un ami polonais qui avait consacré sa vie à cette mission.

Il en va de même, bien sûr, de la lutte contre la corruption. Les efforts d'éradication contre ces

« sœurs jumelles » que sont la drogue et la corruption, semblent avoir de l'effet au début : des résultats spectaculaires sont affichés, médiatisés à souhait. Et puis, assez vite, l'action se délite, tombe dans l'oubli, le néant. Sous quelle influence ? La réponse est, peut-être, dans les paradis fiscaux, si riches grâce à la drogue, et leurs groupes de pression si puissants...

Ce que l'on constate, en dépit de cette lutte contre la drogue, c'est que l'exportation des « larmes d'Allah[1] » va bon train et n'est qu'un secret de Polichinelle.

LES CHEMINS DE LA DROGUE

La voie la plus importante, à partir de la plateforme afghane, rapporte chaque année tout au long de son itinéraire, une vingtaine de milliards de dollars. Elle se dirige sans trop de problèmes vers l'ouest à travers le « mur anti-drogue » bâti par l'Iran à sa frontière afghane : un accord conclu avec les Gardiens de la Révolution iranienne permettrait, sous un certain contrôle, ce transfert. Téhéran fermerait les yeux, ce qui est quand même surprenant quand on sait que l'Iran serait au deuxième rang mondial pour les victimes de la drogue. La « blanche » passe quand même en laissant beaucoup d'argent – peut-être utile pour la

---

1. Nom donné au début en Asie centrale à la version liquide de l'héroïne puis élargi aux différentes versions de la substance. Quant aux « larmes du diable », elles qualifient le pétrole...

guerre en Syrie – et traverse ensuite la Turquie où les laboratoires de traitement, notamment de la morphine, sont nombreux. De là, part la route des Balkans à destination des mafias italiennes. Une variante existe maintenant via le Caucase, l'Ukraine, la Dobroudja roumaine et le Balkan bulgare.

La voie du nord, régie par la consommation russe – troisième au monde derrière l'afghane et l'iranienne – traverse l'Asie centrale par des itinéraires assez précis et des méthodes maintenant éprouvées. Elle correspond à un marché annuel de 13 milliards de dollars. Le réseau de transmission s'appuie surtout sur les ethnies à cheval sur les frontières : le franchissement s'effectue souvent par personnes apparentées.

> *Au cours d'une expédition, vers 2005, au Pamir tadjik, je m'étais arrêté à l'hôtel Serena construit par la fondation Aga khan à l'entrée nord de Khorog, capitale du Haut-Badakhchan, au bord du Pyandj (haut Amou-daria). Le fleuve étant encore étroit à cet endroit, la frontière afghane, pentue et buissonneuse, se dresse à moins de 100 mètres sur l'autre rive. L'endroit était parfaitement calme. Pourtant, au cours de la nuit, je suis réveillé par des bruits étouffés et des lumières intermittentes : juste à droite de l'hôtel un câble avait été tendu par-dessus le Pyandj et des sacs de petite dimension passaient de la rive afghane vers la rive tadjike. Au matin, j'ai demandé à la réception de quoi il retournait. Réponse peu claire, mais qui revenait à me dire : « un conseil, ne vous occupez pas de ça » : c'était de la drogue, probablement.*

Après leur effondrement en 2001, les Talibans, qui avaient banni la culture de l'opium, se sont vite rapprochés des « barons de la drogue » pour financer leur insurrection. Depuis, ils travaillent avec eux sans trop de heurts. Nombre de laboratoires de confection d'héroïne existent sur la rive afghane du Pyandj. Au départ de l'Afghanistan, des filières d'exportation bien organisées remontent vers le nord, via le Pamir et le désert turkmène. Elles seront à la disposition de l'OEI si cette dernière y met le prix. L'infiltration de commandos jusqu'au Ferghana serait ainsi assurée.

À côté de l'utilisation d'hélicoptères qui se fait plus fréquente, le transport en montagne s'effectue surtout en 4 × 4 par des voies parallèles aux grands axes. Si, dans le cas des grands trafiquants, il s'agit de traverser sans contrôle le poste frontière, le passage est préparé par des versements d'argent préalables : les barrières s'ouvrent dès que le convoi se présente. Les petits trafiquants sont, eux, moins protégés et peuvent se faire piéger par les douaniers. Les passeurs qui se transmettent la « blanche » d'un bout à l'autre de l'itinéraire sont aussi payés en héroïne grise de mauvaise qualité et particulièrement addictive : ainsi leur fidélité est-elle obtenue.

Avant de passer dans la plaine, la drogue est stockée dans de longs abris souterrains surnommés « tombeaux », restes de l'agriculture soviétique. « La blanche » y est conditionnée pour être chargée et camouflée dans des véhicules de « *dalnoboïchtchiki* » – en russe camionneurs au long cours – qui partent, parfois en tout terrain, à travers steppes et déserts vers leur Mecque moscovite. Le transport par trains, plus hasardeux, est plutôt réservé aux petits trafiquants.

Ce trafic implique énormément de connivences, d'états-majors organisateurs, d'appuis politiques, bancaires et policiers. Il se traduit par des retombées financières fort appréciées : elles sont à l'origine d'un véritable renouveau économique, celui du blanchiment. La voie du nord s'arrête quasiment en Russie, tristement goulue de narcotiques, qui consomme tout ce qu'elle reçoit !

La voie du sud est surtout maritime par Karachi. Elle devient, peut-être, « la voie royale » : elle rejoint l'Afrique au travers de laquelle plusieurs itinéraires existent, via le Maghreb, vers l'Europe. Cette voie s'allonge maintenant par air et mer vers l'Amérique du nord (Canada surtout) où, à côté de la cocaïne, la consommation d'opiacées augmente. Nous en reparlerons à propos d'une éventuelle connivence avec les services américains.

Quel est maintenant le bilan humain de toute cette horreur pour le pauvre peuple afghan ? Au total, la drogue, nous l'avons vu, rapporterait au bas mot la bagatelle de 68 milliards de dollars aux trafiquants de toutes espèces. Mais il n'en resterait que 2 milliards à la disposition du planteur de base. Entre héroïne et haschich, cette culture ferait vivre pourtant entre 3 et 4 millions d'Afghans. « Les provinces du pavot sont d'ailleurs les seules qui pourraient se passer de l'aide internationale[1]». Mais, revers de la médaille, l'Afghanistan est devenu le 1er consommateur mondial d'héroïne juste avant l'Iran et la Russie. De ce fait, la drogue sévit parmi 3 millions de toxicomanes afghans, soit 10 % de la population (dont 3 % de femmes) : le taux le plus élevé au monde[2]. Elle aurait tué en 2015, étant donné l'état catastrophique du système de santé, près de 200 000 Afghans ! En comparaison, le terrorisme n'aurait occis que 32 000 victimes pendant la même période[3]... Les milieux les plus touchés sont ceux de la jeunesse et des enseignants : la désespérance face à une existence sans issues en serait la cause.

Quelle est la position du nouveau venu, Daech ? Un renseignement en 2015[4] signalait que l'organisation comptait intervenir en Afghanistan pour s'impliquer aussi dans le trafic de drogues et ainsi se financer. Il semble que cette hypothèse se confirme, même si certains djihadistes ont détruit au début de leur intervention des champs de pavots dans le Nangarhar.

En définitive, on peut avancer que presque toutes les parties au conflit sont compromises dans ce sombre «business». On prétend même que les États-Unis y auraient leur part !

---

1. AFP 23/10/16, CEREDAF n° 344 p. 14. Pour avoir survolé en hélicoptère en 2011 le Badakhchan afghan – l'une des principales régions de production d'opium – je peux confirmer ce propos. Les localités notamment, avec leurs résidences luxueuses bâties pour les barons de la drogue, respiraient une certaine aisance.
2. *Idem* 16/5/15, CEREDAF n° 329 p. 15.
3. Pajhwok afghan news, 12/3/16, CEREDAF n° 338 p. 13.
4. Selon Hanif Akmarek-conseiller à la sécurité nationale afghane, *Khaama press*, 5/5/2015.

ÉTATS-UNIS ET DROGUES

Je n'hésiterai pas à m'insinuer dans l'édifice « majestueux » des suppositions à ce sujet. Mais ce sera, entre deux blocs d'hypothèses, sous la forme d'une petite pousse de véracité germée, au fil de ma carrière, lorsque j'ai été confronté à des situations et des personnages qui m'ont apporté un éclairage quant à la réalité des choses.

Cernons d'abord les faits tels qu'ils sont évoqués aujourd'hui.

Tout comme l'ISI au Pakistan, la CIA, dit-on, se serait taillée à la longue, aux États-Unis – mais pas seulement – une marge de manœuvre financée par la drogue afghane : après la guerre du Vietnam et l'exploitation du Triangle d'or[1], après aussi le trafic de cocaïne mené avec l'Amérique du sud, la guerre en Afghanistan serait intervenue comme une nouvelle « guerre de l'opium[2] » permettant de maintenir les revenus secrets de l'institution. En tout cas, on peut expliquer ainsi, pendant des années, l'extrême complaisance des États-Unis à l'égard du Pakistan, le maintien, par exemple, de leur aide en dépit des « fantaisies » de l'ISI : la politique de ce Service était, peut-être, en fait, celle de l'Amérique...

---

1. Zone privilégiée de la production d'héroïne des années 60 aux années 80. Elle a concerné surtout le Laos, la Thaïlande et la Birmanie.
2. Par référence aux guerres de l'opium menées par l'Angleterre et la France au XIXe siècle contre la Chine (1re de 1839 à 1842, 2e de 1856 à 1860).

La voie sud de l'exportation d'héroïne est, comme nous l'avons vu, surtout maritime ou aérienne par Karachi. C'est peut-être « la voie royale » si l'on en croit le journaliste Pepe Escobar auteur d'un article récent intitulé « l'Afghanistan et la route secrète de l'héroïne de la CIA[1] ». Il y rapporte le témoignage d'un agent de renseignement canadien ayant reçu la confidence d'une excellente source australienne sur la région : « c'était vers 2011. Il disait qu'il avait envoyé des rapports aux renseignements militaires et à la CIA sur le commerce de l'opium afghan – selon lesquels des convois militaires américains qui assuraient la liaison avec des ports du Pakistan étaient utilisés pour sortir d'Afghanistan, en tant que fret de retour, de l'héroïne et de l'opium brut.

Personne ne lui avait répondu. Il a ensuite profité d'une réunion pour questionner un homme-clé des opérations de renseignement militaire et de la CIA sur les raisons pour lesquelles il n'y avait eu aucune réaction. La réponse avait été que le but des États-Unis était de gagner l'approbation de la population et que lui donner des pavots à faire pousser gagnait les cœurs. On l'a ensuite averti que, s'il soulevait encore cette question, son corps serait rapatrié en Australie dans un sac. »

---

1. Article en date du 27/8/2017 : http ://www.entelekheia.fr/2017/08/27/ lafghanistan-route-secrete-de-lheroine-de-cia/, titre original en anglais : *Afghanistan and the CIA Heroïne Ratline.*

De mon côté, en 2007, à Bichkek, j'ai appris d'un officier centrasiatique que, sur la base otanienne de Manas, certains jours, le personnel était consigné sous ses tentes de repos afin de lui dissimuler ce qui se passait sur le tarmac : de mystérieux colis étaient alors chargés sur un avion en partance pour l'autre base otanienne d'Incilik en Turquie.

L'inconvénient de ce type de témoignages, que j'ai recueillis de-ci de-là, est qu'on ne pouvait jamais obtenir leur recoupement et qu'ils paraissaient, en général, dans des journaux résolument hostiles aux Américains. Je ne suis donc jamais allé au-delà d'une certaine présomption. Mais, dans le dernier cas de 2007 évoqué ci-dessus, j'ai refusé catégoriquement d'attribuer au trafic de drogues l'observation rapportée.

En effet, à l'époque, le Général d'aviation Michael Vincent-Hayden, dit Mike, commandait depuis 2006 la CIA. Le hasard avait fait que, vingt ans auparavant, nous étions « collègues » en Bulgarie, lui, Lieutenant-colonel, attaché de l'air américain, moi, Lieutenant-colonel, attaché militaire français. Comme alors en Bulgarie, pays membre particulièrement fidèle du pacte de Varsovie, la coopération entre tous les alliés de l'OTAN était très poussée[1], nous avons effectué ensemble des prospections en voiture. Mike étant arrivé après moi, je l'ai initié au pays bulgare et au « métier » des souris que nous étions contre le chat communiste… Notre amitié naquit au fil d'aventures rocambo-

---

1. La France à l'époque n'était pas membre à part entière de l'OTAN puisqu'elle ne participait pas à ses organismes intégrés. Sur le terrain, cependant, la coopération avec l'OTAN pouvait aller fort loin à la diligence des attachés militaires…

lesques. Je me souviens, qu'une fois, alors que nous étions suivis de près, comme d'habitude, par les Services bulgares, nous avons profité d'un passage à niveau non gardé pour « semer » nos poursuivants. Alors qu'un train arrivait, nous sommes passés en trombe juste devant la motrice avant de simuler une panne de l'autre côté des rails empêchant leur franchissement in extremis par nos « anges gardiens ». Alors que le convoi passait avec une lenteur majestueuse, nous prîmes le large et, dès lors, toute la journée, fûmes libres comme l'air...

Je profitais de nos voyages pour m'intéresser à des réalités locales qui, bien souvent, ne concernaient le renseignement militaire que de loin. Mike, lui, se passionnait pour tout, comme moi. Je l'ai ainsi guidé chez les catholiques bulgares de la région de Plovdiv, descendants des derniers Bogomiles[1] convertis, sous l'empire turc... par nos Franciscains! Lui et moi, car il était catholique d'ascendance française canadienne – d'où son premier nom Vincent – avons assisté avec nos familles à une messe de minuit chez ces paysans à la foi indestructible, résistants irréductibles au communisme. Mike ne me cachait pas qu'il faisait des comptes rendus sur tout cela... Aussi, le jour de son départ, alors que je le félicitais pour sa nomination inespérée au National Security Council, m'a-t-il confié : « tu y es pour quelque chose!»

Cet officier – un vrai – fut, de loin, mon meilleur ami étranger. Nous restâmes en relations longtemps. Alors que j'étais redevenu civil, résidant en Asie centrale pour mieux me livrer à ma passion pour cette région, il m'annonçait par message ses nominations : à la tête de la NSA en 1999, puis de la CIA en 2006... Je n'en croyais pas mes yeux! De loin, il me suivait : lorsqu'en 2002 j'ai cessé d'être

---

1. Secte apparentée aux Cathares, qui est apparue au XXᵉ siècle en Bulgarie et s'est répandue dans les Balkans.

consul honoraire à Bichkek pour publications intempestives, bien sûr à propos de l'intervention en Afghanistan, j'ai reçu de lui le message suivant : « que s'est-il passé ? » Comment savait-il que j'avais un problème ? Je ne l'avais pas averti… Après 2006, hélas, peut-être par suite de ses nouvelles fonctions de Directeur de la CIA ou peut-être, hélas, à cause de mes prises de position de plus en plus fermes sur l'intrusion américaine, nous avons perdu contact.

Je connais Mike comme un frère : je suis sûr que cet ami, catholique convaincu, n'a jamais favorisé un soutien au trafic de drogues. Je pense même qu'il a dû tout faire – à sa manière « en douceur et en douce » – pour interrompre toute compromission à ce sujet quand il l'a pu. Ce personnage droit, homme de conviction, m'a paru exemplaire des officiers et des « humanitaires » américains que j'ai été amené à connaître. Avec ces gens-là, on ne fait pas n'importe quoi. Bref, le commandement de Mike à la CIA, de 2006 à 2009, n'a pas dû être une période favorable au trafic.

Depuis, la consommation d'héroïne a beaucoup augmenté aux États-Unis qui connaissent une très forte progression des décès par overdose : 62 497 morts en 2016, soit 50 % de plus que les victimes d'accidents de la route ! Dans ce total, la moitié des disparitions est dûe à des médicaments pris par ordonnance, et un quart, soit une très forte augmentation, à des injections d'héroïne. L'Amérique n'est donc plus vouée comme avant à la seule cocaïne.

Dans ces conditions, on imagine mal une administration américaine favoriser un trafic très nocif pour son propre pays. Je n'arrive donc pas à croire à une implication de la CIA dans le trafic de drogues à partir de l'AFPAK, au moins en ce début du XXIe siècle. La sévérité de Donald Trump à l'encontre du Pakistan et du trafic de drogues montre d'ailleurs que Washington ne redoute pas, de la part de l'ISI, un déballage de secrets.

Signalons que d'autres trafics d'importance existent à partir de l'Afghanistan : celui qui actuellement se détache est celui des antiquités exhumées un peu partout – notamment, nous l'avons vu, autour du minaret de Djam. Seigneurs de la guerre et barons de la drogue régissent ces trafics en liaison avec des mafias étrangères, parfois sous couvert d'un pays. Ainsi la Chine, qui a pris à son compte les productions minières du nord et affirme de plus en plus sa présence sur le territoire serait de mèche avec ses triades pour exporter « en douce » or, pierres précieuses, lapis-lazuli, etc. Côté est, le trafic de bois, de marbre, de talc, s'effectue sous le couvert du Pakistan. L'Afghanistan est à l'encan !

LE RETOUR DES RÉFUGIÉS ET DES MIGRANTS

La démographie commande à l'Histoire, mais l'Histoire lui obéit avec un décalage de 20 à 40 ans. L'actuelle émigration afghane trouve, bien sûr, son origine dans les épreuves suscitées par la guerre civile mais aussi dans l'indice de fécondité encore très élevé des femmes afghanes dans les années 80-90 : de 7,44 enfants par femme en 1988, il est aujourd'hui descendu à 4,5, mais avec lui l'Afghanistan demeure au 26ᵉ rang des 219 pays et entités étudiés par la Banque mondiale.

L'Asie centrale est dans une position plus confortable puisque la fécondité moyenne se situe à environ 3 enfants par femme, ce qui correspond à un niveau encore assez élevé. Mais elle avoisinait 5 enfants voici 20-30 ans, et ce sont ces enfants-là qui constituent l'essentiel des migrants d'aujourd'hui, notamment en direction de l'Europe.

Notons, à côté de bien des insuffisances dans l'accueil, la relative habileté du pouvoir russe pour compenser son déficit persistant de natalité, situé à 1,8 en 2017. J'ai remarqué combien il était facile pour les Kyrgyzs d'obtenir la citoyenneté russe à partir du moment où ils ajoutaient à un bon niveau technique une certaine honorabilité. Cette facilité me semble étendue aux Kazakhs mais est beaucoup moins évidente pour les Ouzbeks et autres Tadjiks.

L'Afghanistan se situe, de nos jours, au premier rang mondial pour les problèmes de réfugiés et de migrants. En 2016, le retour en masse dans une mère-patrie incapable de les accueillir des réfugiés afghans au Pakistan et en Iran accentue l'impression de catastrophe, cette fois-ci irrémédiable. Comment, en effet, reloger dans un pays déjà exsangue près de 2 millions de réfugiés ? Ces 2 millions s'ajoutent aux 600 000 Afghans déjà jetés sur les routes par la guerre. Pour faire bonne mesure, il convient d'y adjoindre trois ou quatre dizaines de milliers de migrants expulsés d'Europe (avec, il est vrai, un pécule de secours) et ramenés au pays en avion. En somme, plus de 2 millions de sans-abri – 8 % de la population – cherchent aujourd'hui à s'insérer dans les banlieues déjà surpeuplées de la capitale (5 millions d'habitants!) et des grands centres urbains. La décision de renvoyer les réfugiés a été prise à Islamabad en rétorsion à la forte détérioration des relations avec Kaboul. Quant à Téhéran, c'est l'inquiétude à l'égard d'une minorité peu contrôlée qui semble avoir prévalu. Selon le FMI, le pire est à venir. L'afflux se poursuit au même rythme : selon certaines estimations il atteindrait, pour 2017 et 2018, rien que pour l'Afghanistan, 2,5 millions de nouveaux errants. Le haut Commissariat pour les réfugiés et autres organisations humanitaires font de leur mieux pour accueillir, aider, soigner, nourrir et loger sommairement, mais sont de plus en plus débordés quand ils ne sont pas menacés par les Djihadistes : le 6 février 2017, l'exécution de six employés de la Croix rouge alors qu'ils distribuaient de l'aide dans le Djaozdjan, au nord de l'Afghanistan, fait figure de minable avertissement.

En conclusion, nous insisterons sur cette appréciation, en janvier 2017, de Sir Michael Fallon alors secrétaire britannique à la défense, selon laquelle, en substance, « les troupes du Royaume-Uni doivent rester en Afghanistan afin de prévenir la fuite de millions de migrants afghans vers les pays européens [1] ».

---

1. TOLOnews du 20 février 2017, dans CEREDAF n° 348.

La Grande-Bretagne maintient plus d'un millier de soldats en Afghanistan. La France, en revanche, qui a bien « donné » en Kapitsa et à Kaboul (mais dont la majorité des cadres militaires et des soldats est revenue en pensant « nous n'avons rien à faire dans cette guerre »), a retiré les derniers éléments de son contingent, fin 2014.

L'impression se fait jour, sur la scène afghane, qu'après dix-sept années d'un conflit mal mené, de gaspillages éhontés, de corruption effrontée et de rafistolages diplomatiques, le temps des échéances arrive.

La situation actuelle devient intolérable, même pour un peuple résigné. Si on veut éviter un effondrement général suivi d'une fuite éperdue et incontrôlable qui pourrait dériver en djihad, il faut négocier et reconstruire sur de nouvelles bases. Les États-Unis tâtent le terrain en ce sens, mais, en attendant les premiers résultats, cognent de leur mieux et déciment la hiérarchie talibane…

Quid de Kaboul ? Il est douteux que les insurgés (Talibans comme Daech) veuillent vraiment s'embarrasser de ce « boulet » : plus de 5 millions d'Afghans entassés, comportant en sus la majorité de la population occidentalisée ou éclairée du pays. L'idée germe qu'on pourrait en faire, pour l'instant, comme solution d'attente, une annexe « neutralisée » de la base de Bagram laissée aux Américains…

Tout en soutenant quelque peu, dans le nord-ouest afghan face au Turkménistan (et à l'Iran), l'Émirat isla-

mique, Washington semble donc privilégier une négociation plus ou moins secrète avec les Talibans compromettant ainsi le rapprochement que ces derniers
semblaient amorcer en 2017 avec les Djihadistes. Rappelons que Daech a besoin du soutien, sur sa base
arrière afghane, des Talibans pour se lancer à la rencontre de la réislamisation massive qui, depuis des
années, prépare peu à peu l'Asie centrale à accueillir
les islamistes.

X

UNE RÉISLAMISATION SPECTACULAIRE

L'islam centrasiatique a beaucoup souffert au cours de la période soviétique. Une estimation l'illustre : selon Pierre Conesa[1], le nombre de mosquées alors détruites dans le seul Turkestan aurait été de 12 000, sur 25 000 dans toute l'URSS ! Le même auteur mentionne la présence en Asie centrale, dans les années 80, de moins de 500 mosquées, « rescapées ».

En 1970, quand je l'ai découvert, cet islam avait l'aspect d'une « religion-relique » de vieillards et se réfugiait dans trois ou quatre centaines de lieux de culte. Son « clergé » officiel manquait de savoir religieux et était, parfois, déconsidéré. La religion s'était en réalité repliée, face aux persécutions, dans un « islam parallèle » plutôt « soufi » dissimulé dans les clans et les familles : des « mosquées de poche » clandestines et un pseudo-clergé se cachaient au domicile des derniers fidèles. La solidarité clanique mais surtout

1. Pierre CONESA, *Dr Saoud et Mr Djihad*, Robert Laffont, collection « Le monde comme il va », 2016, p. 189.

les confréries et rites soufis, toujours très vivants en Asie centrale et souvent imprégnés de clandestinité, avaient aidé à ce camouflage. Pour obtenir une meilleure participation des croyants à la guerre, Staline avait consenti, en 1943, à l'apparition d'une « administration spirituelle des musulmans d'Asie centrale et du Kazakhstan », installée à Tachkent, et de deux *madrassah*, écoles secondaires de théologie musulmane : cela avait constitué une sorte de sauvetage intellectuel de l'essentiel du bagage islamique. Pourtant, ce qui survivait n'était pas si médiocre. Ainsi, ai-je été frappé par l'élégance, la propreté méticuleuse, la barbe immaculée des *aksakal* – « barbe blanche » en ouzbek[1] – que, en 1972, je voyais se rendre, dans un village des contreforts du Ferghana, à leur petite mosquée surmontée de cornes de bouquetins – une décoration « porte-chance » qui est la survivance de cultes ancestraux animistes ou fétichistes, voire zoroastriens. Bien sûr, trente années de soviétisation, d'isolement et de persécutions intermittentes avaient nui à leur connaissance de l'islam, réduite à presque rien. Néanmoins, la foi du charbonnier était là, intacte, indestructible. L'équanimité et la qualité de jugement de ces patriarches qui, à côté du parti communiste, constituaient la seule hiérarchie locale, m'impressionna quand, après la prière, on leur soumit, dans une *tchaïk-*

---

1. L'aksakal dirige la société patriarcale centrasiatique. Il soigne son apparence : je me souviens de l'un d'eux qui portait un caftan rose couvert de petites fleurs brodées multicolores.

hona – pièce où l'on boit du thé à l'ombre d'un orme *karagatch*, arbre sacré en Asie centrale – les problèmes coutumiers de voisinage, de pacage, etc. Grâce à eux et grâce à la guerre qui avait obligé Staline à redonner une place officielle à leur religion, un monde traditionnel s'était maintenu, à la fois digne, rigoureux dans l'observation des rites, et chaleureux, attentionné, dans l'accueil de l'étranger néophyte que j'étais.

Cet islam ouvert, tutélaire, tolérant, vient directement du rite juridico-religieux *hanafite* particulièrement pondéré imprégnant le sunnisme d'Asie centrale et surtout celui des Ouzbeks[1]. Il est enraciné et fervent mais également, comme nous l'avons vu, original, voire étrange car chargé de superstitions : cela explique l'hostilité épidermique des salafistes à son encontre.

RÉISLAMISATION ET ADAPTATION

Aujourd'hui, la réislamisation bat son plein au Turkestan avec beaucoup de cadres, de moyens, de militants, d'organisations, de banques même comme la Banque islamique. La progression de l'islam, en particulier sous sa forme la plus intransigeante, est spectaculaire depuis une dizaine d'années. Elle touche

---

1. Les Ouzbeks ethniques (Ouzbeks, plus Sartes et Khorezmiens), avec environ 36 millions d'individus, dont 26 en Ouzbékistan et le reste réparti dans toute l'Asie centrale élargie, y représentent la nationalité la plus nombreuse. Turcophones, ils pratiquent avec zèle l'islam sunnite mais ne sont guère fondamentalistes que dans le Ferghana.

surtout les jeunes. Or les jeunes – les moins de 25 ans – correspondent, maintenant, à la moitié de la population centrasiatique. Ils n'ont pas connu l'Union soviétique et ne sont plus sous son influence rémanente comme les générations précédentes. Cela signifie que d'ici cinq à dix ans un basculement va se produire : les nouveaux dirigeants de l'Asie centrale seront tentés de regarder ailleurs qu'en direction de Moscou ou Pékin et la nouvelle orientation pourrait correspondre, par affinités, par communauté d'esprit, à celle des pays musulmans mécènes : Arabie saoudite, Émirats, Turquie, Pakistan, Égypte, etc. Le clergé islamique semble préparer avec soin et sans se presser cette évolution en recourant à l'argent de certains de ces pays.

Comment expliquer que la jeunesse – seule à la chute de l'Union soviétique, dans la société locale, à s'orienter résolument vers le « modèle américain » et la démocratie – ait pu envoyer des milliers des siens soutenir l'État islamique et puisse maintenant fréquenter en masse les mosquées tout en considérant parfois d'un bon œil les crimes de Daech ? Comment comprendre cette évolution qui fait que des Kazakhs ou des Kyrgyzs, de tradition nomade, c'est-à-dire peu portés sur l'islam, aient pu adhérer en profondeur, en une ou deux décennies, à une religion qui n'était que secondaire dans leur civilisation ?

Comme me le disait une jeune Kyrgyze, très engagée dans la promotion de l'islam, « le Coran est une Constitution pour l'existence ». À la différence de nous, Français, individualistes et libertaires, nombre de Centrasiatiques ont besoin d'une règle de vie. Ils la trouvent dans l'islam, comme leurs grands-parents. Ces derniers, après des décennies de résistance, s'étaient insérés, à la longue, dans le marxisme-léninisme et le cadre du « parti » qui, ainsi, avaient fini par prendre dans les sociétés du Turkestan. Si, pour la plupart des Français, et quelques autres, rien ne vaut plus dans la vie que la liberté d'être soi, le plus grand nombre de Centrasiatiques – les sédentaires ouzbeks et tadjiks en particulier – ne conçoivent l'existence que dans la discipline aveugle et bornée de la fourmilière.

C'est ici que l'on touche, une fois de plus, à la ressemblance évidente entre islam et communisme. Le communisme est l'islam du XXᵉ siècle disait-on au siècle dernier. L'islam serait-il devenu le communisme du XXIᵉ siècle ? L'ambiguïté de l'islam réside dans ce fait qu'en même temps qu'une religion estimable, il est aussi, comme le communisme, une idéologie absolutiste. Mais l'islam n'est-il pas également une contre-révolution par rapport aux ravages du communisme, une sorte de retour aux sources ?

Quoi qu'il en soit, dans l'échange avec un musulman, vient souvent le moment où il se formalise sur un détail – façon de s'habiller, de se comporter, interdiction alimentaire ou règle d'hygiène – et montre à son interlocuteur que, sur cette base futile, il le situe dans les ténèbres où, *a priori*, sa religion musulmane place *l'infidèle*. De notre côté, tant pour les Occidentaux

que pour les communistes, « le point de répulsion »
touche surtout à la condition féminine telle que la
conçoivent les islamiques : l'opposition est assez forte
là aussi.

En vérité, Kazakhs, Kyrgyzs, Tadjiks, Ouzbeks,
Turkmènes, Ouighours, Tatars, Dounganes et autres
Karakalpaks sont, en général, déçus par la société de
consommation quand celle-ci, notamment dans les
villes, parvient à les côtoyer et à les provoquer, en
étalant ses excès, son stupre (par les DVD pornogra-
phiques en particulier). Le néo-capitalisme, qui leur a
été proposé après leurs indépendances, a quasi imposé
le consumérisme en développant tout un environne-
ment mafieux, jouisseur, terre à terre, particulièrement
perturbant, surtout pour les jeunes. Par son égoïsme, il
tue l'altruisme, l'honnêteté que le communisme était
parvenu tout de même à inculquer aussi bien à ses
militants les plus naïfs qu'au peuple des « camarades ».
Dans les villes, les « nouveaux riches », souvent issus
de la mafia, ont souvent, au volant de leurs luxueux
4 × 4, un comportement violent, tonitruant. Leurs
femmes et adolescentes peuvent avoir des mises
qui nous paraissent seulement aguichantes alors
qu'elles sont hallucinantes de perversion pour les
pieux musulmans. Quant à l'alcool, il en va de même
avec des débordements tolérés par les chrétiens, honnis
par le Coran.

En réaction à ces débordements, les moins favorisés
– travailleurs des classes moyennes, jeunes désem-

parés, chômeurs et miséreux, d'autant plus vulnérables que l'éducation qu'ils ont reçue, ces deux dernières décennies, est très médiocre [1] – se réfugient dans la religion simple et sévère des mosquées. Les mollahs qui les accueillent, s'ils ne sont guère formés et comportent des charlatans, sont, quand même, en majorité des personnages honnêtes et attirants.

J'ai ainsi fait la connaissance, vers 2005, d'un jeune « moldo » kyrgyz de retour de l'université al-Azar du Caire où il avait reçu sa formation. Il venait de rentrer dans son village, une station balnéaire plutôt délurée du lac Issyk-koul. Tout feu tout flamme, de grande allure, le jeune homme pestait devant l'ignorance et la superstition de ses compatriotes plus chamanistes et ivrognes, disait-il, que musulmans : il avait du mal à s'imposer. Dix ans après, quand je le revis, notre moldo, dorénavant marié à une charmante fille de Bichkek, très peu voilée et tenancière d'un hôtel au bord d'une plage, « avait mis de l'eau dans son vin », si l'on ose dire. Mais ainsi, il était parvenu à « islamiser » – selon lui – sa communauté. Disposant d'un ordinateur, il prenait ses consignes au muftiat de Bichkek et, parlant et écrivant l'arabe, demeurait en contact avec ses maîtres en islam. J'ai pu constater que cet ami exerce sur ses ouailles un incontestable rayonnement.

---

1. Le départ des Russes qui, souvent, étaient enseignants, mais aussi la faiblesse accrue des salaires des Ministères de l'Éducation et de la Culture se sont traduits par un effondrement de l'enseignement et surtout de la langue russe à tous les niveaux.

UNE TARIQA PAS COMME LES AUTRES

Telles celles qui existaient au XIXe siècle avant la colonisation russe, les confréries, les sociétés, les communautés religieuses plus ou moins monastiques, plus ou moins soufies, plus ou moins mafieuses même, sont réapparues, prêtes parfois à jouer un rôle politique. J'en ai connu une, très curieuse, dans le Ferghana ouzbek. On se demandait en la visitant comment le sévère pouvoir karimovien avait pu tolérer son existence : seule la corruption pouvait expliquer le phénomène car les « frères », comme ils s'appelaient entre eux, étaient riches et puissants.

Enquêtant, en juin 2005, sur le soulèvement d'Andijan où une bonne partie de la population, à l'instigation d'une confrérie musulmane, l'akromiya, avait renversé la dictature, je me trouvais à Karasou, cité à cheval sur la frontière ouzbéko-kyrgyze, tout près du lieu de la révolte. Je guidais un journaliste de RFI désireux de prendre contact avec « la secte musulmane » qui, paraît-il, avait pris le pouvoir dans l'extrémité orientale du Ferghana ouzbek, abandonnée depuis trois jours par les autorités gouvernementales.

Très respectée par la population, qui s'était retournée vers elle quand l'armée et la police s'étaient repliées, la secte en question « régnait » provisoirement sur la partie ouzbèke de Karasou sise dans une contrée verdoyante et peuplée. Composée d'une vingtaine de membres, renforcés par quelques dizaines de serviteurs, cette sorte de tariqa sous les ordres d'un cheikh, maître spirituel, possédait un vaste domaine bien clos à l'intérieur de douvals, « murs aveugles ». L'accueil d'étrangers surgis, un beau matin, de nulle part sans avertir, et, qui plus est, aventurés dans un Ferghana insurgé, fut pourtant, comme il se doit en Asie centrale, chaleureux. La propriété, consacrée à l'élevage et à l'agriculture de pointe, était parfaitement tenue. Elle donnait un spectacle irréel au beau milieu de la pauvreté environnante et à côté de l'ambiance de guerre qui dominait, à seulement trois kilomètres de là, de l'autre côté de la frontière : les Kyrgyzs y craignaient un afflux de réfugiés et, dans cette perspective, multipliaient contrôles et barrages.

Stupéfaits, nous avons trouvé dans le « monastère » un bétail magnifique : des bœufs, des chèvres et des moutons, presque dignes de notre Salon de l'agriculture, des spécimens d'exportation achetés à prix d'or. À l'intérieur de la propriété, les cultures, surtout vivrières, étaient soignées. À notre demande, on nous mena vers le cheikh qui, dans l'habit de la confrérie – bottes, pantalon noir, chemise blanche impeccable, beulmok – écharpe de soie ceinte autour de la taille – teupé – calotte traditionnelle – maniait le ketmen – la pioche – dans un verger comme si la crise d'Andijan, pourtant tout proche, ne le concernait pas. Mince, de taille moyenne, encore jeune et de mise soignée malgré les travaux des champs, la barbe poivre et sel bien taillée autour d'un visage fin d'intellectuel, le regard bleu, intense, scrutateur, le cheikh, cordial et avenant, décida de nous recevoir autour d'un thé pour converser. Une demi-heure après, protégés du soleil ardent de cette fin de printemps par un orme majestueux – l'inévitable karagatch – nous étions en présence d'une collation délicieuse accompagnée de friandises et de fruits étalés sur un dastarkhan – une table basse – entouré de kourpatchi : couvertures matelassées.

Encore aujourd'hui, je me remémore avec émotion et incrédulité cette réunion tant elle était, dans sa dignité, inattendue et singulière. Assis à côté de leur cheikh, cinq « moines » nous tenaient compagnie, impeccables et rasés de près, d'allure sportive, détendus et, même, d'humeur joviale. De notre côté, inquiets, nous avions du mal à ne pas être aux aguets, l'oreille tendue vers les rafales d'armes automatiques qui devaient annoncer le retour des forces gouvernementales et susciter notre départ immédiat. Mais le calme demeurait absolu. Nous étions vraiment en présence d'un autre monde très bien organisé, indifférent aux péripéties et, semble-t-il, alors que ce n'était certainement pas le cas, aux femmes dont aucune n'apparut.

Nos questions sur le monastère, la région et, surtout, la situation laissèrent de marbre le cheikh et son adjoint, toujours souriants, évasifs. Même en leur signalant la présence de l'avant-garde de l'armée arrêtée, depuis peu, à un carrefour à une vingtaine de km de nous et la prison qui pouvait les menacer, je ne parvins pas à les troubler : ils planaient au-dessus de ces contingences. Planer ? Je ne savais pas si bien dire car voici qu'on apporte, dans une petite corbeille, des cigarettes effilées d'aspect très raffiné. Les « frères » se mettent à fumer avec un plaisir évident. Moi qui ne fume jamais, je décide, pour les amadouer de faire comme eux. Le cheikh enlève sa cigarette, me regarde et me demande : « Avez-vous l'habitude de fumer du haschich ? » À peine ai-je répondu « non », qu'il m'arrache sans façon des lèvres la cigarette en marmonnant en russe « C'est mieux comme ça ! »

Ainsi, ces moines du Ferghana fumaient-ils le haschich ! Soudain plus enclins aux confidences – effet de la drogue ? – ils nous dirent que leurs plantations de cannabis se trouvaient dans les montagnes kyrgyzes voisines. Visiblement « l'herbe » – et, peut-être, d'autres narcotiques moins innocents – était à l'origine de la richesse, des investissements, et de l'apparente impunité du monastère. Par la suite, je n'ai jamais pu oublier cette société finalement sympathique d'hommes jeunes, impeccables et sportifs tellement différents de leurs congénères ouzbeks et tellement indifférents aussi au destin de la population comme à leur propre sort. Ont-ils tâté, depuis, de la prison karimovienne ? J'en doute, car ils étaient si sûrs d'eux qu'ils devaient certainement bénéficier d'une échappatoire, d'une kricha – un « toit » en russe – c'est-à-dire d'une protection. Après tout, peut-être, informaient-ils aussi le pouvoir central ? C'eût été conforme à la prudence ouzbèke.

En tout cas, cette tarika pas comme les autres n'est certainement pas caractéristique de l'islam en apparence rigoureux, conservateur du Ferghana. Je constate cependant que cette confrérie avait certainement des liens avec l'Akromiya toute proche qui venait de soulever Andijan et dont l'un des mots d'ordre était « Enrichissez-vous pour mieux aider votre prochain ». C'était, semble-t-il, l'objectif des moines de Karasou peu regardants, au demeurant, sur les moyens d'y parvenir ! Il m'est alors revenu qu'une certaine souplesse, un esprit de combines, un opportunisme et surtout une inclination à l'intrigue souterraine dominent chez les Ouzbeks et les rendent moins extrémistes que l'on croit : si certains d'entre eux, certes, peuvent s'arc-bouter sur un dogme, la plupart préféreront, pour survivre, les aménagements, les compromis avec le courant dominant ou la force qui se présente... Peut-être, les moines de Karasou s'étaient-ils éloignés à temps des mutins de l'Akromiya ? En tout cas, c'est ainsi que je découvris « sur le tas » les liens « étroits » de l'islam et de la drogue !

PRAGMATISME EN ASIE CENTRALE

« Soyez pragmatique, raisonnable et acceptez ce que je vous propose, sinon vous serez écrasé sous les démarches administratives ! » m'a dit, un jour, un *ko-*

rouptsionierr. Le pragmatisme sévit en Asie centrale et y explique l'intensité de la corruption. Il est une façon de s'adapter à la société, d'excuser son propre comportement.

Un exemple : à la frontière, militaires, garde-frontières, douaniers sont présents à leurs postes, en tenue correcte. Mais cela ne veut pas dire qu'ils seront irréprochables, fiables... Alors que l'Europe et les États-Unis déboursent pour la détection de la drogue et fournissent à cet effet un matériel dernier cri, cet équipement sert surtout pour nous contrôler, nous étrangers, une heure durant, parce que nous ne savons pas à qui « graisser la patte » pour passer rapidement... Mais il n'a aucune utilité contre les trafiquants : ces derniers, contre paiement, soit contournent, sans guère se cacher, le poste en véhicules 4 × 4 par un chemin tracé à cet effet, soit, comme nous l'avons vu, avertissent de leur passage avec rémunération pour ne pas être inquiétés. Quant au simple quidam, s'il ne veut pas être fouillé, il glissera un billet – minimum 50 dollars – dans son passeport remis au factionnaire ou au préposé adéquat... Le laisser-aller de l'administration en général, et de certaines catégories de fonctionnaires dépasse l'entendement. Dans ce contexte, les exemples d'honnêteté et de droiture – il y en a ! – dénotent...

Je me souviens, sur la frontière du Pyandj, vers 2005, d'avoir donné du pain à de jeunes soldats tadjiks efflanqués, affalés au bord de la route, la kalachnikov entre les jambes, têtes baissées, fort peu martiaux tout simplement parce qu'ils avaient faim : leur maigre nourriture, détournée ou non payée, ne leur parvenait pas !

J'espère que la situation s'est améliorée dans l'armée tadjike parce que, de l'autre côté du fleuve Pyandj, aujourd'hui, la menace se dessine, un peu comme celle tant attendue et si longtemps par le lieutenant Drogo dans *Le désert des Tartares* de Buzzati. Ce « désert de montagnes », celui du Badakhchan afghan, se peuple et s'agite de nos jours. Face à la menace, l'armée russe veille avec 7 000 hs et des bombardiers ultra-modernes. Une défense existe et se perfectionne : grâce aux Russes et, bientôt, aux Chinois, des blockhaus seront édifiés tout au long du *limes* du Pyandj. De même, comme pour tendre la main à l'adversaire – autre stratégie – des ponts ont été construits grâce à l'Aga Khan. Mais à quoi bon toute cette organisation d'interdiction ou de coopération quand, de toute façon, les postes-frontière sont des passoires, quand, de part et d'autre des limites, les familles vivent du passage de n'importe qui et surtout de n'importe quoi ? Comment vivre sans la corruption ? Comment ne pas s'y résigner ? Il y a là un combat difficile qui n'est pas souvent mené et se traduit par un effondrement moral qui taraude ses victimes : pour sortir de l'impasse, comme nous l'avons déjà dit, le Coran devient une règle expresse de vie et l'islamisme, avec sa sévérité, une providence et un encadrement.

Dans ce contexte, un pouvoir, s'il n'est pas impitoyable – c'est-à-dire, par exemple, s'il est « démocratique » ou vraiment corrompu… – risque d'être balayé de la façon la plus inattendue, ses directives, ses injonctions n'étant plus appliquées sous l'effet de la lassitude, du dégoût et/ou d'une influence souterraine, d'un complot facile à fomenter contre une autorité pourrie. C'est ce qui est arrivé en 2010 au président kyrgyz Bakiev. Je crois que l'islam extrémiste en Asie centrale prépare patiemment, de nos jours, ce genre de manœuvre en s'efforçant d'apparaître comme un recours, en tentant de discréditer les gouvernants auprès du peuple tout en instaurant à son profit un contrôle des individus.

ÉVALUATION DU NOMBRE DE CROYANTS ET D'ISLAMISTES AU KYRGYZSTAN

Sachant mon intérêt pour l'islam, une amie kyrgyze m'a ménagé en 2015 une entrevue, dans un restaurant halal d'Och, avec un intellectuel visiblement islamiste, peut-être même d'obédience salafiste. Ce personnage d'une quarantaine d'années, avenant et souriant, le geste large et la voix forte, matois, barbichu bien sûr, et père de nombreux enfants, s'exprimait avec aisance manipulant sur la table couteaux, fourchettes et assiettes pour faire comprendre sa pensée. L'islam visiblement était sa passion et il ne vivait que pour lui. Il mesurait toutes les faiblesses de sa religion, notamment en Asie centrale, mais, en même temps, respirait l'optimisme quant à l'avenir, sûr qu'il était de la victoire finale : « de mon vivant », affirmait-il ! En langue russe, c'était un redoutable interlocuteur, maniant l'humour, sachant éluder les questions embarrassantes, rompu à toutes les finesses de la rhétorique, bottant en touche avec humour. À l'entendre, j'avais l'impression que si, à l'évidence, les islamistes manquaient de meneurs de jeu, ils tenaient en réserve un vivier qui n'attendait que l'autorisation de briller par la parole et surtout l'action. Cette action sera-t-elle sans merci, violente ou au contraire adroite, adaptée ? Je pencherais plutôt pour la deuxième hypothèse étant donné la qualité de mon vis-à-vis, en me disant, cependant, que nombre de ses semblables ne le valent pas... Réponse la plus caractéristique de sa part : alors que je l'avais interrogé sur la réalité de l'islamisme [1], il rétorqua sans hésitation « l'islamisme est dans le Coran », mais sans rien ajouter ni préciser.

On trouvera ici certaines estimations que j'ai pu tirer de notre échange, ainsi que d'autres patiemment recueillies auprès de divers personnages au sujet de la réalité musulmane au Kyrgyzstan. Ces données correspondent à des ordres d'idée et ne sont transposables que dans une certaine mesure au reste de l'Asie centrale où soufisme et chamanisme cohabitent aussi avec l'islam mais dans des proportions plus limitées, plus surveillées.

La base du calcul correspond aux Kyrgyzstanais – c'est-à-dire à la population nationale du Kyrgyzstan, majorité et minorités confondues – âgés de plus de 15 ans. Il s'agit seulement de 3 500 000 citoyens par rapport à un peuplement de 6 millions. Il faut tenir compte, en effet, de la présence actuelle dans l'étranger

---

1. L'islamisme correspond à une doctrine qui instrumentalise l'islam afin d'abattre le système politique d'un État dans le but d'instaurer la *chari'at*.

proche (Russie, Kazakhstan) d'un million de Kyrgyzstanais en tant que travailleurs émigrés.

D'un point de vue « islamiste », pas moins d'un
quart du peuple kyrgyzstanais est beaucoup trop chamaniste, soufi ou ignorant de l'islam pour être considéré comme musulman. Selon notre interlocuteur, il
faudrait littéralement « ré-islamiser » ce que l'historien
Alexandre Benningsen, dans *Le soufi et le Commissaire*[1],
appelait « l'islam parallèle des soufis ».

À ce quart de la population, il conviendrait d'ajouter
15 % d'athéistes et d' « infidèles », plus « gens du Livre »
chrétiens, orthodoxes et protestants : cela ferait 40 % de
Kyrgyzstanais qui échapperaient peu ou prou à l'islam.

Les « vrais musulmans » correspondraient donc à
60 % des Kyrgyzstanais. Fait essentiel : pour la plupart,
l'âge varierait de 15 à 35 ans ! Parmi eux, la moitié
(30 %) participerait régulièrement au culte, tandis
qu'un quart (15 %) n'y assisterait que de façon épiso-
dique. Ces 45 % correspondraient aux fidèles de l'islam
officiel.

Les 10 % à 15 % restants regroupent la minorité intéressée ou saisie par l'islamisme. Dans ce total, un vivier
de 5 %, à peine, rassemble toutes les variétés de
« l'islam dissident », soit une dizaine de groupes et
groupuscules en général très actifs. Parmi eux, moins
d'1 %, que l'on pourrait qualifier d'extrémiste, serait
enclin à l'action terroriste, soit, en théorie, 35 000 indi-

---

1. Alexandre BENNINGSEN, *Le soufi et le commissaire*, Seuil, 1986.

vidus d'après notre base de population de trois millions et demi de personnes âgées de plus de 15 ans. Selon les fichiers de la police, le nombre de ceux qui, dans cette dernière sélection, seraient capables de passer à l'action terroriste ne dépasserait pas aujourd'hui quelques centaines. Mais ce faible effectif, d'après un policier, serait inquiétant tant un seul terroriste peut avoir de capacité de nuisance.

ENCADREMENT ET CONTRÔLE DE LA RÉISLAMISATION

Aujourd'hui en Asie centrale, au moins dans chacune des républiques ex-soviétiques, l'islam et les autres religions sont supervisés par des Conseils aux affaires religieuses, organismes étatiques. Depuis la disparition de « la Direction spirituelle des musulmans d'Asie centrale et du Kazakhstan », installée à Tachkent, chacun de ces Conseils a pour interlocuteur un « muftiat » national, sorte d'administration dépendant d'un chef religieux le *mufti*. Le muftiat gère l'islam dans chacune des républiques centrasiatiques et suit les instructions du Conseil, notamment en ce qui concerne les sectes et mouvements interdits.

La sévérité dans ce domaine des différents Conseils est de plus en plus rigoureuse. Les mouvements le plus souvent prohibés en Asie centrale sont les suivants : Daech, Al-Qaïda, Taliban, le Mouvement islamique d'Ouzbékistan (MIO) et son émanation le Mouvement islamique du Turkestan (MIT), le Parti de la résistance islamique (PRIT), les Frères Musulmans, la Société islamique du Pakistan, Ansarullah, Jundullah, le Hizb ut-Tahrir et le Tabligh al Djamaat. Ces deux dernières organisations – les plus importantes – attireront plus particulièrement notre attention, notamment parce que le Tabligh, généralement interdit, est cependant reconnu au Kyrgyzstan où il devient influent. Nous citerons également une secte turque, le mouvement Gülen qui fait preuve d'efficacité religieuse, économique et culturelle. Il est à noter que le PRIT qui était reconnu par la Constitution du Tadjikistan vient d'être banni de ce pays.

Presque tous ces mouvements ou partis islamistes se reconnaissent dans les termes *salafiste ou wahhabite*.

Le salafisme inspire en Asie centrale trois mouvements aux orientations différentes :

– le salafisme djihadiste des organisations militaires du *Mouvement islamiste d'Ouzbékistan, d'Al-Qaïda*, des *Talibans*, de *Daech*, tous quatre en charge de « la révolution terroriste ».

– le salafisme conspirateur de différents partis, notamment du *Hizb ut-Tahrir*, société secrète particulièrement active en Asie centrale.

– le salafisme seulement prédicateur, affirme-t-on, du *Tabligh al Djamaat*, destiné à la préparation du califat international par le biais de la réislamisation.

RÉISLAMISATION ET CONTEXTE SOCIAL

La réislamisation se développe donc sur le terreau fertile de la rupture capitaliste, du désespoir social et de l'argent facile qui permettent la corruption des institutions, sinon celle des âmes. Ce contexte est si favorable à l'action de l'Émirat islamique que ce dernier peut se permettre, sans en pâtir, des maladresses et même des erreurs stratégiques ! Par exemple, condamner le soufisme pour son culte des Saints ou ses pratiques chamaniques et, de ce fait, vouloir son éradication, comme semble l'avoir décidé Daech, représente en Asie centrale une faute tactique considérable. Elle aurait dû compromettre dans cette région l'avenir du salafisme et de tous ceux qui lui sont rattachés. Pourtant, même en l'absence relative de l'OEI, qui n'est pas encore présente de façon significative au Turkestan, l'idéologie pan-islamiste, si étrangère à l'Asie centrale, y connaît un début de réussite : elle constitue, dès aujourd'hui, une menace réelle par la réislamisation qu'elle promeut et la reconquête qu'elle promet. L'auditoire des mosquées, composé dans sa majorité de jeunes sans travail, est si naïf, si ignorant, si nécessiteux aussi, qu'il « gobe » tout ce qu'on lui dit et se laisse enrégimenter à peu de frais. Une conversion, en général non rémunérée, peut rapporter toutefois quelques avantages matériels, se traduire par une formation et des séjours à l'étranger. L'impétrant se prépare alors, sans trop le savoir, à tous les excès du fanatisme.

LE DESTIN DE MOUSSA (MOÏSE)

Je me souviens à ce propos du jeune Moussa avec qui, deux à trois fois par semaine, je prenais des cours d'anglais dispensés à Bichkek par un Américain fort sympathique, « plus noir que son président » aux dires des Kyrgyzs présents. Moussa m'avait tout de suite attiré. Ce grand garçon, très brun, de 25 ans, venu des tréfonds méridionaux de son pays, avait le port, la noblesse d'allure mais aussi la foi musulmane intense d'un de mes camarades de promotion de Saint-Cyr, Maure de « grande tente », c'est-à-dire de haute lignée.

Né dans un village de montagne totalement miséreux, il était monté à Bichkek, comme tant d'autres, pour se tirer d'affaire. Exploité comme manœuvre dans le bâtiment, il était très maigre, car, certainement, il ne mangeait pas toujours à sa faim. Il survivait dans une lointaine banlieue indigente qui n'était pas encore un bidonville, mais s'en rapprochait de mois en mois. Sa jeune femme s'efforçait d'y élever dans une masure sans eau et sans véritable chauffage leur toute petite fille. Mais Moussa, qui ne se plaignait jamais, ne se décourageait pas : il savait que jargonner un peu d'anglais, à côté du russe, était un moyen d'attirer l'attention, de devenir contremaître. Il étudiait donc avec acharnement, non sans résultat, prenant des notes dans un vieux cahier ramassé dans quelque poubelle. Je vis que, dans ce cahier, il avait aussi écrit un peu d'arabe. J'appris ainsi qu'une mosquée de sa banlieue était tout son horizon, tout son espoir : Moussa se mettait à l'arabe pour montrer qu'il était un « croyant d'avant-garde ». Il était trop naïf, trop honnête pour avoir de l'ambition, mais il sentait confusément qu'il y avait là une carte à jouer. Il suivait des cours religieux à propos desquels il était très discret. Pris en compte, il allait devoir s'expatrier. Je crus comprendre que ce serait à Moscou ou Istanbul. Cela lui posait problème

196

car il allait devoir rapatrier femme et fille pour des années peut-être, dans son pays natal où il n'était pas sûr qu'elles pourraient survivre. Afin d'essayer de comprendre sa situation et, peut-être, de lui être utile, j'ai profité d'un voyage pour effectuer un crochet par son village. Malheureusement, il ne m'accompagna pas, car, pour la survie familiale, il était tenu de rester à Bichkek. Je parvins, non sans peine, jusque dans son hameau retiré sur un piémont verdoyant dont, effectivement, l'authenticité n'avait d'égale que la pauvreté. Ses parents et proches étaient au plus bas de l'échelle sociale : pas d'espoir de ce côté-là. Revenu en France, j'ai perdu le contact de Moussa : depuis deux ans, son téléphone portable ne répond plus. Qu'est-il devenu ? Avec sa volonté, il a pu réussir. Mais avec sa foi chevillée au corps, trop candide, il a pu aussi être manipulé. Par bonheur, à l'époque, il n'avait pas accès à internet. Des Moussa, il y en a beaucoup !

LA RECONSTRUCTION DES MOSQUÉES

Le facteur le plus visible de la réislamisation, demeure la reconstruction impressionnante de mosquées dans tout le Turkestan, Xinjiang exclu. Promue d'abord, dès les années 1990, par l'islam officiel, cette initiative a tout de suite profité du financement de plus en plus massif de l'Arabie saoudite et des Pays du Golfe. Elle s'est traduite par la construction dans toutes les agglomérations, jusque dans les plus petits villages ou quartiers urbains, de nouveaux lieux du culte musulman. Dans les bourgades on a édifié, près des mosquées, des écoles coraniques pour les jeunes garçons et, en sus, dans les villes, des *madrasas* pour les étudiants en islam. Alors que, dans les années 1980, le nombre de mosquées officiellement reconnues en Asie centrale ex-soviétique ne dépassait pas le chiffre de 500, il atteignait en 2013, à l'issue d'une édification d'un quart de siècle à peine, « le montant global de 10 816, dont l'Arabie saoudite en aurait financé environ 5 000 à elle seule[1] ». On se rapproche des chiffres de l'époque tsariste qui, rappelons-le, a légué au Turkestan soviétique plus de 12 000 mosquées en activité dont un bon nombre, à l'évidence, existait déjà au moment de la prise de contrôle, vers 1870, de la région par la Russie impériale.

Dans cette *perestroïka* musulmane seul le Turkménistan, où le total des reconstructions est plus modeste, fait encore relative exception. En 2013, j'ai pu me procurer plusieurs chiffres qui montrent une progression constante du nombre de mosquées, surtout pour le petit Kyrgyzstan, où j'habite, qui a vu 340 mosquées édifiées en trois années seulement : 2 540 en 2016, contre 2 200 en 2013... 90 seulement existaient en 1991 à la chute de l'Union soviétique ! Un autre exemple est celui du Tadjikistan, où pour une population de 8 millions d'habitants, on dénombre près de 4 000 mosquées en activité[2]. De ce fait, dans un accès de naïveté, un responsable tadjik des affaires reli-

---

1. Pierre CONESA, *Dr. Saoud et Mr. Djihad*, Paris, Robert Laffont, 2016, p. 197.
2. Dont 344 (des mosquées dites « cathédrales ») sont de taille importante.

gieuses a pu dire que son pays avait plus de mosquées que d'écoles !

Exemple personnel : dans la vallée des monts Célestes où je réside, près de Bichkek, se succèdent huit villages répartis sur trente km et peuplés, chacun, de 200 à 2 000 personnes. Quand j'y suis arrivé, en 2009, je n'ai remarqué *aucune* mosquée. Aujourd'hui j'en compte sept !

En somme, ces mosquées, réparties et visibles dans tous les villages, redonnent à l'islam le paysage centrasiatique, ce qui n'était pas le cas, voici une quinzaine d'années, lorsque presque rien de musulman n'apparaissait. Elles correspondent souvent, selon leurs dimensions, à des modèles pré-établis, pour la plupart de bonne allure. Dans les villages ces mosquées neuves, de dimensions modestes mais plutôt élégantes, tranchent sur l'aspect misérable de l'habitat et ne passent donc pas inaperçues [1].

Soulignons l'effort de certains pays dans cette reconstruction. À Bichkek, la Turquie vient d'offrir deux mosquées de premier ordre : l'une, près de l'Université turque, se nomme « Satuk Boughra Khan », roi turc karakhanide qui a favorisé au Xe siècle l'islamisation des peuplades turques ; l'autre absolument magnifique, avec quatre minarets vertigineux, sur le modèle de la Mosquée bleue d'Istanbul, figure en centre-ville.

---

1. Selon les statistiques officielles, pour les autres républiques la répartition est la suivante : Kazakhstan 2 228 mosquées, Ouzbékistan 2 050 et seulement 400 au Turkménistan.

Sa construction n'en finissait pas comme si quelque chose la bloquait. Elle a finalement été inaugurée en septembre 2018 au cours d'un voyage officiel du président Erdogan au Kyrgyzstan. Financée à grands frais par la Direction des affaires religieuses turques, entourée de constructions considérables qui ressemblent à de futurs immeubles administratifs ou éducatifs, elle est destinée à devenir l'écrin prestigieux du Muftiat kyrgyz pour lequel, comme nous le verrons, certains ont de grandes ambitions…

Ajoutons que les musulmans dissidents disposent de mosquées clandestines, bien entendu non comptabilisées. Ils utilisent aussi, comme tous les autres fidèles « officiels », d'innombrables *namazkhana* – ou salles de prières – créées jusqu'à l'intérieur du Parlement au Kyrgyzstan. Ces locaux sont apparus dans les rues, les entreprises, les lieux publics, les administrations, comme dans les villages perdus et constituent des lieux de réunion ou de contact difficilement observables du fait de leur ubiquité. Menée en seulement 25 ans, cette prolifération des *namazkhana*, comme la construction généralisée des mosquées, a quelque chose d'hallucinant : mieux que tout autre phénomène, elle donne une idée de l'ampleur et de la réussite de la réislamisation en cours.

Ce phénomène passe aussi par un clergé mieux formé et plus nombreux.

RÉISLAMISATION ET CLERGÉ MUSULMAN

Pour les milliers de nouvelles mosquées, écoles et medersas, il a fallu recruter et former d'urgence un clergé de *mollah* ou *moldo* et d'enseignants. Bien que la formation de mollah et de cadres centrasiatiques se poursuive dans toutes les grandes universités musulmanes, à commencer par celle d'Al-Azhar en Égypte, la ressource locale demeure insuffisante. Les *muftiats* nationaux ont donc dû faire appel à des missionnaires étrangers : pakistanais, arabes, turcs ou égyptiens. Leur niveau est très divers : de très faible à moyen. Dans le cas kyrgyz, en particulier, le manque de clercs se perpétuant, on a eu recours a des « moldo » envoyés par des sectes, voire des organisations extrémistes. Au début, la hiérarchie religieuse kyrgyze a même récupéré, en provenance de ces organisations extrémistes, des éléments arrivés clandestinement dans le pays. Ces « enseignants » nantis de pseudo-connaissances mais animés par le fanatisme se révèlent efficaces. Comme en face d'eux l'assistance, sans instruction ni esprit critique, prend tout pour argent comptant, ils racontent n'importe quelle calomnie et retournent, en quelques mois, quartiers et villages entiers contre le soufisme, la religion traditionnelle et les « mécréants » : chiites, chrétiens ou juifs (Il existe encore, en Asie centrale, quelques communautés de Juifs de Boukhara).

Ils sont aujourd'hui secondés au Kyrgyzstan par les équipes itinérantes du *tabligh al djaamat* – islam

prédicateur – qui réussissent une infiltration exceptionnelle de la société : le terrain est ainsi préparé par une
propagande licite et ouverte pour le *Hizb ut-Tahrir*
« Parti de la Libération islamique » qui appartient au
salafisme conspirateur et connaît un succès clandestin
considérable en Asie centrale.

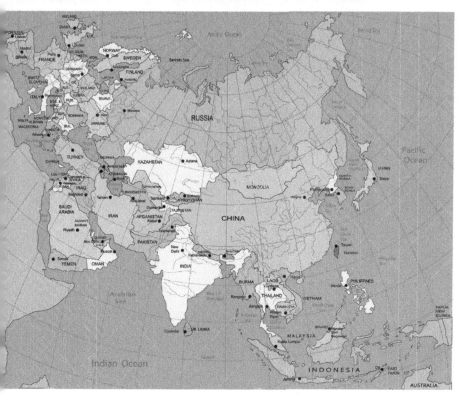

. L'EURASIE : à remarquer quatre grands ensembles, la Chine au centre est, Inde au sud, la Russie au nord, l'Europe à l'ouest. L'Arabie saoudite, le Pakistan, Turquie, l'Iran et l'Indonésie sont également dignes d'être notés.

. Selon le projet d'Eurasie, Européens et Eurasiens, incorporant Turcs, Mongols, pire Persans, devraient se rapprocher dans l'ensemble eurasien constituant une rce islamo-chrétienne.

3. *Du haut de ses 65 m., le minaret de Djam domine le confluent de deux rivièr[es]*
dans un fond de vallée aux nuances mauves des montagnes du Gor. Solitair[e]
oublié dans son écrin depuis 1222, il n'a été redécouvert qu'en 1943 par u[n]
aviateur afghan et photographié pour la première fois en 1955.

4. *Femme pamirie et son enfant, col de Tavildara (Tadjikistan, juillet 2013). Cette belle jeune femme dirigeait un campement nomade. Une petite partie de la population pamirie (5 à 10 %) est de type scandinave.*

5. *Levée du Ramadan au petit matin devant la mosquée de Naryne (Kyrgyzstan, septembre 2010). La foule des croyants et la présence dans l'assistance de nombreux jeunes sont d'autant plus remarquables que, dans cette région au cœur du Kyrgyzstan, l'islam, jusqu'ici, n'était guère professé.*

Nouvelles routes de la soie chinoises terrestres et maritime plus projet de liaison ferroviaire Moscou-port de Chabahar en Iran.

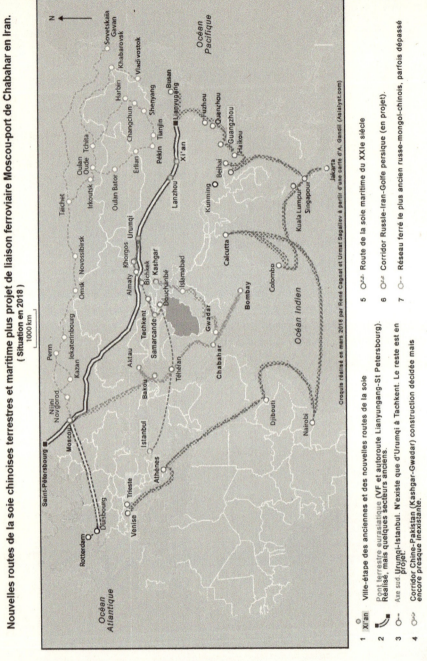

6. Point pour 2018 des Nouvelles Routes terrestres et maritime de la Soie lancées par les Chinois en 2013. À noter que le trafic terrestre dépasse à peine 1 % de l'ensemble du commerce très fortement dominé par les échanges maritimes. Le projet ferroviaire russe nord-sud Moscou-Chabahar en direction du Golfe persique et de l'Inde a été ajouté.

8. *Aksakal, barbe blanche en kazakh – vieillard respecté, chef d'un campement dans le désert du Kyzylkoum (Kazakhstan 2006).*

7. *Mariée turkmène avec comme parure les vestiges de la cuirasse des Amazones qui auraient combattu Alexandre le Grand dans le désert du Karakoum : 30 kg de bijoux ! Achkhabad, 2006.*

9. *Aux environs de Bichkek, source sacrée et arbres à vœux : chiffon rouge pour les filles... (Kyrgyzstan, 2006).*

10. *Femme chamane, près d'une source sacrée, avec le fouet pour chasser les esprits, vallée de Tchonkémine (Kyrgyzstan 2006).*

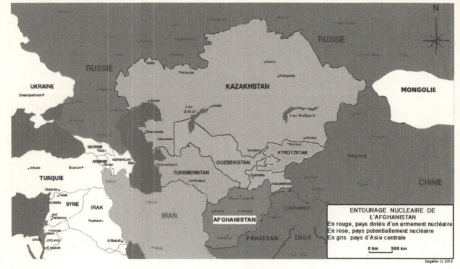

11. Encerclement nucléaire de l'Asie centrale. Situation en 2019.

12. Xinjiang : destructio
d'un quartier ouigour tradi
tionnel par les Chinois
Kachgar vers 1999.

13. Kyrgyzstan, en février 2011, relève
de la garde à Bichkek par −10°. Le
modèle militaire russe reste très prégnant dans tous les pays de l'Asie centrale ex-soviétique.

14. Enfants russes abandonnés la nu
par grand froid dans une capitale cen
trasiatique (2003).

Le POUCHTOUNISTAN et l'AFGHANISTAN

16. *Paysans pachtouns photographiés à Kaboul en 2007. Les 50 millions de Pachtouns afghano-pakistanais représentent au monde la principale communauté tribale.*

5. *De part et d'autre (zone verte) de la [li]gne Durand (frontière) les Pachtouns, [q]ui regroupent l'essentiel des insurgés, [s]eraient environ 20 millions en Afgha[n]istan (60 % de la population) et plus de [3]0 millions au Pakistan où ils sont [m]inoritaires (17 %).*

17. *Activités en nette progression des Talibans et de l'EI de 2016 à 2019 en Afghanistan.*

Les activités des Taliban et de l'EI en Afghanistan en 2016-2019

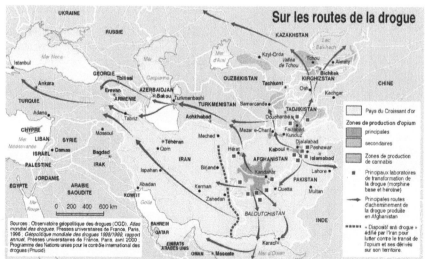

Sur les routes de la drogue

18. *Routes de la drogue. La route vers le nord qui approvisionne la Russie concerne principalement l'Asie centrale. La deuxième route centre-asiatique, en direction du Caucase et de l'Europe, traverse le Turkménistan.*

19. *Photo du bazar à Och en juin 2010 à la veille du pogrom (Kyrgyzstan).*

21. *Photo du bazar à Och presque a même endroit en août 2010 deux mo après le pogrom (Kyrgyzstan).*

20. *Kyrgyze du haut Pamir ou comment se protéger du froid...*

22. *Rencontre fortuite à Och dans bazar (Kyrgyzstan 2017).*

XI

DU TABLIGH AL-DJAMAAT
AU HIZB UT-TAHRIR

Cas concrets de réislamisation

Proche du dogme salafiste et, en apparence, cantonné dans sa mission prédicatrice, le *Tabligh al-Djamaat* – «association pour la prédication» – est dit aussi *Deobandi* car il a été créé aux Indes britanniques en 1927 dans la ville de Deoband aux environs de New-Delhi par Muhammad Ylias Kandhlawi (1885-1944). Le slogan de son action est: «Musulmans, soyez des musulmans». Fondé sur des principes d'organisation et de propagation de la foi très simples, prêchant pour un islam intégriste mais minimaliste qui s'appuie sur une interprétation littérale du Coran, le mouvement, en moins d'un siècle, s'est étendu au monde entier et trouve aujourd'hui, dans la réislamisation de l'Asie centrale, un prolongement naturel à sa mission. Grâce à lui, «Les musulmans oubliés[1]» ont été mis

---

1. Alexandre BENNINGSEN et Chantal LEMERCIER-QUELQUEJAY, *Les musulmans oubliés*, Maspero, 1981.

en contact avec l'*oumma* des croyants à partir de l'Inde, via le Pakistan et l'Afghanistan.

Ce « mouvement pour la propagation de la foi » regroupe environ 70 millions de zélateurs présents dans une centaine de pays, notamment dans la péninsule indienne. En Asie centrale, il est particulièrement actif au Kyrgyzstan, où il est reconnu, et au Kazakhstan.

Le Tabligh est original, tout en contradictions et insaisissable à plus d'un titre : il n'a pas de charte, ni d'enregistrement de ses membres, ni de mosquées attitrées ; il se sert cependant des mosquées, au cours de ses tournées de prédication, comme base opératoire. Société semi-secrète, il n'en impose pas moins à ses adhérents la robe et la barbe, s'ouvre aux prosélytes et les accepte facilement dans ses rangs : il n'a pas de « mécanisme administratif » pour les chasser s'ils deviennent extrémistes et dangereux, ce qui fait qu'on a pu le taxer en France, où il fut très actif dans la première décennie de ce siècle, d'« antichambre du terrorisme ». Attirant des personnages estimables et se voulant apolitique, non-violent, il inspire confiance : ainsi selon Bayram Balci, chercheur au CERI-Sciences Po à Paris : « Ils sont contre toute forme de politisation de l'islam et refusent toute violence. Pour eux, le djihad c'est le porte à porte[1] » ! Cela explique que la confrérie soit acceptée – à commencer par le

---

1. Propos rapporté par Sylvie Lasserre dans https://asialyst.com : « Le Kirghizistan, havre de l'islamisme fondamental en Asie centrale ».

Kyrgyzstan – dans des pays qui, par ailleurs, proscrivent l'islam salafiste. Pourtant, les Tablighis ont toujours été bannis en Ouzbékistan et au Turkménistan, à plus forte raison au Xinjiang. Le Tadjikistan a interdit le mouvement en 2001 et le Kazakhstan en 2013. Cette sévérité, malgré certains bons côtés de la prédication, dans la lutte contre l'alcoolisme en particulier, s'explique par le danger final auquel aboutit l'enseignement : un cheminement de l'individu qui peut l'amener à se radicaliser et entrer en djihad, favorisant une évolution de la société qui fait qu'elle devient mûre pour n'importe quel califat extrémiste, régional ou mondial. Le Tabligh prépare le terrain, en quelque sorte, comme le montre l'exemple kyrgyz.

LE TABLIGH AL-DJAMAAT ET L'ISLAM KYRGYZ

Les Tablighis sont aujourd'hui plus d'une trentaine de milliers – dont au moins 3 000 femmes – au Kyrgyzstan où ils représentent une force quasi politique. Cette « confrérie » bénéficie certainement d'appuis au plus haut niveau de l'État comme le laissent supposer nombre de rumeurs malheureusement invérifiables. Cette force est discernable à Bichkek jusqu'au sein du Muftiat. Il est déjà arrivé que le *mufti*, c'est-à-dire le chef du muftiat – administration des croyants qui assure le lien avec le gouvernement – ait été lui-même un tabligh. Actuellement, le chef des Tablighis kyrgyzs serait un ancien mufti chassé de son poste pour des raisons peu claires, Tchoubak Hadji Djalilov, assez populaire parmi les croyants. L'organisation continue à disposer dans le muftiat kyrgyz d'un bureau, celui du *daavat*, l'appel, la mission religieuse incombant au mouvement.

Ses prédicateurs partent pour le daavat d'une mosquée, considérée comme base opératoire, par petits groupes d'au moins cinq adeptes. Ils sont à la recherche de personnes en quête ou en difficulté, susceptibles de les rejoindre. Bien renseignés, les *daavatchiki* organisent souvent leur prospection en direction de « cibles » à influencer. Leur action de prosélytisme se répartit en quatre stades de formation : trois jours, une semaine, quarante jours, quatre mois, le quatrième stage se passant obligatoirement dans la péninsule indienne. Dans chaque groupe et à chaque stade, un observateur statue sur les progrès des recrues et les incorpore ou non au stade suivant. Ceux qui ont parcouru les quatre stades deviennent tablighis à plein titre et ont droit de vote dans l'organisation.

> Comme exemple de mise en condition, je me souviens d'une rencontre avec Djanibek, qui appartient à une vieille famille connue pour sa piété islamique. Il a créé chez lui, pour améliorer ses conditions de vie, à B** dans la région de l'Issyk-koul, une maison d'hôtes pour touristes étrangers. Dès lors très occupé, il a commencé à fréquenter beaucoup moins la mosquée attirant de ce fait l'attention d'une équipe de Tablighis. Ces derniers sont venus à son domicile lui poser toutes sortes de questions. Ils ont ainsi découvert deux faits, à leurs yeux dérangeants, concernant Djanibek :

ce dernier a 35 ans et n'est toujours pas marié ! Fait plus grave, il accueille dans sa maison des mécréants ! Les Tablighis sont donc revenus chez lui à plusieurs reprises lui demandant d'être plus fidèle à l'islam, plus pratiquant, sous peine de connaître un discrédit au sein de la communauté locale des croyants. Un des anciens camarades de classe de Djanibek, qui lui avait laissé le souvenir d'un garçon particulièrement déluré, figure aujourd'hui parmi ces nouveaux convertis. Rencontré en ville et interrogé par Djanibek, il lui a dit qu'il avait « changé de camp » parce que « les Tablighis ont raison et que l'islam représente ni plus ni moins que la force de l'avenir ».

Le Tabligh al-Djamaat est, certes, d'après ses statuts très simples, une organisation de prédication qui se veut apolitique. Force est de constater, cependant, qu'au Kyrgyzstan au moins, où les Tablighis ont eu entière liberté de manœuvre, les recherches et l'expertise des *daavatchiki* vont loin et profitent pleinement aux musulmans modérés, ceux du Muftiat, par exemple, qui disposent ainsi d'une sorte d'administration islamique. La connaissance que possède cette institution de la société, famille par famille, et le contrôle qu'elle pourrait établir un jour sur elle semblent considérables. Son information, selon un spécialiste russe, aurait parfois un niveau supérieur à celle du ministère de l'intérieur et de la police.

Aux dires d'un responsable, l'islam kyrgyz, pris globalement, disposerait aujourd'hui de l'appui de 45 % des fonctionnaires et militaires. En bénéficiant du soutien de la majorité des groupes criminels, il aurait aussi, en bon nombre, ses propres hommes de main, très redoutés. Il disposerait également d'un certain « rayonnement » dans les prisons. Il n'est donc pas loin d'une possibilité de prise de contrôle de l'État, un beau jour… Mais il ne le souhaiterait pas, au moins pour l'instant, ne voulant pas être écrasé par une intervention extérieure, probablement russe, peut-être russo-chinoise, qui réussirait, au moins provisoirement, d'après lui, à rétablir l'ancien système en trouvant des appuis sur place « parmi les laïcs et les mécréants ». Il a laissé se jouer l'élection présidentielle, en octobre 2017, a accueilli ses résultats avec une certaine sympathie[1] et observera par la suite l'évolution internationale. Ce n'est qu'en cas de nécessité absolue qu'il interviendra avant même, s'il le faut, la fin du mandat présidentiel kyrgyz en 2023.

Telle est l'ambition d'une religion qui, à juste titre, se vante de faire partie, maintenant, dans les villes comme dans les campagnes, du paysage kyrgyz. Cependant, le chef charismatique qui pourrait fédérer cette force manque, pour l'instant du moins !

Le libéralisme de mise dans le Tabligh al-Djamaat est cependant contredit par sa sévérité à l'égard des femmes, tout à fait dans la ligne du wahhabisme. Voilée à l'extrême mais secondée par son mari dans les tâches ancillaires et l'éducation des enfants, la

---

1. Le nouveau président Sooronbaï Djeenbekov est non seulement un musulman pratiquant mais aussi un Kyrgyz du sud appartenant à une famille aujourd'hui dévouée à l'islam comme elle le fut, naguère, au communisme.

femme d'un tabligh peut être utilisée pour la propagation de la foi parmi les autres femmes et, si elle le souhaite, joue un rôle dans l'organisation. Mais, comme le montre la nouvelle ci-après collectée point par point par l'auteur, les récentes habitudes religieuses (habit, coutumes, interdits, etc.) importées des pays arabes ou ressurgies d'un tréfonds traditionnel peuvent exercer une pression écrasante sur la société, et notamment la jeunesse qu'elles bloquent d'une façon malsaine. Ayant connu, dans les années 90, un peu de la « Kirghizie » d'antan, je peux affirmer que, tout en étant démunie, elle vivait dans une simplicité de mœurs qui permettait d'accéder, parfois, à un semi bonheur. Est-ce le cas aujourd'hui ?

IDYLLE À LA MUSULMANE : AMOUR, ISLAM ET TRADITION

L'idylle a duré huit mois, de mars à octobre 2012, suivie de diverses péripéties en 2013. Azamat a 23 ans au moment des faits. Assez grand, mince avec des cheveux un peu frisés, un nez busqué, des yeux noirs, des traits plutôt rudes, il a un visage de flibustier. Pourtant, il n'est pas dépourvu d'une grâce juvénile et témoigne d'une grande sensibilité. À l'époque, il n'est que modérément musulman, n'ayant commencé à pratiquer les obligations de l'islam que vers 2010, à l'origine pour « faire comme ses camarades », aujourd'hui pour oublier. Il suit à l'université des études d'économie. Il n'a jamais connu son père qui a quitté sa mère quand il n'avait qu'un an. Sa maman, Altynaï – lune d'or – haut-fonctionnaire, appartient à une famille kyrgyze de l'intelligentsia qui a beaucoup souffert des diverses répressions soviétiques et de la guerre. Altynaï a élevé seule ses deux garçons. Azamat, n'ayant qu'un grand frère, sait que l'adat – la coutume – lui imposera, en tant que dernier fils, de vivre au domicile maternel avec sa femme et ses enfants. Notons que cet accompagnement de la belle-mère est si redouté des filles à marier qu'il est plus difficile pour un « petit dernier » de trouver pointure à son pied...

Mais Azamat n'a pas encore ce genre de souci. Quoiqu'étudiant sérieux, il est sensible – ma non troppo – au charme des jeunes Bichkékoises qui sont, à vrai dire, si jolies...

En ce début de printemps 2012, Azamat est parti acheter en voiture un ordinateur avec des amis. Il est à côté du conducteur. Alors qu'ils traversent un quartier périphérique, le conducteur remarque – ce qui était encore à l'époque un fait rare – une jeune fille vêtue à la musulmane et portant le hijab. Il dit à son voisin : « regarde la jolie fille voilée ! » Effectivement, Azamat, arrêté à un feu rouge, peut admirer, quelques instants, l'ovale d'un visage féminin comme il n'en a encore jamais vu, même en rêve...

L'habit musulman très strict mais élégant ne laisse deviner qu'une silhouette svelte pour une taille assez élevée, bien prise. Mais Azamat est saisi par un minois d'une finesse indéfinissable, tel ce paysage où, comme le jour se fait lorsque la nuit s'en va, la clarté d'une européenne féminité se mêle indiciblement à l'ombre d'une fascination asiatique.

Azamat est sous le choc, captivé. Il descend immédiatement de voiture et se dirige vers la jeune fille en train de s'éloigner. Il l'aborde (ce qu'il n'a jamais fait auparavant avec une autre fille) et lui dit sans ambages : « je vous accompagne jusqu'à chez vous et j'irai voir votre père ». (Cela signifie qu'il va lui demander l'autorisation de rencontrer sa fille). Elle s'arrête et dit : « il ne faut pas ! Donnez-moi plutôt votre n° de portable : je vous téléphonerai ».

Azamat s'exécute, fasciné qu'il est par ces traits lumineux, rayonnants, dont le hidjab souligne l'exceptionnelle beauté. Aï-Peri – Fée de lune – a de grands yeux bruns, un nez droit, un teint blanc de rousse. Le haut du visage aux traits réguliers, au regard vif et gai à peine biseauté, avec un front dont le voile ne parvient pas à cacher l'ampleur, évolue vers le bas en frimousse asiatique soulignée par cette petite bouche si bien dessinée, presque enfantine, que gardent longtemps les femmes kyrgyzes. À partir de la couleur des sourcils de sa belle, Azamat a deviné qu'elle pouvait avoir une chevelure noire aux reflets roux. Hormis son visage, il ne verra jamais les autres attraits de sa Fée de lune soigneusement cachés par la mise musulmane. À sa silhouette, il m'a dit avoir imaginé qu'elle avait des jambes longues et fines.

Le jeune homme s'est tout de suite aperçu qu'Aï-Peri se distingue par une éducation, une discrétion et une modestie qui font son charme.

Azamat m'a ainsi tout décrit de ce qu'il avait perçu de sa bien-aimée avec d'autant plus d'émotion que, comme on le verra, il n'en saura jamais plus.

Le lendemain, Fée de lune téléphona tardivement alors que, dans la rue, Azamat, dévoré d'inquiétude, se rendait au lieu de leur précédente rencontre. Le jeune homme se souvient mot à mot de la conversation :

« Pourquoi m'as-tu suivie ?

– Parce que tu me plais… »

Ils échangent beaucoup de questions, par exemple celle-ci (d'Azamat)

« Que fais-tu en ce moment ?

– Ma servante peigne mes cheveux pour les sécher. »

Aï-Peri a 19 ans. Ce beau brin de fille est originaire d'Ouzghen dans le Sud-Kyrgyz, ville de grand mélange ethnique au fil du temps et des invasions. Elle suit des études d'économie. Elle a une grande sœur et deux petits frères. Elle est sous l'influence de sa mère Aïnoura – lumière de lune – : quinze jours à peine après sa première rencontre avec Azamat, Aï-Peri met déjà sa maman au courant des attentions de son soupirant. Aïnoura a, semble-t-il, le travers d'être très intéressée – comme on l'est parfois dans le Ferghana – et peut avoir inspiré le comportement ultérieur de sa fille.

La famille est aisée et habite un beau quartier de Bichkek. Le père est un dignitaire tabligh dont les activités commerciales et religieuses sont liées au bazar de Dordoï.

Au moment de leur rencontre, Azamat et Aï-Peri n'ont qu'une connaissance très limitée de l'islam comme de l'amour physique. Ils habitent, l'un et l'autre, au domicile familial.

Dès le début, Azamat ressent qu'Aï-Peri est sensible à sa personne. Le 3ᵉ jour, il téléphone dans l'après-midi. Il la tutoie, elle le vouvoie. Elle ne veut pas qu'il vienne chez elle ou qu'il la rencontre dans la rue : « ce n'est pas bien. Je n'ai pas le droit de parler avec un homme. Je le peux seulement après l'accord de mon père. »

Néanmoins, par la suite, il la rencontrera dans la rue trois fois par mois près de la maison de ses parents : ils échangent des messages écrits cachés dans un foulard. Aïnoura, bien sûr, est au courant de ces rencontres. Les relations se font surtout par téléphone : ils s'appellent chaque nuit, au minimum une heure, au maximum sept heures ! Malgré la passion, la tonalité des échanges reste anodine. Au bout de cinq mois de ce manège, Azamat se décide à en parler avec Altynaï, sa mère. Il lui montre une photo d'Aï-Peri où, bien sûr, elle porte le hidjab. Il lui dit qu'elle est d'Ouzghen et qu'il veut se marier avec elle.

Réaction immédiate de sa mère qui cogne du poing sur la table : « C'est moi ou cette fille ! Pas de fille du sud chez moi ! »

Cette réaction d'Altynaï s'enracine dans l'histoire. Les Kyrgyzs du sud ont longtemps été soumis au khanat ouzbek de Kokand. Ils parlent kyrgyz avec un fort accent ouzbek. Souvent sédentarisés, ils ont adopté le style de vie des Ouzbeks et, comme eux, maintiennent leurs femmes dans un état de sujétion étroite. Une véritable Kyrgyze ne peut accepter cela, elle qui peut avoir de hautes responsabilités familiales comme nationales [1], elle qui peut être une fringante cavalière, elle qui dirige le djaïloo – le campement d'été – en l'absence de son mari. Une famille kyrgyze du sud obligée d'accepter une jeune épouse venue du nord sait que, selon toute vraisemblance, la jeune femme se révoltera, un jour, contre son servage de keline – la bru – assujettie dès l'aurore, sous l'autorité de sa belle-mère, aux corvées domestiques. En bref, l'opposition entre Kyrgyzs du nord de tradition nomade et Kyrgyzs ouzbékisés sédentaires du sud, – à plus forte raison dans le cas de véritables Ouzbeks de citoyenneté kyrgyzstanaise – est, certes, quasi épidermique, mais aussi fondée.

Azamat, effondré, téléphone donc à Aï-Peri en lui disant qu'il ne pourra jamais venir chez elle avec sa mère pour être présenté : Aï-Peri a pleuré…

Pendant deux longues semaines Azamat est resté silencieux ; Fée de lune aussi.

Azamat retourne finalement voir sa mère : « Quel genre de fiancée veux-tu ? »

---

1. Kourmandjan DATKA, « la reine de l'Alaï » a régné au XIXᵉ siècle sur les tribus kyrgyzes insoumises du sud. La république du Kyrgyzstan a élu en 2010 une présidente, Roza Otounbaeva, qui s'est fort bien acquittée d'une très lourde tâche.

Réponse :

« *Tu me présenterais une femme noire avec un hijab : je dirais oui. Mais pour cette fille du sud, c'est non, non et non !* »

Azamat, très perturbé, espère encore fléchir Altynaï. Quatre jours après (on est en juillet) il joue son va-tout en annonçant par téléphone à Aï-Peri : « *je te prendrai pour femme à l'automne* ». *Elle semble contente. Il décide alors de se rendre au domicile d'Aïnoura pour préparer un terrain d'entente et se retrouve en face de celle qui sera peut-être sa future belle-mère. Il lui explique ses difficultés ; cette dernière réplique sans détour :*

« *C'est pourtant simple : tu me donnes 4 000 $ de la main à la main et tu prends ma fille[1].* »

Azamat, qui connaît parfaitement la coutume mais place sa bien-aimée bien plus haut, est profondément blessé par cette proposition d'Aïnoura : Aï-Peri, pour lui, n'est pas à vendre…

Au rendez-vous suivant, Aï-Peri vient pour la première fois avec son petit frère (15 ans) comme si elle avait peur d'être enlevée. Trois jours après, elle téléphone en disant : « *J'ai fait la connaissance d'un autre garçon.* ». *Atterré, Azamat arrête d'appeler. Il apprend de ses camarades qu'Aï-Peri joue, peut-être, le même jeu avec quatre ou cinq garçons.*

Finalement, Aï-Peri rappelle Azamat en disant qu'un ami de son père veut organiser un mariage entre son fils et elle. Azamat est choqué. Il mobilise ses amis pour savoir si Aï-Peri dit vrai : cela semble le cas. Ils lui proposent de recourir au « *kyz alagatchuu* » *– enlèvement en kyrgyz – solution*

---

1. Aïnoura fait ici allusion à la coutume du *kalym* selon laquelle la famille du futur marié verse une somme d'argent ou donne du bétail en échange de la fiancée. La famille de la fiancée doit fournir de son côté le *sep*, tout le nécessaire de la maisonnée.

conforme à une tradition kyrgyze où le rapt s'effectue avec l'aide de parents et de camarades mobilisés. Le jeune homme répond : « l'islam me l'interdit ».

Autre solution envisageable, selon la tradition, si les deux amoureux sont d'accord : la fille vient à la maison de son ami et téléphone chez elle qu'elle entend rester dans la maison de son fiancé. Azamat n'y consent pas car il sait que, si Aï-Peri venait chez lui, ce serait la guerre...

Azamat attend pendant 25 jours que Fée de lune lui donne des nouvelles du futur mariage. Elle téléphone effectivement en annonçant un report d'un mois et se marie, sans avertir, 20 jours après...

Dernières péripéties : rencontre de la dernière chance

Aï-Peri appelle une semaine après le mariage : elle dit que son mari est tabligh et qu'elle aide à recruter de nouvelles fidèles... Elle sanglote au téléphone. Elle vit un mois avec son mari puis divorce. Elle appelle Azamat huit jours après : « je téléphone pour t'en avertir ». Le jeune homme ne réagit pas.

Fin août 2013, Aï-Peri, en vacances près du lac Issyk-koul avec une amie, rend visite à Azamat qui s'y trouve aussi. Elle est encore voilée. Elle semble désireuse de renouer avec son premier amour. Ils parlent seul à seule pendant trois heures. Azamat ne se laisse pas fléchir et maintient qu'il considère le mariage de son ex-amie comme une trahison : il lui dit « adieu ».

Aï-Peri se remarie six mois après ; elle divorce avec un enfant.

Elle se remarie encore ; elle divorce à nouveau avec un deuxième enfant.

Après trois divorces, elle est maintenant célibataire avec deux enfants...

Azamat, de son côté, ne s'est pas marié...

215

Ce récit souligne avec cruauté combien l'islam pèse sur la société, combien l'amour et la tradition peuvent être antinomique, combien la sévérité vestimentaire d'une secte peut être gênante, mais surtout combien le parti pris traditionnel, ethnique, d'une mère peut briser la vie de son enfant.

LE HIZB UT-TAHRIR OU LE DJIHAD CLANDESTIN

À un niveau bien supérieur de dangerosité, le Hizb ut-Tahrir, « Parti de la Libération islamique », appartient au salafisme conspirateur : c'est sans conteste le mouvement révolutionnaire le plus connu et, peut-être, le plus en vogue en Asie centrale, avant Daech qui, sans fondement solide, ne s'est pas encore imposé et suscite même une certaine appréhension.

Ce parti politico-religieux a vu le jour en 1953 à Jérusalem et Amman à l'instigation de Taqiddine al-Nabhani, *cadi* (juge) palestinien. Disposant d'une constitution très précise, il entend créer, sous la direction d'un calife élu, un gouvernement unitaire étendu à l'ensemble des pays musulmans. Actif clandestinement dans environ 80 États, il regrouperait dans les pays arabes mais aussi en Occident et en Asie centrale près d'un million de partisans. Son principal objectif est l'établissement d'un mode de vie islamique par le biais de la propagande qu'il se fait un devoir de mener. À cet effet, le *Hizb* diffuse tracts et brochures qu'il imprime en secret dans toutes les langues des pays où il intervient. Il se refuse en principe à l'emploi de la violence et de méthodes coercitives. À ce titre, pour l'instant, il n'est pas interdit par les États-Unis. Mais force est de constater que ses membres peuvent appeler les croyants à participer à des actions extrémistes.

Le Hizb est apparu en Asie centrale en 1992 à Kokand dans le Ferghana ouzbek et a rapidement essaimé dans toutes les grandes villes ouzbèkes. Il travaille dans des conditions de secret absolu par petites cellules primaires dites *halka*, indépendantes, de 3 à 10 individus où seul un personnage connaît tous les membres de sa cellule alors qu'un seul autre est en liaison avec une cellule voisine : cette structure interne assure le cloisonnement de l'organisation qui souvent établit ou rétablit ses contacts, son recrutement et répand ses consignes ou documentations par l'intermédiaire de ses *yatcheïki* – en russe « cellules », d'entreprises, d'administrations ou de chantiers. Le Hizb recourt aussi aux *gap* – groupes de solidarité, en kyrgyz et ouzbek – de quelques personnes ayant appartenu à un lycée, une école, un organisme quelconque, qui se réunissent et festoient régulière-ment dans les restaurants ou effectuent des sorties collectives. Si, dans le cas centrasiatique, les premiers membres étaient des Ouzbeks ethniques, par la suite les cellules de l'organisation se sont répandues au Kyrgyzstan, au Tadjikistan et au Kazakhstan dans la jeunesse croyante de ces différents pays. On observe que son extension s'effectue surtout parmi les jeunes chômeurs de 25 à 35 ans. Pour attirer à lui des partisans, le Hizb fait miroiter le mirage de l'unité de tous les musulmans, met l'accent sur l'égalité et la justice, l'ordre social et l'aide aux pauvres. Il multiplie son implantation dans la population mais aussi dans les établissements pénitentiaires que la répression lui ouvre. Il recrute surtout dans l'intelligentsia des villes. Un spécialiste aussi éminent que le Pakistanais Ahmed Rachid[1] a évalué à 60 000 le nombre des Hizb à Tachkent, ce qui paraît quand même très élevé. En tout cas, au Kyrgyzstan, les militants clandestins du Hizb seraient environ 10 000 et constitueraient l'élément centrasiatique le plus solide du mouvement.

Le travail avec les prosélytes s'effectue en deux étapes, l'une de découverte culturelle et religieuse, l'autre de formation politique et d'initiation aux méthodes conspiratrices. Les recrues acceptées dans l'organisation prêtent finalement le serment de participer au djihad. L'ambiance est, paraît-il, bonne et la solidarité effective. La répression, qui est pourtant considérable dans tous les pays centrasiatiques, n'a guère prise sur l'organisation qui se développe lentement mais sûrement et semble atteindre aujourd'hui le Xinjiang chinois et le Turkménistan.

Au Turkestan oriental, la « contamination » se serait effectuée par l'intermédiaire des chauffeurs de camion

---

1. Journaliste pakistanais vivant à Lahore, Ahmed Rachid est considéré comme le meilleur spécialiste du mouvement taliban.

ouighours qui parcourent toute l'Asie centrale, puis reviennent périodiquement chez eux avant de repartir. Les minorités dounganes – Chinois musulmans – du Kazakhstan et du Kyrgyzstan seraient une autre passerelle du Hizb et de Daech vers le Turkestan oriental et la Chine.

Quant au Turkménistan, pays exceptionnellement fermé, on ne connaît rien d'une présence du Hizb. On sait seulement que, dans la province de Mary (Merv) un islam parallèle existe, en particulier dans l'oasis de Tedzhen. Un groupe de guerrilleros de Daech y aurait été accueilli, après une traversée du désert du Karakoum et aurait disparu dans le «*podpol'ie*», milieu clandestin local. Les premières affiliations turkmènes au Hizb auraient eu lieu dans les milieux pétroliers et de la construction.

Cette prolifération d'extrémistes et autres djihadistes peut paraître inquiétante. Elle a affaire cependant à forte partie car les services de police et services spéciaux, formés à l'école soviétique du KGB – ex-comité de sécurité d'État – demeurent redoutables.

LA RÉPLIQUE DES SERVICES SPÉCIAUX CENTRASIATIQUES

Alors que, dès les années 90, le KGB soviétique a éclaté en cinq agences russes différentes, les KGB des républiques centrasiatiques sont restés des petits KGB à part entière, notamment le SNB ouzbek (sigle russe pour « Service de Sécurité du Peuple »), véritable État dans l'État, colonne vertébrale du pays, le meilleur service secret d'Asie centrale. Les KNB kazakh et turkmène, Les GKNB kazakh, kyrgyz et tadjik ne sont pas en reste. L'action de ces services, en contact étroit – au risque d'être infiltrés – avec leurs diverses mafias nationales, n'est pas celle d'enfants de chœur : les interrogatoires sont musclés. Mais, bien qu'elles soient atteintes par la corruption, les polices font preuve d'efficience et promeuvent un certain contrôle du phénomène terroriste. Le GKNB tadjik s'est notamment fait connaître par l'efficacité de son action contre le mouvement djihadiste Ansaroullah dont il a liquidé, au Badakhshan afghan, le chef de file. Ses interventions (trop…) expéditives contre l'opposition en exil ou l'exécution, ce 6 juillet 2017, de quatre membres de la famille de Goulmourod Khalimov, chef militaire de l'EI, avant qu'ils ne s'enfuissent vers l'Afghanistan, témoignent d'excellentes écoutes et d'une capacité exceptionnelle de passer de la bonne information à une exploitation réussie. Quant au GKNB kyrgyz, il parvient, probablement par infiltration de l'adversaire, à fournir des renseignements précis : il a donné, par exemple, une implantation de Daech dans différents villages : l'un, à population caucasienne à l'est de Bichkek, les autres surtout dans la région de l'Issykkoul : près de Balykchi, de Djeti-oghouz et de Karakol. De même, vers 2014, il a procuré les estimations suivantes d'armes pouvant être distribuées à

« 6 000 radicaux » : 2 000 kalachnikovs, 400 pistolets, 40 mitrailleuses, etc.

Les Services, enfin, établissent entre eux une certaine coordination grâce, en particulier, au Centre anti-terroriste de l'Organisation de Coopération de Shanghaï (OCS), installé à Tachkent.

Il n'en reste pas moins que, dans le cas kyrgyz, le théologien et cheikh « modéré » Kadyr Malikov, qui a survécu à un attentat commis en novembre 2015 à Bichkek par un djihadiste de Daech, a tiré la sonnette d'alarme dans les termes suivants :

« L'État devrait accorder une attention particulière à ses forces armées et à l'état d'esprit des militaires. Endiguer le développement de l'islam au Kyrgyzstan (même si le pouvoir le voulait vraiment...) est impossible. Les forces de sécurité ne font pas exception. Un nombre croissant de leurs membres se rendent à la mosquée, disent la prière. Si ces forces demeurent aussi mal payées, il existe un très haut risque que leur attention se tourne vers l'État islamique. Les structures clandestines suscitent à leur égard un effort particulier de recrutement. L'objectif est de se procurer des armes, des informations et des combattants professionnels [...] en utilisant trois méthodes : la terreur, la corruption et l'endoctrinement[1]. »

1. http://cabar.asia/ru/muratalieva-nargiza-informatsionnaya-politika-kak-slaboe-zveno-bezopasnosti-kyrgyzstana/#_edn6, article de David Gauzère pour le CF2R du 4/6/2016 « La bataille de renseignement en Asie centrale ».

L'avertissement est, certes, sérieux et fondé. Pourtant, les chances d'aboutir des djihadistes ne sont pas, pour l'instant, aussi déterminantes qu'on pourrait le penser. Comme le montre le spectacle que donne la rue dans la plupart des cités centrasiatiques, le pourcentage relativement faible de l'habit musulman, tant pour les hommes que pour les femmes, témoigne encore d'une emprise sociale insuffisante pour qu'un coup d'État islamique se produise ou réussisse. Les femmes, en particulier, pourraient parfois marquer des limites à l'islamisation rampante.

XII

FEMMES MUSULMANES

De l'acceptation à la révolte

Propagande islamique pour le port du khidjab au sud du Kazakhstan

Tout au long de ma vie en Asie centrale j'ai souvent côtoyé, parfois avec admiration, parfois avec irritation, les gens de l'islam. Pour le bon côté, je mentionnerai l'islam de village, en général accueillant, simple et serein, qui a quelque chose d'attendrissant : il faudrait le talent d'Alphonse Daudet pour décrire ses pratiques pittoresques et la ferveur innocente des croyants. Nous avons vu que cet islam plutôt soufi recèle, dans sa philosophie et sa bienveillance, tout le legs inestimable de la période préislamique : il n'est donc pas à dédaigner.

L'islam de ville est bien plus austère. Mais il garde en général à l'égard de l'étranger, au moins pour l'instant, cette gentillesse et cet accueil chaleureux qui sont ceux de toute l'Asie centrale. Il faut vraiment tomber chez des fous – que l'on n'ose qualifier « de Dieu » – pour sentir une hostilité, voire être lapidé : ce fut le cas d'une jeune amie kyrgyze qui, légère et court vêtue, visitait Kokand, par un beau jour d'été, en ma compagnie ; à proximité d'une mosquée, pour sûr intégriste, une grêle de cailloux et boulons l'accompagna au fil d'une fuite éperdue, sans dommage, par bonheur !

L'attitude fermée à l'égard des femmes est évidemment, pour nous chrétiens, une pierre d'achoppement. Mais elle n'a d'aspects excessifs que dans certaines oasis ouzbèkes – Boukhara, Samarcande, un peu Tachkent et Tchimkent – quelques vallées tadjikes et, surtout, dans l'ensemble ouzbéko-tadjiko-kyrgyze du Ferghana, ou encore dans les villes ouïgoures du Xinjiang du Sud. Elle y concerne beaucoup moins de la moitié de la population centrasiatique. Là, dans ces « sanctuaires », le retour au voile, sinon au *parandja*, et le cantonnement de la femme dans un monde à part posent problème. De plus, malgré l'opposition plus ou moins forte des gouvernements, une espèce de mode, d'engouement étend depuis plusieurs années l'apparition progressive de l'habit musulman féminin à d'autres régions (capitales, grandes cités, campagnes tadjikes, kyrgyzes voire turkmènes) où il reste, certes, marginal, encore limité au *khidjab* et donc acceptable. Le phénomène n'en est pas moins frappant.

En près de 25 ans d'une présence quasi continue en Asie centrale, j'ai pu constater, notamment dans les républiques du sud (Tadjikistan-Kyrgyzstan) un changement vestimentaire considérable. Là où la mise européenne (robe, absence de voile sur les cheveux) était répandue et reléguait à certains quartiers ethniques (ouzbeks en particulier) le port de la vêture musulmane, la situation est aujourd'hui inverse : à Och, par exemple, au bazar ou au centre-ville, le vêtement occidental est le moins porté : il s'est replié vers les « beaux quartiers », administratifs, universitaires, résidentiels. Dans les pays où, du moins théoriquement, le port du voile n'est pas autorisé sur le visage (Ouzbékistan, Turkménistan, Tadjikistan, Kazakhstan) les femmes s'ingénient à afficher leur religion (foulards sur les cheveux, robes longues, etc.) quand elles ne portent pas furtivement le *khidjab*.

À l'évidence, la libération de la femme, plus ou moins acquise naguère par le communisme, est en recul face à une véritable « afghanisation de l'Asie centrale». L'homme peut beaucoup se permettre, la femme, elle, peu de chose. Les femmes n'ont que rarement ou pas du tout accès à la mosquée, à la table familiale quand il y a des hôtes, aux invitations en ville où le mari se rend de plus en plus souvent seul, au spectacle des jeux virils, et même à l'enterrement de leurs proches. Leur destin est brisé si, jeunes filles, elles sont enlevées ou violées. Si le divorce est pour l'époux un nouveau commencement, il est, pour l'épouse, le début de la fin. Souvent, une veuve sera tenue de rester dans sa belle-famille pour y élever ses enfants. Une femme intelligente, faisant carrière, ne pourra que très difficilement se marier : au Turkménistan, son *kalym*, c'est-à-dire le prix à payer aux parents pour l'épouser, sera bien inférieur à celui d'une bonne tapissière! Au Kyrgyzstan, pourtant le plus féministe des États centrasiatiques, le rapt des jeunes filles pour les contraindre au mariage se maintient malgré tous les efforts du gouvernement. Un peu partout, mais surtout dans les oasis ouzbèkes, le suicide traditionnel des femmes par le feu est un phénomène qui refait surface. D'autres malheureuses, confrontées à des situations sans issue, préfèrent se jeter dans la prostitution. J'ai entendu deux fois, de la bouche de jeunes interlocutrices déjà lancées sur la mauvaise pente, la phrase suivante qui sonnait comme une plainte : «Surtout, ne me demandez rien sur mon père...»

Étrangement, peu de femmes souffrent de cet assujettissement qui, il est vrai, peut être atténué par la personnalité de l'*aksakal*, le chef de clan, et surtout de sa femme. L'asservissement est, en vérité, ancré dans la tradition, et si commode pour toutes celles qui n'aiment pas les responsabilités ! Coutume ? Islam ? Quelle est la part de l'une et de l'autre ? En ce qui concerne la condition féminine, il est certain que l'exemple islamique pakistano-afghan pèse d'un grand poids, aujourd'hui, dans les oasis d'Asie centrale, en faveur d'une sujétion accrue de femmes qui mériteraient un autre destin.

On trouvera ci-après quelques portraits, quelques récits, où je me suis efforcé de rendre toutes les nuances, tous les aspects concrets d'une société isla-mique moins monolithique qu'il n'y paraît.

L'ÉVOLUTION DE GOULMIRA : DU KOMSOMOL AU HADJ

Pour quelles raisons les femmes centrasiatiques se sont-elles rapprochées de l'islam ? N'insistons pas sur l'incitation financière à porter le voile observée en particulier aux débuts de la réislamisation : on était alors en pleine crise et quelques dollars étaient les bienvenus... Mentionnons, par ailleurs, l'influence des campagnes d'affichage en faveur du hidjab où le voile et les lunettes noires ont du mal à dissimuler la beauté native de la femme centrasia-tique. Signalons, à Bichkek notamment, les défilés de mode musulmane où les stylistes, dans les limites imparties, font preuve de créativité au point que, par la qualité des tissus, le mariage des couleurs, le raffinement des plis et de la coupe, la mise islamique peut être bien plus élégante que le prêt-à-

porter occidental et, surtout, plus gracieuse, plus féminine que l'accoutrement quasi général des femmes occidentales en hommes...

Certaines raisons de « changer de monde et de mise » sont moins futiles, ainsi que me l'a expliqué une amie kyrgyze Goulmira.

J'ai connu cette étonnante personne sur le bazar d'une bourgade où – selon deux aspects complémentaires de sa productivité – son recueil de poèmes en russe voisinait avec les bocaux de cornichons qu'elle s'efforçait aussi de vendre. J'ai tout de suite perçu, chez cette ex-komsomole, une créature exceptionnelle, intelligente et sensible, débrouillarde et avisée. Mais par malheur – comme tant d'autres infortunées – elle s'était mariée à un Kyrgyz porté sur la boisson et, par moments, « imbibé ». La mesure observée peu ou prou par la majorité des Occidentaux face à la « dive bouteille » n'existe pas, en effet, chez nombre d'hommes centrasiatiques qui, à l'image des Russes, abusent de la vodka jusqu'à en devenir violents. Qui est le seul à lutter avec obstination contre l'ivrognerie ? L'islam qui a la chance de bénéficier, à ce sujet, de consignes claires du Prophète.

Goulmira m'expliqua donc qu'Arslanbek, son mari, qui se voulait, malgré tout, bon musulman, l'était en période de ramadan où il dédaignait tout flacon. Mais le jour de la levée du jeûne était l'occasion pour lui d'une « cuite » monumentale et d'un retour à l'ébriété. Pour la pauvre épouse le seul barrage disponible pour essayer de sauver son mari et ses fils devint celui de la religion. Elle donna ainsi de plus en plus dans la dévotion si bien qu'un bel été, alors que je l'attendais dans mon refuge de campagne pour lui permettre de cueillir les fruits de mon verger, j'ai vu arriver cette poétesse, femme évoluée, intellectuelle, revêtue du hidjab et d'un accoutrement islamo-oriental. La parentèle qui l'accompagnait témoignait de la même dérive vestimentaire, mais, quant à elle, pour un autre motif: elle *avait obtenu la guérison du chef de famille à force de prières, de conformisme et de dévotions ! C'était du moins son interprétation...*

Devenue musulmane pratiquante, Goulmira, cette ex-komsomole, ne souffre guère de ne pas pouvoir aller à la mosquée : « qu'irais-je y faire ?.... et puis, vous savez, ça sent l'homme ! Chez moi, j'ai Allah en direct... ». Elle considère que ses droits sont bien défendus par la charia qui lui permet, si elle le veut, d'échapper au carcan du travail mais qui, si elle décide de travailler, l'autorise à garder sa rémunération. Quant au niqab, qu'elle envisage de porter, il lui assurerait un « quant à soi ». Elle ne voit pas pour les femmes un risque de sujétion dans l'islam. Ce risque elle le perçoit, en revanche, dans le mode de vie occidental qui ferait de nous des esclaves de l'argent et transformerait nos épouses, porteuses de pantalons, en dragons masculins...

Bref, Goulmira a réponse à tout ! Respectée par ses fils et moins battue par son mari, elle garde la foi du néophyte et s'en trouve bien. Styliste à ses heures, elle a monté une maison de couture musulmane et vend à l'occasion au bazar hidjabs et niqabs dernier cri. Sa plus grande ambition est de faire un jour le hadj !

PROSÉLYTISME FÉMININ

Même si les Écrits du Prophète les mettent au second plan, les femmes centrasiatiques jouent parfois un rôle important dans la propagation de l'islam. Une Française d'origine algérienne, Habiba Fathi[1], après un

---

1. Habiba FATHI, *Femmes d'autorité dans l'Asie centrale contemporaine*, éd. Maisonneuve et Larose, Paris, 2004.

séjour à Och, a mené une étude passionnante sur les *otynes* : femmes qui, à l'époque soviétique, ont assuré la transmission du savoir religieux dans les sociétés sédentaires du Turkestan (Ouzbeks, Ouigours, Tadjiks, pour l'essentiel). Ces otynes, devenues maintenant « des activistes de la réislamisation », initient leurs compagnes à la lecture et à l'interprétation – ou plutôt, le plus souvent, en bonnes salafistes, au respect de la lettre du Coran.

SÉDENTAIRES ET NOMADES [1]

Je me souviens de Bakhodir, « personnage » de mon *mahalla* tachkentois. Personnage, pourquoi ? Par sa réussite sociale ? Non. Personnage, pourtant : tout simplement parce que ce *bobo* – « saint homme » – très pieux, alors que, dans la maison d'en face, fleurissaient des minijupes provocantes, avait obtenu de ses fils un comportement religieux et des femmes de son clan qu'elles se voilent.

Le retour à la sujétion des femmes sédentaires ouzbèkes est d'autant plus frappant qu'au Kazakhstan et au Kyrgyzstan, pays de tradition nomade, la femme continue beaucoup mieux à s'affirmer. Je me suis senti très proche de ce Kyrgyz, traversant l'Alaï, qui montait humblement un âne étique et suivait son beau cheval

---

1. Les quatre récits qui suivent sont inspirés des pages 209 à 212 de *La rumeur des steppes*, éd. Payot-Rivages, 3ᵉ édition, 2012.

qu'il avait laissé à sa femme et à ses deux petits garçons. Je me suis senti le frère de cet *aksakal* kyrgyz de
Talas qui – vivante contradiction de toute l'Asie centrale – me reçut à table, dans son jardin, superbement
entouré de sa femme et de ses trois brus, assises à ses
côtés, pendant que ses trois fils se tenaient debout
derrière lui. Mais, depuis peu, la progression de
l'islam est telle que, même chez les nomades, de
telles observations se font rares. Comme déjà signalé,
les hommes, de plus en plus, sortent entre hommes et,
de moins en moins, avec leurs épouses entre amis : ils
laissent leurs femmes à la maison. Comme avant, il
arrive que les femmes – épouses et filles – portent les
bagages et les enfants pendant que « le père » plas-
tronne à cheval devant elles...

LES FEMMES ET LE MOLLAH-BACHA

Ahmad, mollah-bacha – « mollah principal » – d'une petite
localité kyrgyze de la vallée de Sokh, est le plus heureux des
hommes. La cinquantaine solide et le regard rusé, honoré
d'une bonne dizaine d'enfants et, déjà, d'innombrables
petits-enfants, ce patriarche avisé mène de front diverses
activités fort lucratives. Cet été, il a laissé à ses fils et à ses
brus la grande maison familiale adossée à la petite mosquée
pour se réfugier sur la colline dans une roulotte. De là, fusil
de chasse au poing, il surveille les hectares de jeunes abri-
cotiers qu'il a hérité du kolkhoze défunt. Mais le vénérable
mollah fait encore bien mieux : il me montre avec fierté le
talisman qu'il vient d'écrire en arabe. Bien entendu, il ne
comprend pas un mot de cette langue magique. « Mon père,

qui était ouzbek et mollah dans la région d'Andijan, et s'est réfugié dans ces montagnes sous Staline, m'a appris juste les formules qu'il fallait. Ce talisman, par exemple, permet de lutter contre l'infidélité conjugale. La femme qui me l'a commandé le cachera dans les habits de son mari et tout rentrera dans l'ordre. » Puis Ahmad me montre son atelier de forgeron. L'énergie provient d'un branchement pirate effectué dans le petit gisement de gaz situé sur le versant d'en face. Pas d'interrupteur : le gaz débite jour et nuit !

Ainsi partagé entre Allah, sa terre et sa forge, notre mollah coule des jours paisibles. Pourtant, quand il regarde vers le nord, vers le gisement de gaz, il y a comme une inquiétude dans ses yeux. « Là-bas, à cinq kilomètres, c'est le Ferghana, me dit-il : la frontière ouzbèke passe juste derrière la crête. Vous savez ce que ça signifie ? L'envahissement ! D'un côté, le nôtre, c'est le quasi-désert kyrgyz avec quelques montagnards pas trop turbulents, qu'ils soient tadjiks ou kyrgyzs. Ici, la religion, mis à part chez quelques sectaires de fond de vallée, est raisonnable. Là-bas, au contraire, à Kokand chez les Ouzbeks, le fanatisme progresse. Est-ce parce qu'ils sont trop nombreux et donc malheureux ? On observe de plus en plus d'excités parmi eux. Il y a eu des soulèvements. Il y en aura d'autres. Les autorités réagissent impitoyablement : c'est nécessaire. Les Ouzbeks extrémistes sont des fous dangereux. Leurs femmes, en ville, se sont parfois remises au parandja. Comment tout cela finira-t-il ? À la grâce de Dieu ! »

COMMENT LES FEMMES CENTRASIATIQUES ONT-ELLES ÉTÉ MÊLÉES À L'ACTUALITÉ ?

L'aptitude à la démocratie du peuple kyrgyzstanais et de son intelligentsia est telle qu'un merveilleux petit vent de liberté flotte en permanence dans les rues de Bichkek. Cette capitale rétive ne s'est-elle pas soulevée par deux fois en ce début de siècle ? Certes, en mars 2005, la Révolution dite des tulipes, après avoir chassé un Askar Akaïev discrédité par son népotisme et son nouvel autoritarisme, a mis en selle un président qui ne tarda pas à tomber dans les mêmes travers en y ajoutant la corruption. Le peuple ne l'a pas pardonné à Kourmanbek Bakiev et s'est lancé férocement, le 7 avril 2010, sur la « Maison blanche » laissant devant les grilles du palais du gouvernement 87 morts et 300 blessés ! Les Kyrgyzs ont alors mis à leur tête – autre originalité extraordinaire en Asie centrale – une simple femme que l'Histoire jugera, peut-être, comme providentielle. Assurément, la nouvelle présidente, Roza Otounbaieva, a su, en diplomate chevronnée, contourner, au cours de son mandat, l'écueil des pogroms et de la partition du pays. Confrontée à de terribles heurts entre Kyrgyzs et Ouzbeks à Och et Djallalabad, elle est apparue à la télévision appelant ses consœurs à retenir à la maison leurs maris, leurs fils, leurs frères... Depuis, son mérite a été souligné, à juste titre, par un collier de Commandeur de la Légion d'honneur qui lui va à ravir.

Le pogrom a cependant sévi dans le sud. Les assaillants ont eu parfois le temps de « s'amuser » » en relâchant, par exemple, dans la rue des Ouzbèkes totalement dévêtues. Une autre infortunée fut obligée de danser nue devant les Kyrgyzs. Seulement vingt viols ont été recensés, dont cinq effectués par des Ouzbeks. Mais il est évident que les cas de violence sexuelle, y compris de viols collectifs, ont été bien plus nombreux : beaucoup de malheureuses ont caché leur calvaire, non seulement par honte mais aussi parce que leur mari aurait pu les chasser en apprenant qu'elles avaient été violées[1] !

RÉSISTANCES

Destin et traditions

Adolat, jeune fille tadjike de Djizak (en Ouzbékistan), vivait tranquillement auprès de sa famille dans le mahalla de sa ville natale qu'elle n'avait jamais quitté. Vive, intelligente et jolie, dernière de sept enfants, elle attendait sagement l'époux que ses parents devaient lui attribuer. Si tout s'était passé comme prévu, elle aurait alors vécu dans sa belle-famille, d'abord humble kéline – fiancée – puis gagnant peu à peu, au fil des maternités – à conclusion masculine, bien sûr – une influence occulte et néanmoins décisive dans le cercle familial. Pourquoi a-t-il fallu qu'un jeune voisin violât secrètement Adolat alors qu'elle n'avait que seize ans ? À partir de là, la vie de la jeune fille a basculé. Deux fois, elle refusa avec la dernière énergie

---

1. Informations sur le pogrom d'Och de 2010 fournies par le rapport de l'ONU à ce sujet.

l'homme qu'on lui destinait : le constat qu'elle n'était pas vierge eût été pour sa famille un terrible déshonneur… Jugée rétive et insoumise, elle fut priée d'aller travailler au bazar. Là, elle fut encore violée et le procès qu'elle intenta se retourna contre elle : le violeur, fils de riche, soudoya, paraît-il, les juges pendant que la ville et les journaux se repaissaient de l'affaire. Devant le scandale, la jeune femme dut se résoudre à monter à Tachkent avec une compagne d'infortune. Laissées à elles-mêmes et sans ressources, elles s'y livrèrent à la prostitution.

Pourra-t-on compter sur une résistance de la gent féminine si les Wahhabites entendent lui imposer leurs rigueurs et déguisements ? Sauf exceptions, je ne le crois pas : les femmes céderont ou elles partiront (tout du moins celles qui en auront les moyens…). J'en veux pour preuve le témoignage suivant.

Goulia

J'avais la chance, en Ouzbékistan, dans les années 90, d'avoir une amie ouzbèke de la haute société, charmante, raffinée, toujours mise à l'occidentale avec bon goût mais aussi avec la mesure nécessaire dans ce pays qui, déjà, redevenait intégriste. Un jour, je lui ai demandé ce qu'elle ferait si les mollahs exigeaient qu'elle mette un voile. Elle répondit, après un temps d'hésitation, « je refuserai ! », puis, finalement, elle ajouta : « je ferai ce que ma patrie (vatan) me demande ». Cette réponse me frappa : elle indiquait une ligne de résistance à partir du nationalisme contre les exigences islamistes.

Il n'en reste pas moins que les femmes doivent céder, au moins pour un moment, ou s'en aller comme mon amie installée aujourd'hui – était-ce le bon choix ? – en Turquie (depuis 10 ans, il est vrai).

Mais la révolte féminine face aux excès de l'islam et de la tradition peut être également, même après une longue soumission, aussi radicale qu'instinctive comme l'indiquent les récits suivants.

LA RÉVOLTE

Révolte et châtiment

En 1996, l'attaché culturel français, mon ami Georges Lefeuvre, avait remarqué, à Samarcande, une jeune femme professeure de français : à l'issue d'un examen local, elle avait obtenu les meilleurs résultats. Un stage pédagogique en France de trois mois lui fut proposé. À la grande surprise de l'attaché, la jeune ouzbèke renonça, sa famille ne l'autorisant pas à s'en aller car elle avait un enfant. Au cours d'un séjour ultérieur à Samarcande, l'attaché culturel rencontra à l'improviste l'infortunée dans un couloir de l'université. Elle lui avoua tout son chagrin de n'avoir pu rejoindre Paris. Au moment de prendre congé, elle lui dit brusquement, en ouvrant le col de son chemisier : «Regardez ce que j'ai fait !» Notre attaché vit alors une petite croix orthodoxe suspendue au cou de l'ex-musulmane. Depuis, nul Français n'a revu la jeune femme ouzbèke qui a cessé son enseignement : ses proches s'étant aperçus de sa trahison, l'«apostate» aurait été obligée de fuir Samarcande. Déshonorée par sa faute, toute la famille aurait aussi quitté la ville.

Le pays du sourire

Aïgoul — fleur de lune — est née, voici 30 ans, dans un petit village kyrgyz du Tchou au pied des Monts Célestes. Ses parents venaient de fuir Bichkek et les tourments de l'effondrement soviétique pour essayer de réussir un retour à la terre : ils avaient récupéré une isba russe abandonnée qui leur permettait tout juste de supporter l'hiver rude de la région.

Malgré le dénuement dans lequel elle vivait, Aïgoul a gardé un merveilleux souvenir de ses vertes années. Avec ses frères et sœurs – la famille était nombreuse – elle courait, l'été, la campagne pour glaner ou, à l'automne ou au printemps, errait dans la steppe ou la forêt à la recherche de baies et champignons. Elle jouait aussi à l'occasion dans le petit ruisseau qui sautillait devant leur maison. Adorée de ses parents et notamment de son père dont elle était la préférée, elle avait grandi au fil d'une vie, certes miséreuse, mais libre, telle une jeune pouliche, la bride sur le cou, livrée à une nature somptueuse. Comme ses consœurs du village elle ne craignait pas de monter à cheval, de partir seule à sa guise en montagne, voire d'échanger quelques horions avec les garçons trop entreprenants ! L'hiver, les enfants se tenaient chaud, dans l'isba, en se serrant les uns contre les autres. La morte-saison était pourtant joyeuse en luge sur la neige profonde mais surtout studieuse dans la minuscule école – bien chauffée – du village. Une Kyrgyze férue de la langue russe y officiait. À la maison on parlait indifféremment un russe ou un kyrgyz corrects car les parents étaient éduqués. Partant, notre écolière ne tarda pas à attirer l'attention sur ses talents linguistiques dûment cultivés par l'institutrice.

Mais Aïgoul attirait aussi les regards et les convoitises par sa prestance, par cette délicatesse simplissime et robuste de fleur des champs qu'ont les jeunes filles du beau pays kyrgyz. Dès sa quinzième année elle fut enlevée à l'improviste dans son village par un djiguite – jeune homme – inconnu de vingt ans aidé par sa famille et ses camarades venus d'un hameau voisin. Elle ne se laissa pas faire, bien sûr, tant et si bien qu'un témoin eut le temps de prendre les numéros d'une des voitures impliquées dans le rapt. Deux miliciens se présentèrent donc, cinq heures seulement après l'enlèvement, au domicile du jeune homme à vingt kilomètres du village d'Aïgoul. Ils étaient accompagnés dans leur voiture par les parents de la « fiancée » qui clamaient leur désaccord. À leur arrivée, Aïgoul résistait encore aux tentatives de trois femmes – une âgée et deux jeunes – qui, de force, tentaient de l'envelopper d'un voile : il aurait signifié son acceptation du djiguite inconnu.

Et la vie reprit son cours tranquille. Notre demoiselle eut la chance d'étudier le russe et l'anglais à l'université d'une ville voisine. C'est là qu'à 21 ans elle fit la connaissance de son « futur », étudiant comme elle, mais en médecine. Nourlan, âgé de 23 ans, ne lui plaisait pas vraiment mais il avait le mérite, à ses yeux, de la défendre par des pugilats répétés et victorieux contre tous ceux qui l'assiégeaient de leurs assiduités. Au bout d'un an de ces turbulences, ils se décidèrent au mariage. Aïgoul, avec l'accord assez réticent de ses parents, partit accompagnée de deux amies étudiantes pour le village de montagne du fiancé, loin dans le sud. Elle n'y était pas encore arrivée que déjà, avec ses compagnes, elle eut la surprise d'être enlevée une seconde fois. Mais tout était fomenté, pour respecter la tradition, par Nourlan qui avait rameuté frères et cousins. Comme elle était majeure, son accord suffisait et, après trois jours de fête, ils se « marièrent » par une cérémonie religieuse toute simple devant le « moldo », le mollah local, sans aucun enregistrement administratif.

Aïgoul, qui s'en alla vivre au sud avec Nourlan, était très aimée de ses beaux-parents chez lesquels elle logeait. Elle accepta de porter un voile sur ses cheveux et se plia de bon gré à la difficile condition de kéline, c'est-à-dire de servante de sa belle-mère. Un fils ne tarda pas à naître apportant un complément de bonheur à toute la maisonnée et un peu d'indépendance à la jeune Maman. Tout eut été parfait si Nourlan, saisi par l'islam, n'avait pas, peu à peu, fait montre d'exigences sévères à l'encontre de son épouse : si la mise musulmane restait minimale, en revanche les prescriptions sociales étaient imposées. Notre Kyrgyze du Tchou, perdue chez ses congénères méridionaux, devait affecter en public une soumission de tous les instants, ne sortait qu'accompagnée, se retrouvait enfermée chez elle le soir tout en devant accepter les absences de son mari. En privé, bien sûr, la soumission n'était plus de mise et l'on en vint aux voies de fait... Cela finit par se produire en présence des beaux-parents : Nourlan frappa sa femme. Immédiatement, le beau-père battit durement son fils sous les cris approbateurs de la belle-mère. Cela n'a pas suffi : Aïgoul quitta le domicile conjugal et, avec son bébé, partit se réfugier dans le Tchou chez ses parents.

Tout en enseignant, elle reprit ses études d'anglais. Elle accepta néanmoins de revenir par trois fois chez son mari « dans l'espoir d'une amélioration de son comportement ». Peine perdue : elle n'y récolta que la naissance d'une fille. La coupe déborda définitivement lorsque Aïgoul remarqua que Nourlan allait jusqu'à surveiller ses conversations téléphoniques. C'en était trop : elle demanda le divorce. Mais, comme toujours lorsque l'initiative vient de la femme, les démarches traînèrent en longueur.

Parlant dorénavant un excellent anglais, elle s'installa avec ses enfants à Bichkek où on lui trouva un poste d'enseignante, si peu rémunéré cependant qu'elle dut continuer à bénéficier de l'aide de ses parents et beaux-parents. C'est dans la capitale qu'elle entra en contact avec une organisation de bienfaisance étasunienne. Sa distinction naturelle, son entregent et les services rendus lui valurent d'obtenir un stage en Amérique de six semaines tous frais payés. Mais Aïgoul était dans l'obligation de laisser ses enfants au Kyrgyzstan chez leurs grands-parents. C'est alors que se produisit, de son propre aveu, l'événement le plus atroce de son existence : son père adoré déchira en sa présence visa, autorisations de stage et billets d'avion...

Aïgoul raconte tout cela avec ce petit sourire très triste qu'affectent toujours les Kyrgyzs quand ils sont malheureux. Elle ne perd pas espoir : elle obtiendra le divorce. Se consacrant à ses enfants avec l'aide ou non de ses proches et surtout de collègues très solidaires, elle ne se remariera pas. Elle prépare à nouveau des dossiers pour enfin partir en stage aux États-Unis.

Résistance et révolte au Xinjiang

Le Turkestan chinois – ou Xinjiang – offre, avec Rebiya Kadeer, le plus bel exemple, à ce jour, de résistance féminine en Asie centrale.

Rebiya est un tout petit bout de femme qui au nom de sa minorité ouigoure (douze millions en Chine, 400 000 à l'étranger) tient tête depuis vingt ans à la puissance chinoise. L'ayant rencontrée à Paris vers 2009, j'ai perçu dans son regard une lumière, une obstination, une endurance au malheur qui me rappelaient ces phares indestructibles sur lesquels l'océan, vague après vague, se brise en vain. C'est exactement la situation du pouvoir chinois lorsque, depuis vingt ans, il affronte cette personne tranquille et souriante si sûre d'elle qu'il va, à certains moments, jusqu'à la reconnaître et être capable de mansuétude à son égard.

Cette militante naît en 1947 dans une famille pauvre de l'Altaï chinois au nord du Xinjiang. Elle est mariée à 15 ans à un petit fonctionnaire qui lui fait six enfants. Elle coud des vêtements qu'elle revend. Ce commerce illicite lui vaut d'être arrêtée. Elle doit quitter les siens afin de permettre à son époux de rester en fonction.

Restée seule, elle gagne sa vie comme lavandière et, quand les Ouigours obtiennent le droit de commercer, parvient successivement à ouvrir une blanchisserie, diriger un centre commercial et réussir une carrière d'entrepreneur. Très philanthrope, elle met alors au point un microcrédit qui permet aux femmes ouigoures de monter de petites entreprises.

Elle se remarie avec Sidik Hadji Rouzi, professeur ouigour qui a survécu à dix années de camp.

Devenue l'une des femmes les plus riches de Chine – son surnom est « la millionnaire » – elle attire l'attention du pouvoir communiste qui la désigne comme membre de la délégation chinoise auprès de la Conférence de l'ONU sur la condition féminine organisée à Pékin en 1995. Elle devient membre de la Conférence consultative politique du peuple chinois et, à ce titre, se rend en février 1997 à Kouldja (Yining) où viennent de se dérouler des troubles ethniques. Dans un discours officiel devant l'assemblée du Peuple, elle dénonce publiquement la répression de ces troubles et les injustices à l'encontre des paysans ouigours. Elle perd ses fonctions officielles. Elle n'en refuse pas moins, en 1998, de désapprouver son mari qui vient de se réfugier aux États-Unis où il multiplie les déclarations hostiles au pouvoir chinois. Finalement, elle est arrêtée en 1999 et condamnée à huit ans de prison « pour divulgation de secrets d'État » : elle avait, en effet, envoyé à son époux des coupures de journaux chinois...

En 2005, sa peine est réduite d'un an « pour bonne conduite » et, le 14 mars, elle quitte la prison où elle a passé deux ans isolée dans une cellule obscure. Le 17 mars, elle est bannie de Chine et s'envole vers les États-Unis où elle retrouve son époux et cinq de ses onze enfants. Ses autres enfants restés en Chine subissent des persécutions et même des emprisonnements du fait de

« *l'inconduite* » *de leur mère qui n'arrête pas, pour autant, ses critiques.*

Rebiya est élue en 2006 (réélue en 2012) présidente du Congrès mondial des Ouigours, organisation émigrée qui essaye d'attirer l'attention sur le sort de son peuple. En 2007, elle est victime d'un attentat mais n'en poursuit pas moins une activité politique orientée vers l'action non-violente.

Depuis la situation n'a fait qu'empirer au Xinjiang : Pékin ne se contente pas de sanctionner les « barbes anormales », le port du voile ou, même, le refus de regarder la télévision d'État : face au terrible terrorisme ouigour – auquel Rebiya est hostile – il procède à la construction massive de camps de rééducation pour plusieurs centaines de milliers d'Ouigours. La militante Kadeer décrit comme suit leur signification : « c'est un système arbitraire total, une sorte de détention préventive, fondé sur la détention administrative, c'est-à-dire qu'il n'est pas nécessaire d'avoir été condamné pour être emprisonné. Nulle procédure, nulle possibilité de recourir à un avocat et même nul chef d'inculpation. On peut rester dans ces camps très longtemps, voire, pour certains détenus, à perpétuité[1] ».

Rebiya ne perd pas pour autant courage : elle est persuadée que, d'ici dix ans, elle sera de retour au Xinjiang. Xi Jinping, lui-même, dans sa jeunesse, ne fut-il pas, comme Rebiya, une victime de Mao ? Ne fut-il pas déporté, emprisonné ? Ne s'est-il pas évadé ? Depuis lors, n'y a-t-il pas dans sa conscience un peu de compassion, même pour les Ouigours, s'ils sont innocents ?

---

1. https://orientxxi.info/magazine/ouigours-un-systeme-de-detention-preventive-des-musulmans-chinois, 2665.

Je dois pourtant ajouter à ce dossier la divulgation de faits déjà anciens, peut-être, mais aussi vraisemblables qu'accablants. Ils concernent une répression horrible menée contre les femmes ouigoures qui, je l'espère, a disparu en ce siècle.

Avec une étonnante bienveillance, les Chinois hans, en 1979, avaient autorisé les Ouigours à avoir deux enfants alors qu'eux-mêmes ne pouvaient en avoir qu'un. Cela n'empêchait pas certains ménages ouigours de vouloir compléter leur petite famille. Les recoins de montagne étant moins surveillés que les villes et oasis, les femmes enceintes s'y réfugiaient pour mettre au monde leur progéniture clandestine. Leur manège ayant été découvert, la police chinoise s'était lancée à la poursuite des contrevenantes, surtout dans le moment où « le quota des naissances » risquait d'être dépassé. Jusqu'au début de ce siècle – date de l'information – ces pauvres femmes, une fois saisies, étaient ramenées en ville où elles subissaient, jusqu'au huitième mois de grossesse, un avortement forcé dans des locaux sordides [1] où officiaient, sans hygiène, des étudiants en médecine, inexpérimentés, m'a-t-on dit. Parfois le phœtus était empoisonné par piqûre. Certaines Ouigoures n'ont pas pu supporter ces tourments et sont devenues folles...

Avec le temps, l'aide d'hommes et de femmes de bonne volonté, plus notre soutien, les femmes centrasiatiques seront-elles, toutes sans exception, traitées dignement, défendues, reconnues, comme elles l'étaient quelque peu à l'époque soviétique ? Je l'espère du fond du cœur.

---

1. Des photos de ces locaux ont été montrées.

XIII

L'ISLAM QUE J'AIME ET LE LEUR

La profondeur et le rayonnement des « siècles d'or »
du Moyen Âge baignent encore non seulement la
splendeur des mosquées, medersas, minarets, *khanaqa*[1]
des villes du Turkestan mais aussi le comportement
des simples croyants. Cela reste valable, parfois, pour
les jeunes qui, en grand nombre, ont remplacé dans les
mosquées les *aksakals* qui s'étaient acharnés à maintenir
foi et tradition. Une capacité de modération, de bienveillance, de juste raison est encore perceptible chez les
croyants actuels et concernerait aujourd'hui, selon un
observateur averti, à peu près la moitié des fidèles
pratiquants : soit à peu près 20 % de la population
totale. Mais, bien sûr, les prêches d'exaltés venus du
Pakistan et du Golfe ont fait et continuent à faire du
mal : comme nous l'avons déjà souligné, parmi les 8 à
10 % de Kyrgyzs sensibles à l'islam extérieur, 5 % sont
sous influence extrémiste.

C'était sûrement le cas de ce grand jeune homme barbu,
habillé à la musulmane avec une petite calotte noire et

---

1. Couvent et maison d'accueil des pèlerins musulmans.

245

blanche, qui m'a accosté, l'été 2016, sur le bazartchik, petit marché de Bichkek. Comme je porte la barbe, tel un aksakal, il avait dû me prendre pour l'un de ses « anciens ». Afin de me signaler sa présence, derrière moi, il avait posé amicalement sa main sur mon épaule. Je me suis retourné et, stupéfait, j'aperçus un visage aux traits rudes qui se crispait à la vue d'un Européen. Alors qu'il me fixait avec intensité de ses yeux noirs furibonds, il cracha à mes pieds. Au terme de 25 ans d'Asie centrale et alors que, au moins par mon âge, je commence à avoir droit au respect, je me retrouvais confronté, pour la première fois, à une manifestation de haine. Pourquoi ? Je ne sais, car l'individu disparut prestement dans la foule.

Quelle différence entre cette furie et ce que j'ai connu à mon retour au Turkestan au début des années 1990, où l'islam était pétri de calme, de netteté, d'égards et de petites touches de poésie !

L'ISLAM TOUT SIMPLE DE KARLYGACH[1]

Dans les années 90, juste après la chute de l'URSS, j'eus la chance de servir en ambassade en Asie centrale. Je me suis vite aperçu que cette vaste contrée était souvent devenue, après 70 ans d'Union soviétique, une terra incognita et qu'il fallait y mener une véritable exploration. Ainsi fis-je, de l'Aral au Pamir, avec un merveilleux 4 × 4 Toyota qui me permettait de me faufiler, partout et en tout temps, entre dunes de sable ou congères. Ce fut une période extraordinaire à vivre, en particulier par mes rencontres : la

---

1. En kazakh, « hirondelle ». Ce récit a paru en français et en russe, mais privé de sa dimension religieuse et dans une version édulcorée, dans la revue kazakhe *Keupir* n° 2, en novembre 2015.

population avait gardé, malgré les épreuves, sa fraîcheur et sa gentillesse d'antan, la tolérance de son islam soufi, telles que les rapporte par exemple Ella Maillart. Le pays centrasiatique qui, alors, me fascina le plus fut le Kazakhstan. J'aimais ses steppes argentées, ses cavaliers inlassables, ses femmes fascinantes, mais surtout l'équipée que représentait, en ce temps, toute traversée de ce pays des « Mille et une Nuits ». La misère étant extrême, les populations, pour survivre, en particulier chez les nomades, pratiquaient à nouveau le brigandage, ce qui pimentait le franchissement de certaines régions. J'avais sous mon siège un magnifique colt Makarov et il m'arriva, une fois, de tirer en l'air, le bras hors de la portière, pour décourager les cavaliers qui, sur une mauvaise piste, rattrapaient mon véhicule.

Mais, maintenant, je ne vais pas raconter ces « campagnes » qui, de toute façon, ne correspondent plus au Kazakhstan actuel : en vingt ans, il est devenu un pays plus stable, plutôt entreprenant, presque accueillant malgré certaines évolutions modernes : l'aigreur, par exemple, de l'intelligentsia et des classes moyennes appauvries et confrontées aux caprices, aux provocations et, surtout, à la bêtise crasse des nouveaux riches. Je vais seulement vous conter, ce soir, un épisode secret que j'ai gardé bien au chaud au fond de mon cœur. Je le révèle aujourd'hui tant, à mon avis, il évoque l'hospitalité et, en même temps, l'honneur, la foi toute simple et la dignité d'un peuple musulman.

Par un beau jour d'automne, au volant de ma chère Toyota (la coquille du colimaçon...), je rentrais d'une expédition dans l'Aral où des soucis administratifs avaient retardé mon retour. Je savais que je ne pourrais atteindre, le soir, Kzyl Orda où m'attendaient le confort relatif, mais surtout la sécurité d'une auberge. Comme j'y étais accoutumé, je me mis à chercher, dans le désert immense du Kyzylkoum, deux heures avant la tombée de la nuit, un refuge sûr, loin des brigands. J'avisai sur la droite, presque à l'horizon, une

247

zone collinaire. *Un chemin à peine tracé semblait y mener. En le suivant, j'ai serpenté, sur une dizaine de kilomètres, au travers de bosquets épars de saxaouls. Une fois les collines atteintes, tout changea. Je suivis entre elles un vallon presque verdoyant : les premières pluies automnales avaient revigoré une végétation d'arbustes, presque un maquis. «Nous aurons un bivouac agreste», ai-je pensé. À peine cette idée me traversa-t-elle l'esprit que je vis monter une fumée au-dessus de la plaine qui s'ouvrait devant moi de l'autre côté des collines. J'arrête le moteur. Coup de jumelles. Je discerne dans une clairière une jolie yourte kazakhe en feutre brun parcouru de motifs tradition- nels ; autour, quelques chèvres, deux vaches et des moutons. C'était paisible à souhait : je décidai de demander l'hospi- talité au maître de céans, ce qui revenait à me mettre sous sa protection.*

Pour n'inquiéter personne, j'arrêtai ma jeep à bonne dis- tance et me rendis à pied vers le campement, le colt dans la poche quand même. Tout, à l'entour, respirait l'ordre et la propreté : un beau djaïloo – campement d'été – bien entre- tenu ! Arrivé près de la yourte que dorait la lumière du soir, j'entendis à l'intérieur des voix d'enfants. Je m'arrêtai devant l'entrée recouverte par une superbe tenture en feutre épais portant un dessin ancestral : peut-être le tamga – le sceau – du clan local.

«Pozhalouista» – s'il vous plaît – dis-je en russe à haute et intelligible voix. Dans la yourte le silence tomba. Une main superbe – je la vois encore – souleva un côté de la tenture et une Kazakhe apparut avec un air surpris qui la rendait encore plus belle. Elle était assez grande, bien proportionnée avec un visage ambré où, comme au confluent de rivières aux ondes différentes, une indéfinissable finesse asiatique se mêlait ou se juxtaposait de-ci de-là à la régularité presque grecque des traits touraniens. La trentaine, au plus… Sous la paupière étirée le regard était sombre, intense. Le chignon

ramenant les cheveux en arrière dénotait une superbe chevelure « aile de corbeau ». *Sa mise très simple de maîtresse de djaïloo était d'une netteté méticuleuse. Deux petites filles, blondinettes dans les cinq-trois ans, se serraient contre elle.*

Aussi étonné que ces charmantes personnes, je perdis un peu contenance :

« *Gospozha, Madame – dis-je en russe comme si je m'adressais à une comtesse – je viens demander à votre mari l'hospitalité.*

Gospodine, Monsieur ; répondit-elle sur le même ton, mon mari ramène ses troupeaux à soixante kilomètres d'ici et sera chez nous dans deux jours. Je crois deviner que vous êtes étranger ?

Parfaitement, je suis français... ».

Une intense stupéfaction marqua son visage. Après un long silence, elle répondit dans un français hésitant, désuet mais correct :

« *Pardonnez mon émoi, Monsieur : vous êtes le premier Français dont je fais connaissance. C'est comme si vous tombiez du ciel !* »

C'était mon tour d'être abasourdi : ici, en plein Kyzylkoum une parfaite francophone !

Mais je me repris :

« *Si votre mari est absent et si vous êtes seule, je ne peux rester ici : je vais continuer mon chemin* ».

Ma réponse sembla l'atterrer. Elle regarda vers le sol, réfléchit, puis, tout à trac, me fixant droit dans les yeux :

« *Non, je dois vous recevoir en tout bien, tout honneur. Il serait dangereux que vous continuiez. Le pays n'est pas sûr. Ici, même en l'absence de mon époux Sayan[1], vous serez*

---

1. Croc, canine en kazakh.

sous sa protection car tout le monde le connaît, le respecte et le craint…

Entrez ! dit-elle, en écartant la tenture. Je m'appelle Karlygach ».

Je m'exécutai en prenant bien soin de pénétrer dans la yourte du pied droit [1] et en pensant que je m'engageais dans une bien sombre affaire…

L'intérieur de la yourte était lumineux de netteté, mais très pauvre : il y avait tout juste ce qu'il fallait de djer-teucheuk – couvertures matelassées – pour supporter les nuits d'automne un peu frisquettes. Mais près du Teur (la place d'honneur) je remarquai la présence inattendue dans une yourte kazakhe d'un vieux Coran entrouvert : le seul que j'y ai jamais vu !

Karlygach prépara le thé tout en m'expliquant sa situation. Après de bonnes études littéraires à Almaty, elle était devenue professeure de russe et de français dans un collège de Tchimkent. Elle y fit la connaissance de son futur époux, jeune fonctionnaire plein d'avenir. Ils se marièrent juste quand l'effondrement de l'URSS et la crise survinrent. Sayan avait perdu son poste et le salaire de sa femme ne pouvait suffire pour subvenir à leurs besoins : il décida donc de rejoindre son clan dans le Kyzylkoum et de s'y adonner à l'élevage. Ni Karlygach, ni Sayan n'avaient perdu le contact des leurs et, avec le soutien familial, ils s'adaptèrent vite. Sayan, excellent cavalier, de grande lignée, s'imposa aisément, devenant une sorte de chef local. Ici, c'était son coin de désert. Il y nomadisait avec ses troupeaux à partir d'un village situé « tout près »… à cinquante kilomètres ! Ils auraient à y retourner pour l'hiver. Les affaires allaient mieux, selon elle, mais cela voulait dire qu'ils connaissaient encore une certaine gêne.

---

1. Entrer du pied gauche est une offense et porte malheur.

Karlygach avait donc dû abandonner son enseignement et ses chères études universitaires en français. Mais elle avait gardé ses livres et ceux d'une bibliothèque désaffectée. Elle me montra les quelques romans qu'elle avait emportés, ce printemps, avant la transhumance. Il s'agissait d'éditions soviétiques en français d'auteurs bien vus par les communistes : Flaubert, Barbusse et surtout Romain Rolland qu'elle semblait affectionner et dont elle lisait présentement le récit Colas Breugnon. Mon lointain cousinage avec cet homme de lettres l'impressionna beaucoup ; je lui montrai la page de son livre où l'auteur traite gentiment le menuisier Cagnat d'«avale-tout-cru»... Tout ceci sous la yourte sur les franges du Kyzylkoum !

Je partageai leur maigre repas, précédé et suivi d'une courte prière de la maîtresse de maison. Il était fait de laitages et de céréales : les enfants comme leur Maman semblaient superbement en profiter. Je m'aperçus que la fille aînée comprenait déjà quelques mots de français ! Puis Karlygach, à la nuit tombante, sous les premières étoiles, me conduisit vers l'emplacement de bivouac qu'elle m'avait choisi à 500 mètres de la yourte «pour respecter les convenances». Il dominait la plaine où, ce soir, me dit-elle, il devrait y avoir un «feu d'artifice» résultant du départ d'une fusée à Baïkonour à une centaine de kilomètres de là. «Si vous me promettez de vous conduire en gentleman, je vous tiendrai compagnie, ici, pour y assister». J'acquiesçai d'un hochement de tête... à grand regret ! Et elle partit s'occuper des enfants.

Elle revint alors que, dans le ciel, des myriades d'étoiles chassaient l'obscurité et s'assit sans façon à côté de moi. Levant la tête vers le firmament, elle dit : « Allah est grand ! Il nous voit ! »

Comme il faisait un peu frais, je lui mis sur les épaules mon blouson. Mon bras resta autour de ses épaules... J'espérais qu'elle se serrerait un peu contre moi pour se tenir au

chaud. Il n'en fut rien ! Elle resta bien droite, de marbre...
Allah nous voit, sans doute...

Le feu d'artifice se faisant attendre, nous parlâmes... litté-
rature ! Lorsqu'elle mentionna Le feu *de Barbusse, j'évo-*
quais, non sans malice, ce chapitre où le héros du récit,
retardé par de terribles tempêtes de neige, n'a plus qu'une
nuit de permission à passer chez lui auprès de sa jeune
épouse. Sur le chemin de sa ferme isolée dans la campagne,
il rencontre, dans la bourrasque, deux autres «poilus»,
trempés, transis comme lui. Pas question, dans ces condi-
tions, de les abandonner. Arrivé devant sa maison, il les
invite à passer la nuit sachant pourtant qu'il ne dispose,
l'hiver, que d'une seule pièce chauffée. Le mauvais temps
oblige les camarades à accepter. Ils se réchauffent, se res-
taurent et veulent partir par respect pour le jeune couple.
Mais la tempête a redoublé. On leur demande de rester, ce
qu'ils sont bien obligés de faire et dorment dans un coin de
la salle commune. Au matin nos trois «poilus» repartent
pour une guerre dont ils ne reviendront pas...

Je demandais à Karlygach ce qu'elle en pensait : « le devoir
d'hospitalité est sacré » fut sa seule réponse.

Nous ne parlâmes jamais de Sayan qui reste pour moi une
énigme.

Finalement le tir de la fusée embrasa l'horizon vers le nord
d'un immense flash, la lueur montant dans le ciel avec des
reflets oranges-jaunes persistants : impression d'aurore
boréale démultipliant l'espace grisâtre qu'elle révélait à
nos pieds. Nous n'étions plus sur Terre mais quelque
part sur un astre en proie aux mystères cosmiques : Allah
est grand !

La chute n'en fut que plus rude lorsque Karlygach se leva...

« Demain, vous devrez partir aux aurores car, il se peut,
j'aurai des visites... Bien sûr, je parlerai à Sayan de votre
passage : il approuvera mon hospitalité qui correspond aux

usages. *Mais j'aime autant qu'il y ait le moins de témoignages possible : mon homme est tellement imprévisible ! ».*

Je la raccompagnai devant l'entrée de son logis et, jusqu'au bout fidèle à l'image de « gentleman » qu'elle m'avait imposée, je lui fis le baise-main : le seul contact que j'eus d'elle...

À l'aube, elle était devant sa yourte pour mon départ : impeccable, bien coiffée, impassible. Elle me donna un petit paquet : des provisions pour la journée. Je lui offris Le Grand Meaulnes[1] *que j'avais choisi pour cette expédition comme compagnon de route.*

« Adieu, René – me dit-elle, d'une voix un peu sèche. Il vaudra mieux ne jamais nous revoir. »

Elle leva les mains à la musulmane, ferma les yeux et pria, en silence, une longue minute...

Puis, les mains croisées sur son tablier, elle me regarda intensément, droit dans les yeux. In'ch Allah ! dit-elle, à la grâce de Dieu !....Je m'inclinai et m'en fus.

Je la vis une dernière fois dans mon rétroviseur : elle était toujours près de sa yourte et, je crois, essuya une larme...

Voilà, tout est dit !

Puis-je revenir, Karlygach ?

*

---

1. Roman poétique d'Alain-Fournier (1913).

LEUR ISLAM

L'islam d'aujourd'hui est trop souvent fait, hélas, de cruautés et d'un océan de furie. Manipulée par de nouveaux mollahs, une petite minorité de Centrasiatiques accepte ce constat et se prépare à entrer en action en faveur des salafistes. Après 1990, sous l'influence de l'ouverture vers l'extérieur de l'ex-Union soviétique, un changement considérable est apparu dans l'ensemble de la société. Les musulmans sont en pointe dans cette évolution. Le *Hadj* – pèlerinage à la Mecque – par exemple, qui était limité à quelques individus triés sur le volet, est devenu massif : il a favorisé une ouverture à tous les niveaux des fidèles en faveur de l'islam rigoriste des wahhabites prôné souvent comme modèle par les *hadji*, pèlerins revenus de La Mecque.

Dans ce terreau favorable, une volonté d'imiter les wahhabites par l'habit musulman, les attitudes, le port de la barbe, la plus grande sévérité à l'égard des femmes a germé, d'autant mieux acceptée qu'elle était encouragée financièrement. Il m'a été dit que le port du hijab dans la rue pouvait rapporter, par jour, quelques dollars adjugés par un pays du Golfe… au chef de famille, bien sûr ! C'est ainsi qu'on lance une mode ! Auprès des grandes mosquées est apparu un magasin dans lequel une femme pieuse – ou plutôt un homme pieux s'étant adjugé les achats de son épouse – pouvait trouver tout le nécessaire féminin mais généralement dans des tissus grossiers et selon une coupe hideuse. Rien de cela dans les défilés de mode musulmane, déjà signalés, qui ont fleuri, il fut un temps, à Bichkek : d'excellentes couturières y présentaient leurs créations tout à fait orthodoxes sur de charmants modèles. Même ultra-voilée une femme peut, à de multiples petits indices, paraître belle et ô combien attirante si on la laisse se parer. Quel contournement bienvenu de la loi islamique ! Mais, comme par hasard, ces défilés si attrayants se font rares...

D'autres tentatives de changement concernant des détails sévissent : par exemple la campagne de « hallalisation ». À Bichkek, à mon arrivée, en 1995, j'ai vu dans le village de *Kok Zhar*, en proche banlieue, un Kyrgyz, *kalpak* en tête, gardant fièrement... un troupeau de cochons ! Aujourd'hui, la viande porcine devient rare, jusque dans les restaurants chinois, comme si l'hallalisation s'accompagnait d'intimidations...

Sur un registre plus sérieux, les musulmans centrasiatiques ont réappris le chant rituel, la déclamation du Coran. De plus en plus, à partir des nouvelles mosquées, s'est fait entendre l'appel à la prière : autant de nouveautés acceptées de bon cœur car originales mais remisant petit à petit la tradition soufie – par exemple l'effort d'intériorisation – au niveau d'une pratique ringarde. Cette dernière est effacée par tous les moyens.

Je me souviens qu'un 21 mars – la fête du printemps ou de Nouvel An, la plus célébrée depuis des temps immémoriaux en Asie centrale – alors qu'à la télévision kyrgyze je donnais en différé mon explication de cette

255

festivité, quelqu'un derrière moi me soufflait : « Dites que c'est une fête musulmane et vous passerez dans l'émission ! » Bien sûr, je n'ai pas « obtempéré ». Mais, contre toute vraisemblance, l'autre personne interrogée en a convenu...

De même, dans l'approche de l'Histoire, le maximum d'événements, de monuments sont rapportés à l'islam. Ainsi en va-t-il du plus célèbre des monuments kyrgyzs, l'édifice énigmatique de Tach-Rabat qui trône tout seul, en très haute montagne, dans une vallée aussi superbe que mystérieuse des monts Célestes. J'ai été tout de suite frappé, dans ce bâtiment, par sa structure particulière en croix à partir d'un dôme central. Pourtant, le guide touristique et les Kyrgyzs locaux le présentaient comme un ancien caravansérail, transformé par la suite en mosquée. Divers signes me prouvaient que cette évolution était probable. Mais, auparavant, qu'était-il au juste ? J'ai trouvé finalement l'explication à Bichkek, au premier étage du Grand Musée historique, sur un panneau très discrètement disposé qui retraçait, avec photos à l'appui, le résultat des fouilles réalisées à Tach-Rabat. Les archéologues soviétiques, pourtant peu suspects de sympathie à l'égard du christianisme, étaient formels : Tach-Rabat, à l'origine, était un temple chrétien nestorien, quasiment seul à être ainsi préservé de nos jours. Quand, quelques mois après, je suis revenu au musée pour montrer ma trouvaille à des spécialistes, le panneau avait disparu. Il n'a jamais reparu !

Mais les soufis ont quand même fini par remarquer que la recherche systématique par les salafistes des sources de l'islam dans le *Hedjaz* – région côtière sur la mer Rouge de l'Arabie saoudite – pouvait, dans une certaine mesure, se faire également en Asie centrale. Une analyse commence ainsi à apparaître quant au sens des vieilles traditions, quant aux personnages marquants des origines du soufisme : les clergés – officiel ou sectaire – surveillent de près cette évolution. Ils interviennent malheureusement d'une façon qui pourrait susciter des explosions de violence religieuse et donner aux salafistes, par un appel à l'intolérance, des occasions d'imposer leur fureur et de chasser toute « empreinte hérétique », selon eux.

Ainsi en va-t-il des us et coutumes mortuaires que les jeunes *moldo* appliquent avec une rigueur renouvelée. Ils entendent, de cette façon, inspirer confiance à leurs fidèles et aux *aksakal* en favorisant « les vrais croyants » par rapport aux déviants qui apparaissent.

En effet, des sectes, protestantes en particulier, ont profité de l'ouverture des années 1990 pour s'implanter dans les villages et quartiers urbains suscitant, de-ci delà, des conflits courtelinesques mais aussi cauchemardesques. Ces conflits ont trouvé notamment à s'exprimer dans un domaine auquel tout Centrasiatique, qu'il soit musulman, chamaniste, laïque ou « renégat », est très sensible : le culte des morts. Le fait que l'inhumation dans le cimetière traditionnel, toujours musulman ou lié à une minorité, russe par exemple, mais presque jamais laïque, puisse être refusé par un ecclésiastique à un apostat est un frein considérable à la liberté de choix d'une autre religion. Le culte des morts devient ainsi une arme dont les mollahs usent et mésusent. Le cimetière, plus ou moins abandonné par l'État, se transforme alors en un sinistre champ de bataille : combat décisif pour le clergé musulman qui, à partir de la peur des déviants en tout genre d'être séparés des leurs *ad vitam aeternam*, organise leur récupération par l'islam. Notons, à la décharge des musulmans, que cet ostracisme funèbre est partagé, peut-être sous leur influence, par nombre d'autres religions.

Prétextant l'absence – maintenant dépassée, me dit-on – d'un cimetière catholique à Bichkek, je me suis enquis de l'accueil qui pouvait m'être réservé dans d'autres nécropoles : la réponse fut un « niet » catégorique chez les musulmans et, même, chez les orthodoxes dont certains ne nous pardonnent toujours pas le sac de Byzance par les Croisés en 1204. Ce fut la réaction immédiate d'un pope rural en dépit de cette réponse lumineuse mais postérieure du proto-hiérarque Igor Dronov : « En vérité, il n'y a aucun problème à enterrer quiconque dans un cimetière chrétien. Si d'aventure quelqu'un s'y oppose, c'est avant tout affaire d'initiative personnelle d'un personnage précis : cela n'a rien à voir avec les canons de l'Église orthodoxe. » Il semblerait, au demeurant, que ma condition de Français ne soit pas un gage de paix dans un cimetière centrasiatique où, selon l'avis général, musulman ou orthodoxe, se poursuit une sorte de vie cachée. « Les ancêtres – prétendument – ont besoin de paix dans leurs demeures, sinon ils viendront troubler les vivants ». En fin de compte – ô paradoxe ! – j'ai trouvé un refuge éventuel dans le cimetière protestant, superbe et poétique, du dernier village allemand du Kyrgyzstan, *Rote Front* – « Front rouge » –. Les Allemands, là-bas, ont oublié, en bons chrétiens, que Français et Germaniques furent ennemis « irréconciliables » ! J'ai visité ce havre de paix par un beau soir d'été, lumineux et serein. Tel un cap s'avançant dans l'océan des blés, une petite nécropole ombragée, toute en longueur, de simples tombes gazonnées se déployait au cœur d'une steppe céréalière, ondoyante et dorée, qui s'en allait baigner au loin le rivage abrupt et bleu des monts Célestes. Un marin breton de mes camarades repose déjà, là-bas, sur cette île terrestre. Il m'attend, peut-être, et ce serait l'amorce d'un cimetière français...

Je dois reconnaître aussi, qu'à ma « requête de sépulture », un ami, *khalifa* ismaélien – titre du chef religieux d'un village pamiri du Gorno-Badakhchan – m'a répondu que, même s'il avait ignoré ma longue amitié pour les Pamiri, j'aurais été le bienvenu une fois pour toutes dans leur humble cimetière ou dans tout autre de « leur islam », l'hospitalité étant prônée jusqu'à ce point par l'Aga Khan.

Ce souci, certes, peut paraître de ma part un peu, disons, macabre. Pourtant, lorsqu'on voit ce qui peut advenir, de plus en plus fréquemment, à de pauvres cadavres, il y a de quoi prendre des précautions !

Tribulations *POST MORTEM* d'une Kyrgyze
prétendument baptiste

Les baptistes sont apparus au Kyrgyzstan en 1908 à la suite des premiers colons allemands. Ils y sont aujourd'hui plus de trois mille et disposent d'une cinquantaine de maisons de prière et d'un séminaire. Ayant résidé dans ce séminaire, qui accueillait des observateurs de l'OSCE dont j'étais, j'ai côtoyé une quarantaine de futurs jeunes pasteurs de toutes les ethnies. J'ai ressenti à leur contact une impression sans pareille de rigueur, d'obstination et d'inflexibilité.

Les Kyrgyzstanais réagissent parfois comme s'ils étaient travaillés par leurs vieilles racines chrétiennes. Leurs ancêtres ne furent-ils pas, pour nombre d'entre eux, chrétiens nestoriens ? C'est le nom de cette ancienne hérésie qui s'était répandue en Asie centrale dès le VIIe siècle de notre ère pour finalement évangéliser jusqu'en Chine. Les Kyrgyzs ne manquent donc pas, à l'occasion, de se convertir au protestantisme ou à l'orthodoxie, le seul frein étant, comme nous l'avons vu, le culte des morts. Du fait de ce culte, le bât blesse de plus en plus dans les rapports entre communautés religieuses en Asie centrale et, en particulier, au Kyrgyzstan : les mollahs y contrôlant la plupart des cimetières empêchent l'inhumation auprès de leurs ouailles défuntes des étrangers ou des convertis à d'autres religions. Ils en profitent même pour susciter des scandales et rameuter des foules de simples croyants. Le dernier incident de ce genre, intervenu en octobre 2016 dans le village de Sary Talaa du *raïon* (canton) d'Ala Bouka dans le Ferghana kyrgyz, a été particulièrement spectaculaire.

Kanykoul Satybaldiieva, décédée le 13 octobre à l'âge de 76 ans, était une paisible villageoise mariée à un aksakal kyrgyz particulièrement pieux puisqu'il remplit encore, chaque jour, l'obligation des cinq prières. Au moment des événements, il n'a pu réagir du fait de son âge avancé. Kanykoul était très religieuse puisqu'elle lisait non seulement le Coran, mais aussi l'Ancien Testament et les Évangiles. Mais, semble-t-il, elle n'était pas passée de l'autre côté comme ses deux filles, converties au baptisme, notamment Djildiz (étoile) qui sera l'âme de la résistance au scandale par la diffusion de toute l'affaire. Cette fidèle baptiste, accompagnée de ses proches, s'est rendue, dès le 13 octobre, lendemain du décès de sa mère, auprès du *moldo*, nommé Tyntchyk, pour lui demander d'allouer à la défunte un coin du cimetière. Refus du mollah « car elle n'est pas musulmane ! » Djildiz alors se rend à la mairie et au Conseil local, essuyant encore un refus. Elle finit donc par aller au bureau de l'*akim* – responsable du canton d'Ala-Bouka – qui est absent. Elle revient chez elle et accueille les divers voisins venus prier auprès de Kanykoul : visiblement, ils ne s'opposent en rien à ce qu'on l'enterre en terre musulmane. Effectivement, elle reçoit, dans la soirée une émissaire de l'akim qui lui dit qu'une parcelle est attribuée au bord de la rivière dans un endroit où, déjà, on a enterré un baptiste. Djildiz sait que l'endroit en question n'a rien à voir avec le cimetière musulman situé à proximité. Elle accepte cependant.

Pourtant, dès le 14, le moldo Tynchtyk accompagné d'autres mollahs et, peut-être, du mollah principal d'Ala-Bouka, Tchoumkar, organise une protestation des croyants à Sary-Talaa sous le prétexte qu'au domicile de la défunte on a vu des « livres chrétiens [1] ». Les paysans rameutés jettent des pierres en direction de Djildiz lui reprochant d'être baptiste et demandant sa condamnation. Les mollahs viennent chez elle et, tout en filmant la scène, l'obligent à réciter la *Kelme* – en arabe *chahada* – la profession de foi musulmane : « ils voulaient, dit-elle, en faire une leçon pour ceux qui seraient tentés de quitter l'islam ». Djildiz consent à la chahada « car le cadavre de Kanykoul commence à sentir ». Après sa profession de foi, la « nouvelle musulmane » demande si, enfin, on peut enterrer sa mère, sans dire cependant qu'elle a déjà obtenu une parcelle. « Pas question ! Elle n'était pas musulmane. Enterrez-la dans votre verger ! » Tyntchyk part en disant : « En vous convertissant, on vous a évité la lapidation ! »

Kanykoul est finalement enterrée, le 14 à 15 heures, dans la parcelle prévue. Cela n'a pas l'heur de plaire aux mollahs qui, a-t-on dit, sous la direction du mollah

---

1. En fait, en plus de l'*indzhiil*, Évangile, le Livre des Psaumes de David et le Décalogue de Moïse, tous trois reconnus comme des écrits sacrés par l'islam car venant de trois « prophètes » : Jésus, David et Moïse.

principal Choumkar, viennent déterrer le cadavre dans la soirée aidés de cinq ou six fossoyeurs. On transporte la malheureuse baptiste dans le village d'Euruktu où figure un cimetière orthodoxe. Elle est enterrée près de ce cimetière. D'après Djildiz, les derniers Russes encore présents – des vieillards – n'étaient pas opposés à l'inhumation près de leurs tombes. Mais il n'en alla pas de même des musulmans locaux qui, le 17 octobre, procèdent à la deuxième – et dernière ? – exhumation[1]. Les autorités et la milice qui filme la scène, assistent sans réagir à ce triste spectacle. Djildiz semble avoir déjà averti la hiérarchie baptiste du scandale en cours : le gouvernement à Bichkek est, peut-être, mis au courant. Aussi la milice, qui sait que la loi impose la présence d'un membre de la famille en cas d'exhumation, demande-t-elle à un de ses officiers nommé Taalaï d'avertir Djildiz par téléphone. Il lui dit qu'on déterre à nouveau sa mère et que sur place, en présence d'autorités et de mollahs, manifeste une meute de mécontents. Un représentant des autorités vient ensuite chez la baptiste et lui propose de l'emmener au cimetière mais ajoute qu'il ne peut garantir sa sécurité. Djildiz préfère donc rester chez elle.

---

1. Je fais ici confiance à la version de Djildiz car il existe d'autres textes où le cimetière orthodoxe ne semble pas exister à Euruktu mais à Ala-Bouka (cimetière mixte). Dans cette dernière interprétation, après l'exhumation d'Euruktu, le corps est transporté au cimetière mixte d'Ala-Bouka où, après une troisième exhumation, les autorités civiles prennent enfin l'affaire à leur compte.

Mais, dès le 18 octobre, la voici repartie à la recherche de sa pauvre mère. On lui répond « d'une seule voix » que les autorités ont pris à leur compte la résolution de problème, qu'ils ont fait enterrer Kany-koul dans un endroit tenu secret. Djildiz demande par écrit à la procurature que, la loi n'ayant pas été respectée, des poursuites soient entreprises contre les fautifs, qu'ils soient religieux ou civils. Certainement prise en compte par la hiérarchie de son église, elle envoie une plainte au Ministre de l'Intérieur et au Procureur général. Le 21 octobre, les premiers comptes rendus journalistiques du scandale paraissent à Bichkek. Les réactions dès lors affluent, très diverses : l'événement est fortement ressenti. Le 3 novembre, finalement, à la demande de sa hiérarchie, l'officier de milice Taalaï accompagne Djildiz dans un coin perdu de la steppe où, dit-elle, « on ne voit que des bergers et des troupeaux ». Il lui montre un endroit où, paraît-il, est inhumée sa Maman : « Je doute fort, déclare-t-elle, qu'elle soit enterrée là : on voit à cet endroit des traces de tracteur mais pas du tout du creusement d'une tombe ».

Cette lamentable histoire, où l'on discerne la peur des services publics face aux agissements des mollahs, a continué sur son erre. Selon les estimations des juristes, entre les personnalités religieuses et civiles locales ainsi que les exécutants, environ soixante-dix personnes pouvaient encourir une responsabilité pénale. Parmi elles, seulement trois – des comparses – sont passées en jugement, en janvier 2017, et ont été condamnées, seulement, à 3 ans de prison avec sursis.

En lisant les commentaires des internautes kyrgyzs, je me suis aperçu qu'une écrasante majorité condamne ce qui s'est produit et s'élève contre les prétentions du clergé musulman à tout régenter. Je retiens notamment cette prédiction : « Si les imams et muftis provocateurs, qui nous mènent dans une impasse, ne sont pas punis publiquement, notre pays se transformera progressivement en Afghanistan tandis qu'ils deviendront nos chefs de guerre ».

Mais ces critiques viennent d'une élite presque circonscrite à la capitale Bichkek. Je constate à l'inverse que dans le Ferghana, comme jadis, des mollahs incultes soulèvent un peuple grégaire. À une différence cependant : les mollahs aujourd'hui sont plus instruits et donc plus redoutables. Quand le jeune mollah principal Chumkar du district d'Ala-Bouka est intervenu dans son habit religieux impeccable à la télévision kyrgyze pour expliquer ce qui avait pu se passer, il l'a fait avec la rigueur, la sévérité, l'arrogance et l'aisance du maître de céans !

ISLAM INTÉGRISTE OU PAS ? LA LUTTE EST SERRÉE

Nombre de femmes, certes, semblent se soumettre aux injonctions (euphémisme…) de leurs proches et, de plus en plus, arborent l'été, sous un soleil de plomb, voiles sombres, robes longues, voire masques étouffants... Ce choix, particulièrement pénible[1], n'est certainement pas toujours le leur... Au Turkménistan, au Tadjikistan et, dans une moindre mesure, en Ouzbékistan, le vêtement traditionnel, plus ou moins islamisé mais à visage découvert, a été fortement « conseillé » afin d'atténuer les excès vestimentaires islamistes ou occidentaux : c'est finalement une bonne initiative car l'habit national féminin, chatoyant, mordoré, en particulier chez les femmes ouzbèkes et tadjikes, est absolument ravissant.

De l'autre côté, « le camp du refus » ne se porte bien que dans les capitales et grandes cités modernes. Le spectacle de la rue y est réconfortant : au Kyrgyzstan et au Kazakhstan – pays les plus évolués – des jeunes femmes et jeunes filles, qui n'ont rien à envier en légèreté de mise à leurs consœurs occidentales ou, surtout, russes, sont visibles partout. De plus, spectacle comique mais si sympathique, on croise, les jours de fêtes, demoiselles court-vêtues ou voilées, bras dessus bras dessous, en goguette en quelque sorte...

Mais dès qu'on aborde les banlieues, les *mahalla* ou les campagnes, tout change ! Le camouflage islamiste s'y insère, plus ou moins accentué, certes, mais semble, d'année en année, répandre sa grisaille, sa sévérité.

---

1. À Yarkand, au Xinjiang, l'auteur de ces lignes s'est promené l'été, par une effroyable canicule, en portant sur le visage la sorte de serpillère brune dont on affuble les femmes locales. Résultat : il ne voyait presque rien et ne pouvait plus respirer. Non vraiment, on ne porte pas ces instruments de supplice pour le « quant à soi » ou se protéger du soleil !

Fait aggravant : celles qui, comme Goulmira, invoquent, côté musulman, le souhait que toute femme dispose de la liberté de s'habiller comme elle l'entend, savent parfaitement que, le jour où l'islam intégriste aurait pris en compte la société, cette liberté volerait en éclat. La seule liberté laissée alors serait, peut-être, entre le hidjab et le niqab...

J'ai constaté, en 2017, au cours de la campagne électorale des élections présidentielles kyrgyzes, que le problème pourtant très sensible de l'évolution de l'islam a été presque totalement évacué. On tait le phénomène car on le craint !

N'y a-t-il vraiment aucune alternative, aucun exemple de modération et de dialogue ?

J'ai déjà cité à ce sujet la tolérance exceptionnelle et le bon niveau intellectuel des ismaëliens de l'Aga khan. Ce chef religieux respectable et respecté promeut, de nos jours, le développement d'une université de montagne à Khorog (Tadj.) et Naryn (Kyr.) qui peut constituer une ouverture notable. Cependant les ismaëliens sont si cantonnés dans le Pamir, si spécifiques, si peu nombreux et, surtout, si impopulaires que cette tentative ne saurait aller bien loin.

J'ai eu tendance, par ailleurs, à chercher une issue dans le mouvement *güleniste*, confrérie turque modérée et moderniste active, paraît-il, dans 170 États qui aurait pu représenter en tout lieu – et notamment en Asie centrale où elle est très active – un espoir d'*aggiornamento* de l'islam. Malheureusement, à l'instigation de son leader Fetullah Gülen, ce mouvement s'est rangé avec ostentation dans le camp américain en implantant en 2001 son état-major dans l'État de Pennsylvanie. Cela le fait considérer aujourd'hui comme une faction intrigante, vouée aux gémonies, en particulier dans son pays originel, la Turquie. Apparenté au soufisme, le mouvement Gülen n'en présente pas moins certaines réussites partielles qui pourraient constituer des éléments de réflexion quant à l'avenir de l'islam centrasiatique.

Le cas particulier du mouvement güleniste

Le Mouvement Gülen, du nom de son fondateur Fetullah Gülen, a été créé en Turquie dans les années 60. Qualifié parfois de « secte » par ses ennemis, il a l'originalité de promouvoir un islam sunnite modéré par le biais d'un enseignement moderne. Il est influencé par la confrérie soufie « *naqchbandiyya* » originaire, comme on le sait, du Turkestan. Une très grande discrétion le caractérise : l'organisation n'apparaît pas dans ce qu'elle crée et ne se livre à aucune propagande, à tel point que nombre d'élèves ou d'étudiants ignorent l'affiliation güleniste de leur établissement. Ses membres d'ailleurs ne portent pas l'habit musulman. Pourtant, une rigueur islamique règne dans ses écoles, séparées entre filles et garçons, où les cinq prières quotidiennes sont respectées.

Le financement de l'expansion du mouvement vient aussi bien des établissements privés eux-mêmes, parfaitement rentabilisés, que des milieux d'affaires. Un soutien de la CIA est probable : les professeurs d'anglais avaient souvent la nationalité américaine et parfois un passeport diplomatique.

Peu à peu la société turque a été pénétrée par l'organisation, et ce d'autant mieux que, dans ses premières années au pouvoir, Tayyip Erdogan a considéré les Gülenistes comme des alliés. Il a fallu attendre décembre 2013 et l'influence directe de la confrérie sur 3 millions de Turcs, orchestrée par le grand quotidien «Zaman», pour que le pouvoir accuse la secte de «coup d'État juridique». L'assise en Turquie des Gülenistes a été dès lors fragilisée, mais le coup de grâce est intervenu en juillet 2016 avec l'échec du putsch militaire imputé à Gülen. Ce dernier, prudemment installé aux États-Unis depuis 2001, a nié cette implication et replie son mouvement en dehors de la Turquie. Le Président Erdogan a poursuivi «la secte» de sa vindicte jusqu'en Asie centrale : il a demandé aux chefs d'État de la région de la chasser de leurs territoires. Curieusement, une fin de non-recevoir lui a été opposée par le Président kyrgyz Atambaiev pourtant lié d'amitié avec Erdogan. Le refus a été renouvelé en août 2018 par le nouveau président Djeenbekov. En vérité, lorsqu'on connaît le poids des Gülenistes dans l'enseignement kyrgyzstanais, on comprend ces réactions. Depuis 1991, début de sa pénétration, l'organisation est parvenue à créer, partout dans le pays, 6 écoles élémentaires, 16 collèges et lycées, dont 3 pour filles, 2 écoles internationales et l'université Ataturk. Au total, pour le seul Kyrgyzstan, l'organisation güleniste « *Sebat* » a scolarisé à l'automne 2016 11 339 élèves et étudiants sans qu'il en coûte un *som* – monnaie kyrgyze – à la République. Les locaux sont modernes, écoliers et lycéens en uniforme, l'anglais est sérieusement enseigné. Toutes et tous disposent d'ordinateurs, laboratoires, bibliothèques et… salles de prières ! La suppression d'un enseignement « privé » de cette ampleur et de cette qualité eût été une catastrophe pour le Kyrgyzstan. Pourtant, après des hésitations, cet exemple n'a guère été suivi dans les autres républiques, surtout en Afghanistan qui, toujours péchant par excès, a littéralement chassé ses Gulhen…

Ainsi se maintient avec difficulté en Asie centrale une institution islamique modérée, teintée de soufisme, bien organisée, qui pourrait inspirer, un jour, au Turkestan un mouvement présentant les mêmes caractéristiques. N'oublions pas à ce sujet le souci fondamental des Gülenistes : instruire les jeunes générations. Ainsi que l'écrivit Aristote, « le sort des empires dépend de l'éducation de la jeunesse. »

XIV

DU SURSIS À LA CATASTROPHE ?
BILAN POUR L'ASIE CENTRALE

L'Asie centrale est à peu près calme, certes, mais elle est en sursis. Depuis la fin de l'URSS, certains pays centrasiatiques (à l'image du Kazakhstan) ont fait d'étonnants progrès, notamment dans le domaine de l'économie, et il n'est pas interdit de penser que, d'ici 2100, quelques-uns pourraient se hisser au niveau de l'Europe. Pourtant, la mésentente entre les États, l'opposition entre ethnies qui continuent à caractériser le Turkestan, la corruption qui le ronge, les trafics multiples qui le minent, la concurrence, à l'entour, de nations acharnées à se disputer ses richesses, l'incapacité centrasiatique à s'unir et se défendre face à tous ces maux, tout cela dresse un tableau plutôt sombre de l'avenir.

Un certain renouveau, procuré en particulier par les projets chinois de Nouvelles Routes de la Soie, n'est cependant pas à exclure mais irait dans le sens d'une prise en compte progressive du Turkestan par la Chine.

En attendant, au moins un pays centrasiatique, l'Afghanistan, est depuis longtemps insurgé, un autre, le Xinjiang demeure au bord de l'insurrection.

MOTIVATIONS ET STRATÉGIES DES INSURGÉS

Les Talibans, saignés, notamment dans leur hiérarchie, par les frappes américaines, inquiétés par les objectifs et les progrès de Daech, lassés par le sombre jeu du Pakistan, ont accepté un début de négociations avec les États-Unis. L'intensification concomitante de leurs attentats et de leurs offensives n'a pour but que d'affermir leur base de négociations face à un ennemi occidental qu'ils sentent faiblir et que Daech par ses excès rend plus accessible. Sur le fond, les choix politiques des Talibans n'ont pas varié : ils tiennent toujours pour un émirat limité à l'Afghanistan dans la continuité historique du pays, notamment sur le plan du respect de ses ethnies constitutives. L'immensité des problèmes de leur patrie afghane leur suffit ! Ce qu'ils iront chercher ailleurs, c'est plus un soutien économique qu'un champ d'action et de provocations. Ceci étant, les négociations en cours promettent d'être longues et terriblement disputées.

Quant aux Daechistes, nous avons vu que, parmi les hauts dirigeants du mouvement terroriste, la première motivation ne peut être que religieuse : ramener l'Asie centrale à la pureté originelle de l'islam, c'est-à-dire la débarrasser du soufisme. Pour cela, il faut répondre à un appel des musulmans du Turkestan, quitte à le susciter. La seconde motivation est d'ordre existentiel : il s'agira de remplacer, dès que possible, le défunt État islamique, par l'apparition d'une province islamiste additionnelle, celle du Khorassan.

Les autres motivations de l'EI apparaissent subalternes, mais prennent de l'importance, notamment si l'on considère la motivation économique. En effet, avec le tarissement partiel des ressources financières dû, en particulier, à l'anéantissement de sa manne pétrolière, Daech doit recourir de plus en plus à l'autofinancement. Il s'agit pour le mouvement, dorénavant, de « se payer sur la bête ». Pour cela, il recourra à tous les trafics locaux qui se présentent, notamment celui de la drogue, sans être gêné par des considérations éthiques. Mais aussi apparaît la préoccupation de se mettre à portée de ressources énergétiques ou précieuses (or, terres et produits rares, gemmes, antiquités, etc.), pour ponctionner des produits ou exercer des chantages financiers plus ou moins discrets.

Enfin, la motivation stratégique à long terme ne doit pas manquer à ce panorama forcément incomplet. Comme nous l'avons déjà dit, l'idée d'enfoncer un coin entre le chiisme iranien, le communisme chinois et l'orthodoxie russe, mais aussi de surveiller la péninsule indienne, où l'islam est si présent, s'impose pour Daech : l'action sur les arrières des grandes puissances et l'agencement simultané de divers chantages financiers (sur les gazoducs par exemple) lui permettrait de compenser la modicité nouvelle de ses moyens.

Face à son échec au Levant, l'EI, qui redevient l'OEI – l'Organisation État islamique – mais plus spécialement l'EIK – l'État islamique khorassan – envisage certainement de moins recourir à la guerre classique qui lui a valu sa défaite. Elle se tournera beaucoup plus vers l'action souterraine, par réseaux clandestins et actes terroristes, qu'elle a déjà menée comme les autres organisations islamistes.

La stratégie militaire classique de Daech n'en persistera pas moins dans les zones où elle présente quelques chances de succès : c'est le cas de l'Afghanistan et de l'Asie centrale.

Le débordement vers le Khorassan, actuellement préparé militairement en Afghanistan, s'effectuerait, selon l'évolution des événements – c'est-à-dire en cas de réussite future d'un ou de plusieurs soulèvements islamistes – soit par le Turkménistan vers le nord de l'Iran et la Caspienne, soit par le Tadjikistan et le Kyrgyzstan vers le Kazakhstan et la Russie. L'idée actuelle de l'État islamique serait de sécuriser une base arrière en Afghanistan afin aussi bien d'attaquer, à l'occasion, l'Asie centrale que d'exercer des chantages économiques discrets sur les gazoducs turkmènes[1], les voies de communications des Nouvelles Routes de la Soie (NRS) ou de percevoir une dîme sur le trafic de drogue. Une menace de tarissement des ressources de Daech – notamment du côté de l'Arabie saoudite – rend cet intéressement indispensable.

Ce plan a déjà commencé dans le Nangarhar où l'OEI s'accroche, nous l'avons vu, à des réduits monta-

---

1. Y compris le gazoduc TAPI (anagramme de Turkménistan, Afghanistan, Pakistan, Inde), dont la construction vient de commencer. Il est fort possible que ces chantages soient déjà « payants ».

gneux à proximité des débouchés de l'axe Kaboul-Pechawar et de la route sino-pakistanaise du Karakoram. L'action sera surtout conduite, dans les cinq à dix années à venir, de façon clandestine et terroriste. L'Organisation, en effet, n'a et n'aura aucunement la capacité militaire de conquérir le Turkestan occidental, bien défendu par la Russie, et encore moins le Turkestan oriental – le Xinjiang chinois –, plus inaccessible et fermement tenu par Pékin qui organise depuis plusieurs décennies une féroce répression en pays ouigour. Daech peut seulement faire de la zone, en particulier par le terrorisme et des tentatives de soulèvements islamistes, un « abcès de fixation » à l'encontre des Russes et Chinois tout en compromettant – sauf compensations à son profit – les liens économiques qui s'établissent, de la Chine vers l'Europe, par les NRS.

Notons enfin que le recours à la radio, à internet et aux moyens les plus sophistiqués de la téléphonie continuera à caractériser l'action de Daech. Ce recours, manipulé aussi bien pour la propagande, que pour le recrutement, la transmission des ordres, la formation, le renseignement, fait toute l'efficacité de l'OEI par rapport aux Talibans surclassés en ce domaine. Daech pourra aussi chercher et appliquer sans trop d'états d'âme les possibilités technologiques qui s'offriraient à lui dans les domaines nucléaire (au Pakistan ? en Corée du nord ?) mais aussi biologique, chimique, médical, etc. : un spécialiste dévoyé peut faire l'affaire pour une action ponctuelle particulièrement horrible et payante.

Dans une sorte de bilan, et avant d'aborder, dans le chapitre suivant, le Très Grand Jeu des grandes puissances, nous allons nous poser maintenant la question, par pays, de la vulnérabilité de l'Asie centrale aux actions de l'Organisation État islamique et de son entourage. Il convient toutefois de noter que, si divers mouvements salafistes clandestins – le *Tabligh al Djamaat*, le *Hizb ut Tahrir* et le *MIT* par exemple – ont pu s'incruster un peu partout au Turkestan, en revanche Daech, nouveau venu dans sa base afghane, ne semble, pour l'instant, essayer de s'installer qu'au Tadjikistan et, peut-être, au Turkménistan.

La présentation par pays faite ci-après correspond à une vulnérabilité décroissante par rapport à l'EIK et autres organisations salafistes.

L'AFGHANISTAN, BASE DE DÉPART DE LA SUBVERSION ISLAMISTE ?

Du Turkménistan jusqu'au Tadjikistan, via l'Ouzbékistan, le Nord-afghan dispose de 2 108 km d'une frontière désertique ou montagneuse avec l'Asie centrale, impossible à contrôler dans sa totalité. Pour l'instant, même s'il s'installe au nord-ouest face au désert turkmène, l'EIK semble par ses attentats, vouloir avant tout susciter, à l'intérieur de l'Afghanistan, une guerre religieuse et ethnique des sunnites contre les Hazaras chiites. S'il y parvenait, la communauté ethnique afghane volerait en éclats et Daech en profiterait. En effet, alors que les Talibans historiques font figure de vieilles barbes, l'OEI a pour elle, depuis trois ans, la jeunesse de ses combattants et la dynamique de sa lutte. Aura-t-elle pour autant la force de s'imposer au moins partiellement face aux Talibans et Gouvernementaux par la création d'une tête de pont dans le Nord – afghan et alors tenter, à partir de l'Afghanistan, la conquête progressive du Khorassan-Asie centrale, première étape du califat international ? Par une attaque militaire directe ? Non. Par une subversion ? Peut-être… Mais elle aurait contre elle la vigilance de la Russie, de la Chine… et de l'Iran ! C'est quand même beaucoup !

Pour l'instant, Daech prépare plus modestement l'offensive dans le désert du Karakoum parce qu'il connaît mieux ce milieu. Mais si, dans les années qui viennent, « l'invasion démographique » se déclenchait, inorganisée et frontale à partir des zones peuplées afghanes, l'assaut devrait se produire à l'aveuglette, entre désert désolé et Pamir abrupt, quelque part en terrain plus accessible : par exemple dans le secteur frontalier central de l'Ouzbékistan et dans le pays tadjik au sud de Douchanbé. C'est le secteur militairement le mieux gardé. Les défenses ouzbèkes, tadjikes et russes pourraient pourtant être mises à mal… au moins dans un premier temps.

En bref, l'Afghanistan aujourd'hui c'est environ 34 millions d'Afghans qui s'entassent et peinent à se

nourrir dans un pays ravagé par la guerre, la sécheresse... mais qui consacre ses meilleures terres à la
culture de la drogue : pavot et haschich ! C'est une
population démunie, épuisée, mais qui détient des
armes et sait s'en servir. C'est un peuple de paysans
et de guerriers affamés qui reluquent les vastes espaces
encore disponibles dans les montagnes et les steppes
septentrionales, un peuple qui ira de lui-même, par
nécessité économique, démographique où ses pas le
porteront même si ses dirigeants ne le souhaitent
pas : l'Afghanistan ne fournit-il pas, dès aujourd'hui,
en toute illégalité, les plus grands contingents de
migrants ?

Turkménistan : Grand Jeu dans le Karakoum

Le Turkménistan (488 100 km² et seulement
5 800 000 habitants), quoique perdu dans son désert
du Karakoum, est devenu, par suite de la progression
de Daech de 2016 à 2017 dans le Nord-afghan, une cible
directe de l'organisation terroriste. Sa proximité de
l'Iran, ennemi chiite par excellence, sa richesse en gaz
naturel mal défendue par une faible population et une
armée novice, en font une cible de choix.

Sur le terrain, le gisement de gaz de Galkynich – le
deuxième en importance au monde, le premier étant
un gisement katari... – demeure une proie facile dans le
désert à 100 km seulement des diverses positions isla-

mistes (OEI, Talibans) sises sur la frontière afghane face au tracé potentiel du gazoduc TAPI. La faiblesse des Turkmènes sur place peut donner l'occasion, de la part de l'EIK, d'une menace offensive, donc d'un chantage financier fort profitable. À l'instigation du Katar, qui essaye de peser sur son grand rival gazier turkmène, les Talibans puis Daech ont recruté des partisans dans la minorité turkmène d'Afghanistan : répartie sur la frontière, cette population rustique est forte d'un demi-million d'individus qui perpétuent la tradition guerrière des « Turcomans pilleurs de caravanes ». La zone demeure donc très sensible : des guerriers de l'OEI en provenance du Pakistan et du Levant s'y rassembleraient en nombre depuis le printemps 2017 : on a parlé de 5 000 hs, mais sans doute avec exagération.

La neutralité turkmène ne protège pas du tout Achkhabad face à l'EIK qui n'en a cure. Par ailleurs, dans ce pays particulièrement subjugué, une simple révolution de palais pourrait suffire à renverser un pouvoir quelque peu discrédité, depuis des décennies, par les dispendieuses lubies présidentielles. Enfin, une récession sévit et génère du mécontentement : la vente du gaz, au prix actuel, suffit à peine pour rembourser à la Chine les deux gazoducs d'exportation édifiés depuis 2009 en direction du Xinjiang. Il en résulte une crise économique aiguë qui réduit les avantages matériels de la population (gratuité du gaz, etc.) et, surtout, compromet son approvisionnement domestique, ce qui est très impopulaire et risqué. Le soulèvement des gilets jaunes français donne certainement à réfléchir aux potentats d'Achkhabad...

Le président Gurbanguly Berdymuhamedov est donc obligé, malgré la neutralité turkmène, à chercher discrètement des soutiens militaires hors de son pays. Dès 2016, les Russes ont réagi, face au danger potentiel, en amenant le Secrétaire de l'OTSC à laisser entendre que son organisation défendrait, s'il le fallait, le Turkménistan. Aujourd'hui, Berdymukhamedov essaye de maintenir une solidarité entre tous les pays qui s'engagent dans la construction du gazoduc TAPI. Mais – ce n'est pas un hasard – le problème est qu'aujourd'hui Daech et parfois le MIO[1] ont supplanté les Talibans sur une bonne part de la zone frontière afghano-turkmène et que ces mouvements ajoutent maintenant leur menace sur le TAPI...

Daech agit d'autant plus contre le gouvernement turkmène que ce dernier se serait remis à aider les Talibans[2] : il leur aurait fourni des munitions à Hérat et dans la province de Sari-pol par ces fameux hélicoptères non identifiés qui seraient parfois turkmènes. La dernière action de Daech est intervenue en début

---

1. Le MIO, qui a de riches sponsors arabes, connaît un renouveau en étant maintenant commandé par les jeunes fils de ses deux fondateurs historiques, Namangani et Youldatchev.
2. La coopération entre Turkmènes et Talibans est allée très loin dans les années 90 : fourniture par Achkhabad de munitions, de carburants et d'une aide technique (réparation d'avions et de blindés), soins aux blessés, etc.

août 2017 quand des groupements mobiles d'un effectif pouvant aller jusqu'à 50 guerriers ont été arrêtés[1] devant l'oasis de Tedzhen où certains attaquants ont fait cependant leur jonction avec des sympathisants locaux : ce fait confirmerait l'existence dans la province de Mary (Merv) d'un mouvement clandestin religieux en liaison avec l'EIK[2]. La présence d'une opposition islamiste embryonnaire dans le reste du pays n'est pas exclue.

Côté américain, il n'est pas indifférent de savoir qu'une « agence d'information alternative sur le Turkménistan (ANT) » diffuse sur les ondes, depuis le début de 2017, des nouvelles favorables au « camp libéral ».

Les États-Unis et la Russie infiltrent donc leur influence au Turkménistan où la Chine, depuis longtemps déjà, s'est accaparée les fournitures de gaz : un Grand Jeu qui devient, nous le verrons, un Très Grand Jeu bat son plein dans le Karakoum !

LE TADJIKISTAN, TÊTE DE PONT DE DAECH EN ASIE CENTRALE ?

Plus petit pays d'Asie centrale (143 100 km² et 9 millions d'habitants), le Tadjikistan partage quand même une très longue frontière de 1 206 km avec

---

1. Par l'armée turkmène ? par des mercenaires ? Le Karakoum est une providence pour les « contractors ».
2. Voir Alexandre KNYAZIEV, Article (en russe) « l'Afghanistan et ses voisins du nord », centre Liev Goumiliov, 5/9/17.

l'Afghanistan. À ce titre, il est particulièrement vulnérable : taraudé de l'intérieur par son manque de cohésion et la prévalence des trafics, il a encore – malgré de récents progrès – une économie très faible déjà surendettée à l'égard de la Chine. Cette dernière continue, pourtant, à se répandre en largesses, la dernière étant le financement du futur Parlement tadjik moyennant 230 millions de dollars ! Le Gorno-Badakhchan tadjik présenterait, il est vrai, une fois qu'un axe routier y serait aménagé, par la passe de Koulma (4 300 m.) puis la vallée du Wakhan et le tunnel de Salang, un couloir de pénétration idéal vers l'Afghanistan de Kaboul : l'une des rocades de la future route de la soie.

Aussi considérable en proportion que le soutien économique chinois, l'aide militaire russe, axée sur la défense de l'Asie centrale au nord du Pyandj, est, depuis la période soviétique, à la charge des 7 000 fantassins de la 201e base militaire, en garnison au sud de Douchanbé, et des chasseurs-bombardiers de Kant au Kyrgyzstan.

Mais une grande vulnérabilité du peuple tadjik compromet ces précautions défensives : elle se rapporte, comme nous l'avons déjà évoqué, à la sensibilité de la population – notamment dans la vallée de Garm – à l'islam intégriste et pourrait favoriser une « afghanisation » du pays. L'attentat de Danghara semble manifester à cet égard un réveil possible de cellules terroristes en sommeil : les clandestins tadjiks susceptibles de rejoindre un soulèvement islamiste seraient, selon un spécialiste russe, de l'ordre du millier.

Malgré la lutte acharnée menée par le pouvoir central contre les intégristes, traqués par un système policier relativement efficace et frappés de l'interdiction de l'habit musulman, le Tadjikistan risque donc d'être le cheval de Troie des salafistes en Asie centrale. Il pourrait d'autant plus le devenir que, selon une estimation officielle, sur 368 membres d'organisations terroristes arrêtés dans le pays au premier semestre de 2016, 133 appartiendraient à l'EI[1]. C'est la toute première fois qu'une telle affiliation est mentionnée dans un pays centrasiatique. La subversion interne se dessinerait-elle au Tadjikistan avant même l'infiltration de guérilleros venus du Nord-afghan ? Ce serait le scénario « idéal » de subversion : il pourrait, hélas, amener les Tadjiks à renouer avec le modèle de leur première guerre civile.

Le seul élément salvateur du régime actuel, comme je l'ai déjà exposé, est la crainte générale d'un retour à cette guerre civile qui maintient la popularité relative de celui qui y mit fin : le Président Rakhmon toujours à la tête de l'État en dépit de déviances, plus ou moins réelles, qui, du népotisme aux trafics, lui sont attribuées.

---

1. Erlan Karine, « L'Asie centrale à l'épreuve de l'islam radical », note IFRI, février 2017, p. 18.

Le Kyrgyzstan, une démocratie en recul

Le groupe ethnique kyrgyz, turcophone et de tradition nomade, s'accroche, depuis des siècles, à son recoin de montagnes alpestres et de steppes d'altitude (198 000 km² pour une population de 6 millions d'habitants) dont on découvre l'extrême intérêt stratégique. Vladimir Poutine n'a-t-il pas déclaré, l'été 2017, qu'il tenait à la base aérienne de Kant au Kyrgyzstan pour sa centralité par rapport aux menaces qui pouvaient surgir dans la région ? Les Américains avaient fait le même calcul en s'installant, de l'autre côté de Bichkek, sur la base de Manas à 30 km, seulement, de Kant. Les deux bases aériennes, situées à 120 km à peine du Xinjiang chinois, ont coexisté sans anicroche, pendant plus de dix ans, avant que les États-Unis ne fussent priés, en 2014, par le Président Atambaev, de plier bagage. Les Russes et, surtout, les Chinois ont alors manifesté leur reconnaissance en multipliant leur aide : le Kyrgyzstan avait choisi son camp. La coexistence stratégique si originale des deux bases laissait la place à Bichkek à un simple carrefour d'influence : quelle chute !

On observa, en même temps, un lent glissement de « la démocratie kyrgyze », déjà limitée par certains excès (la « poigne » de la milice par exemple), vers une gouvernance de plus en plus autoritaire. L'évolution a culminé à l'automne 2017 avec l'organisation, le 15 octobre, d'une élection présidentielle où la démocratie souvent ne fut plus que formelle.

Le nouveau titulaire, Sooronbaï Djeenbekov, d'ascendance modeste, ancien directeur de kolkhoze devenu ministre de l'agriculture, puis Premier ministre dans le sillage d'Atambaev, a le profil de son collègue tadjik, le Président Rakhmon : celui d'un homme de terrain, énergique, direct, venu de la base. Peut-être, comme lui, fera-t-il ses preuves. Mais force est de constater que Djeenbekov entre en scène par une élection qui correspond à un affaiblissement de la démocratie que le peuple kyrgyz ne méritait pas : à quelques-uns le pouvoir, à quelques autres le « business », aux plus nombreux la survie ! Dans ces conditions, le nouveau président pourra-t-il trouver l'appui populaire nécessaire pour lutter contre « l'afghanisation rampante » qui menace son pays ?

Dans l'immédiat, l'apparition à la présidence d'un Kyrgyz du sud, qui affiche sa foi musulmane et s'entoure d'une famille très impliquée dans les relations avec l'islam, est plutôt un gage de stabilité : les musulmans ne devraient rien tenter de visible qui pourrait compromettre leur situation favorable. Mais quant à l'action souterraine… on devrait en voir le résultat dans l'après-Djeenbekov à partir de 2024.

Le Kyrgyzstan n'a pas de frontière avec l'Afghanistan, mais il n'en est séparé, à vol d'oiseau, que par les 120 km d'une zone tadjike très montagneuse, mal contrôlée, donnant sur une frontière tadjiko-kyrgyze étendue (987 km), à peine tracée et particulièrement poreuse : elle est traversée aisément par les filières de la drogue. Les filières islamistes peuvent coïncider avec elles et répandre dans le pays, par l'influence salafiste, une afghanisation.

Confrontée au début de subversion islamiste, la petite république a souffert paradoxalement d'être la dernière démocratie d'Asie centrale. En effet, à ce titre, Bichkek, tout en fermant les yeux sur la pénétration salafiste, a autorisé l'action de propagande des Tablighs qui, comme nous l'avons vu, peut se traduire par un noyautage de l'État. Selon l'expert centrasiatique Alexandr Knyaziev, le Kyrgyzstan, investi par les extrémistes qui y évoluent assez librement, « est devenu une tête de pont caractérisée des radicaux[1] ».

Le pouvoir est d'autant plus vulnérable que le pays est profondément divisé entre nord et sud. La région méridionale, en particulier dans la province d'Och, presque à moitié ouzbèke, est régulièrement secouée de pogroms d'origine ethnique : en juin 1990 puis en juin 2010, Kyrgyzs et Ouzbeks en sont venus aux mains sous l'influence du pouvoir mafieux local, mais, avant tout, parce qu'ils se supportent mal. L'animosité est telle, sur place, entre les deux nationalités qu'une partition entre nord et sud ne serait pas à exclure à l'issue d'une crise mal contrôlée, toujours possible surtout si la mafia s'en mêle.

---

1. « Que peut attendre le Kazakhstan de ses voisins ? » (en russe) https://camonitor.kz/28595-chego-zhdat-kazahstanu-ot-sosedey-i-kak-sebya-s-nimi-vesti.html

Une scission du pays pourrait se traduire par l'apparition d'un « État islamique » dans sa partie méridionale, mais peut-être aussi dans certaines contrées nordiques : le Tchou, les rives de l'Issyk-koul. Ces régions, en effet, sont gagnées, aujourd'hui, par un islam rigoriste qu'elles n'ont guère professé jusqu'ici. L'Ouzbékistan, concerné au premier chef par tout ce qui touche au Ferghana, mais aussi le Kazakhstan, très attiré à la fois par le Tchou et l'Issyk – koul, laisseraient-ils faire ? On peut en douter. La Russie, présente dans le Tchou avec sa base aérienne de Kant, devrait être amenée à intervenir sans délai au nom de l'OTSC, sinon en son nom propre, pour calmer le jeu.

Ajoutons que de 600 à 1 800 Kyrgyzstanais qui auraient rejoint Daech, – dont 80 % appartiennent à l'ethnie ouzbèke – commencent à rentrer au pays. Enfin, notamment parmi les escortes et les bandes de la mafia, près de 4 000 partisans clandestins seraient en mesure d'apporter leur aide à une insurrection plus ou moins islamiste : à titre de comparaison, l'effectif de l'armée se limite à 12 000 hs.

Quoique actuellement parfaitement calme, le Kyrgyzstan ne doit pas faire illusion. Le nouveau président, sur la lancée d'Atambaev, continuera, certes, à mener la politique favorable à Moscou qui s'impose à lui. Candidat du sud, il n'en appartient pas moins à un clan musulman en contact politique et d'affaires, par deux de ses frères[1], avec tout le monde arabe. Pourra-t-il, dans ces conditions, s'opposer à l'islamisation en cours du pays? Il devrait plutôt la favoriser! Après tout, ajouter aux influences russe et chinoise[2] celle de l'Islam, toutes trois en plein développement n'est pas un mauvais calcul quand on sait que, à l'évidence, pour un petit pays, « être indépendant, c'est ne pas dépendre d'un seul... » En attendant, la majorité des Kyrgyzs, pour se rassurer, fait en sorte de se persuader que, si islamisation il y a, elle ne devrait pas être dangereuse car la tradition kyrgyze l'aura, au préalable, récupérée...

LE KAZAKHSTAN, SUR LA SELLETTE

Le Kazakhstan, avec un territoire supérieur de cinq fois à celui de la France et une population de seulement 18 millions d'habitants, est devenu « le poids lourd » de l'Asie centrale.

Il doit son rang de puissance montante, en premier lieu, à la politique avisée et « équilibriste » entre les super-puissances de son ex-président, Noursoultan Nazarbaïev, qui, à 79 ans, vient de démissionner en

---

1. L'un, Djousoupbek Charipov a été ambassadeur à Ryad et l'est aujourd'hui au Koweit et en Égypte. L'autre, Assylbek Djeenbekov, pieux musulman, fut, cinq ans, président de l'assemblée où il a créé une salle de prière.
2. L'influence chinoise est en pleine croissance : la montée de l'endettement est impressionnante, de même que le nombre de « centres Confucius ». Seul l'esprit anti-chinois du peuple kyrgyz sera une protection.

mars 2019 de son poste de chef de l'État, où il s'est maintenu trente ans. En second lieu, bien sûr, à la richesse de son sous-sol, mais aussi à la situation géopolitique exceptionnelle du pays. Arthur Fouchère dans un article remarqué du *Monde diplomatique* intitulé « Les routes de la soie passent par le Kazakhstan [1] » exprime ainsi ce positionnement aux multiples facettes : « Plus qu'une région de transit, les steppes kazakhes représentent un contrefort stratégique pour Pékin... ainsi qu'une voie de passage alternative en cas de blocage des tankers qui empruntent le détroit de Malacca. » Le journaliste ajoute en substance qu'en ouvrant à la Chine un créneau économique (au niveau énergétique notamment) Nazarbaïev l'aide à faire contrepoids à l'influence historique et militaire de la Russie dans le pays, et plus largement en Asie centrale. Tout l'équilibrisme de la diplomatie « multivectorielle » de l'ex-président est ainsi exprimé.

En dépit d'une éclatante réussite étalée par son effarante capitale Astana, le Kazakhstan n'en présente pas moins aujourd'hui un état de crise larvée mâtiné d'une assez grande sensibilité à l'extrémisme. La répression sanglante – 17 victimes « officielles » – d'une manifestation des ouvriers du pétrole à Djanaozen, en décembre 2010, paraît avoir braqué contre le gouvernement une partie de la population : celle de la Petite Horde, installée en majorité à l'ouest

---

1. *Le Monde diplomatique* de septembre 2017, p. 8 et 9.

du pays[1]. Le phénomène est si réel qu'il semble avoir attiré l'attention de la CIA qui mettrait quelque espoir dans l'interruption sur cette zone des fournitures de gaz turkmènes à la Chine.

Les attentats terroristes sont, pour l'instant, plus nombreux au Kazakhstan qu'ailleurs en Asie centrale ex-soviétique. L'image de marque occidentaliste du pays, à laquelle le gouvernement kazakh est si attaché, s'en trouve ternie. Trois cents Kazakhstanais (Kazakhs mais aussi Ouzbeks, Ouigours, Tatars) auraient rejoint l'armée de Daech. L'apport mafieux local à l'islam révolutionnaire pourrait être considérable, notamment à l'ouest et au sud du pays.

La réaction de Nazarbaev a été ferme, organisée et assez bien secondée par la police et les services spéciaux. La situation semble donc sous contrôle d'autant plus que l'organisation de la succession laisse une forte influence à « Noursoultan », le sultan lumineux, devenu « père de la patrie ». Ce dernier préside le Conseil de sécurité doté d'importants pouvoirs et, surtout, dirige son parti *Nour Otan* qui va jouer un grand rôle dans le scrutin présidentiel prévu le 9 juin. Le candidat de ce parti devrait devenir le futur président d'autant plus facilement qu'aucune élection au Kazakhstan n'a répondu, jusqu'ici, aux critères d'un

---

1. La population kazakhe se divise traditionnellement en trois hordes (*zhouz*), soit, en plus de la Petite ou Jeune Horde, la Grande ou Ancienne Horde, majoritaire au sud, et la Moyenne Horde qui domine au nord et à l'est du pays.

vote démocratique. L'actuel président par intérim, M. Kassym-Jomart Tokaiev, est finalement le candidat désigné par Nour Otan. Face à six autres candidats, il devrait être élu à la prochaine élection du 9 juin 2019 malgré de petites manifestations oppositionnelles dans le pays.

OUZBÉKISTAN : OUVERTURES ET ESCARMOUCHES

Islam Karimov, décédé le 2 septembre 2016, avait eu la sagesse de garder auprès de lui, depuis 2003, le même Premier ministre, Chavkat Mirziyoyev, 60 ans, qui s'est naturellement imposé, mais non sans peine...

La succession au moins pour l'instant, s'est donc déroulée dans le calme sous les auspices d'un apparatchik rompu aux arcanes du pouvoir à Tachkent. C'était bien nécessaire face à un personnage redoutable, Roustam Inoyatov inamovible président du SNB – les services spéciaux ouzbeks – qui, par l'intermédiaire de ses centaines de milliers d'informateurs et policiers, tenait les rênes d'un pays de 34 millions d'habitants : tout passait par lui et, si Chavkat allait un peu trop loin dans le renouveau, il était vite repris en mains par son pseudo-subordonné. Finalement, il a fallu attendre plus d'un an, jusqu'au 30 janvier 2018, avant qu'Inoyatov cède la place et laisse le nouveau président appliquer un ambitieux programme de « sortie prudente de dictature ». Les objectifs sont affichés : mise en place d'une réforme monétaire (qui se fait attendre) et de l'investissement étranger, renforcement des liens avec le Kazakhstan et le Tadjikistan[1], accroissement de l'influence sécuritaire russe, voire, le cas échéant, américaine si Donald Trump y met le prix, etc.

La sévérité de l'ordre karimovien est, certes, encore nécessaire aujourd'hui, dans un pays qui partage 137 km de frontière, le long de l'Amou-daria avec l'Afghanistan. Elle l'est encore plus dans une nation où, notamment dans le Ferghana ouzbek, la religiosité du peuple aussi bien que la traditionnelle tendance à l'intégrisme constituent une faille face à l'État islamique. N'oublions pas que le Mouvement islamique d'Ouzbékistan (MIO)[2] demeure le principal allié de Daech dans la région, avec un effectif d'au moins 2 000 combattants en Afghanistan peu à peu renforcés par le millier de militants qui était engagé au Levant. La minorité ouzbèke en pays afghan – 3 millions – est plutôt favorable au gouvernement de Kaboul. Cependant, en Ouzbékistan même, les habitants du Ferghana mais aussi les Tadjiks de Samarcande et de Boukhara pourraient considérer Daech avec une certaine sympathie si des divisions apparaissaient – ce n'est pas exclu – à Tachkent dans la direction du pays. L'impact de cette évolution serait considérable dans un Turkestan que

---

1. La frontière tadjiko-ouzbèke est en cours de déminage.
2. Devenu, un temps, Mouvement islamique du Turkestan (MIT), qui a prêté allégeance au «califat».

l'Ouzbékistan par sa population[1] et sa civilisation comme par son territoire, très allongé d'ouest en est, influence et « verrouille » d'un bout à l'autre. Pour éviter ce mauvais pas, un rien de considération et de participation accordé au peuple ouzbek par le Président Mirziyoyev serait salutaire ! C'est, semble-t-il, la politique qu'il mène aujourd'hui. Elle se traduit déjà par un renouveau de l'activité économique visible dans les rues de Tachkent. C'est de bon augure et cela n'est pas incompatible avec la direction à poigne à laquelle le peuple ouzbek est habitué et qui est, hélas, indispensable pour le pays comme pour l'Asie centrale.

LE XINJIANG, BASE ARRIÈRE DES ROUTES DE LA SOIE

Le Xinjiang, pays des Ouigours, demeure étroitement sous la férule des Chinois devenus presque majoritaires à force d'émigrer dans la province. Cela suscite de brusques et violents sursauts de la population ouïgoure, turcophone et musulmane, furieuse de voir disparaître sa civilisation sous la marée chinoise. Survenues d'abord au Xinjiang, les explosions de mécontentement ont été exportées sous forme d'atten-

---

1. Rappel : 34 millions d'habitants, soit près de la moitié de la population du Turkestan ex-soviétique et, avec ses minorités externes réparties en tout pays centre-asiatique (6 millions), près du tiers du peuplement de l'Asie centrale élargie au Xinjiang et à l'Afghanistan (130 millions).

tats vers Pékin, sur la place Tian'anmen en 2013, et surtout dans la gare de Kunming en 2014 où 29 Chinois ont été massacrés au couteau et 130 autres blessés par des Ouigours forcenés.

Les Chinois ont réagi en voulant littéralement éradiquer le particularisme ouigour. Ils ont bâti à cet effet des camps de rééducation qui, selon un rapport de l'organisation *Human right Watch*, en septembre 2018, regrouperaient « un million de détenus ». Même s'il faut tenir compte dans ce dernier chiffre d'une exagération certaine, l'impact de telles tueries et des réactions chinoises impitoyables est désastreux à l'intérieur comme à l'extérieur du pays : il remet en cause aussi bien la paix civile interne que la politique de *soft power* – ou stratégie feutrée – menée par Pékin à l'égard du monde extérieur.

Cette stratégie se traduit notamment par une « mondialisation à la chinoise » surtout axée, depuis 2013, par Xi Jinping vers l'ouverture de Nouvelles Routes de la Soie (NRS) sous le sigle anglo-saxon, rappelons-le, de BRI : *Belt*, la ceinture, pour son aspect terrestre, *Road*, pour son aspect maritime, *I* pour Initiative. Pékin entend investir la bagatelle de 1 000 milliards de dollars dans cette entreprise gigantesque faite surtout de mégaprojets ferroviaires, autoroutiers, énergétiques et portuaires répartis de l'Asie vers l'Europe, et secondairement vers l'Afrique, sur des axes terrestres et une « route » maritime. Soixante-huit pays sont concernés, regroupant 60 % de l'humanité et produisant jusqu'à 40 % du PIB mondial.

Bien entendu, l'Asie centrale, dans sa totalité, est, par-delà la Chine, aux avant-postes de l'entreprise terrestre. Cette dernière prend surtout son origine dans la région autonome occidentale du Xinjiang qui devient ainsi la base arrière continentale du commerce extérieur chinois. Trois grands *hubs* matérialisent les points de départ :

– Urumqi et Khorgos vers le Kazakhstan, la Russie, les Balkans, l'Europe et le Proche-Orient ;

– Kachgar, vers l'Asie centrale, la Russie, le Caucase et le Proche-Orient, mais aussi vers le Pakistan, le Golfe persique, l'Iran et le Moyen-Orient via la route du Karakoram et le futur Corridor économique Chine-Pakistan (CPEC) jusqu'au port pakistanais de Gwadar : ce corridor correspond à une initiative majeure d'un coût supérieur à 50 milliards de dollars.

Compte tenu de ce réseau commercial, en passe de devenir fabuleux [1], on est en mesure d'affirmer que le Xinjiang est devenu pour la Chine une région stratégique de toute première importance : Pékin ne la lâchera jamais, quoiqu'il arrive. Toute insurrection sera écrasée impitoyablement par un pouvoir communiste qui, malgré les déguisements de la propagande, n'en demeure pas moins une dictature très ferme. La République populaire chinoise met déjà le prix à ce contrôle intérieur absolu puisque son budget de la

---

1. Notons pourtant que, de nos jours, on remarque surtout un « saupoudrage » de crédits chinois qui, étendu presque au monde entier, n'atteint que rarement dans les États des montants élevés.

sécurité interne dépasse depuis plusieurs années celui du ministère de la défense pourtant de plus en plus considérable !

Même un déclin démographique relatif de la population chinoise ne viendra pas à bout de cette détermination puisque le réservoir humain d'un peuple d'un milliard 400 millions d'individus est quasi inépuisable : Pékin aura toujours de quoi alimenter des vagues d'émigration en direction du Xinjiang. Cette émigration menée, s'il le faut, *manu militari*, sera imposée par un régime qui demeure, par essence, autoritaire.

Bien peu de place reste donc à l'Organisation État islamique au Xinjiang : elle n'est même pas reconnue, dans la résistance ouigoure locale, par le MITO qui demeure affilié à Al Qaida. Pourtant, l'OEI, par le biais du trafic de drogues, établit des contacts et, à l'avenir, devrait pouvoir puiser dans le réservoir révolutionnaire des localités rurales et des cités minières du Turkestan oriental où la population demeure misérable.

Soulignons au passage une forte participation ouigoure aux opérations extérieures de Daech (attentats, interventions en Syrie, Irak, et même en Afghanistan, etc.) qui révèle comme une compensation externe à l'écrasement de la révolte interne. Deux à trois mille Ouigours seraient partis rejoindre l'État islamique, notamment en essayant de passer par l'Asie du sud-est : la Chine a fait pression sur le Cambodge, la Thaïlande et la Malaisie, avec parfois des résultats, pour que ces transfuges soient interceptés et lui soient remis.

Un retour au Xinjiang des Ouigours de Daech à partir de l'Afghanistan – qui ne partage que 76 km d'une frontière à très haute altitude avec la Chine – ne peut que demeurer limité. En revanche, ce retour peut s'effectuer, à l'occasion d'un trafic de drogues, au travers aussi bien des frontières sino-kazakhe (1533 km) que sino-tadjike (414 km).

Pour y parer, l'armée chinoise a commencé à déployer en 2016 des patrouilles motorisées et dispose même de postes d'observation au-delà de ses frontières dans le haut Pamir jusqu'en territoire tadjik et afghan. En août 2018, une information est même apparue selon laquelle les Chinois allaient installer dans le Wakhan afghan un camp pouvant accueillir un bataillon d'intervention destiné à l'interception du trafic de drogues dans la vallée. Ceci a été démenti, mais il n'y a pas de fumée sans feu...

Au Kazakhstan, l'insurrection latente du Xinjiang pourrait profiter du soutien d'une bonne partie des 240 000 Kazakhstanais de nationalité ouigoure descendants des réfugiés musulmans qui à plusieurs reprises depuis le XIXe siècle ont fui le Turkestan oriental pour échapper aux persécutions chinoises. Mais cette minorité est d'autant mieux surveillée que le président du KNB (services spéciaux kazakhs) M. Massimov, ex-Premier ministre, est lui-même ouigour !

La détermination chinoise au Xinjiang peut-elle un jour concerner le reste de l'Asie centrale ? Les routes pénétrantes, réalisées par les Chinois, sont déjà construites mais la sinophobie grandissante de nombreux Centrasiatiques dresse un obstacle : ainsi, au cours des deux révolutions kyrgyzes en 2005 et 2010, les commerces chinois ont été une cible. Notons l'existence d'une émigration clandestine de Chinois hans dans les pays frontaliers qui revêt une certaine importance au Tadjikistan et surtout au Kyrgyzstan où les Hans nouveaux venus représenteraient déjà 4 % de la population. Les Kyrgyzs prétendent que les travailleurs Hans ont tendance à rester sur place à la fin de leur contrat, se marient à des Kyrgyzes et recevraient alors une aide chinoise pour fonder une famille.

En tout cas si, comme nous allons l'envisager, Russes et peut-être Chinois devaient intervenir militairement en cas de coup de force islamiste, cela ressemblerait fort à l'expédition de Suez en 1956 : une réaction conjointe d'anciennes puissances coloniales !

*

Le bilan ainsi dressé définit une vulnérabilité moyenne de l'Asie centrale face à Daech et au salafisme : seuls, pour l'instant, le Tadjikistan, le Kyrgyzstan et le Turkménistan semblent vulnérables à leur action. C'est presque réconfortant !

Pourtant, par ailleurs, de récents efforts des présidents kazakh et ouzbek pour rapprocher entre eux les peuples centrasiatiques n'ont, une fois de plus, guère abouti. Malgré une communauté de civilisation, une proximité linguistique, un même destin historique, il existe comme une incapacité « génétique » à s'entendre entre ethnies en Asie centrale[1]. La désunion faisant la faiblesse, le prix à payer pour un tel travers ne serait rien moins qu'un risque de perdre l'indépendance. Comme il y eut un partage de la Pologne, il pourrait se produire un partage de l'Asie centrale, partage bien entendu déguisé, mais partage quand même entre super- et moyennes puissances environnantes.

Alors que 28 sur 42 de nos pays européens étaient parvenus à s'unir tant bien que mal, voici qu'au lieu de poursuivre le processus, ils se laissent maintenant tenter par la division ! Et cette dernière est même amorcée avec le Brexit... Si l'Asie centrale du fait de sa division est très affaiblie face aux superpuissances, nous, Européens, risquons en nous séparant d'être affaiblis à notre tour face aux États-Unis censés nous défendre depuis 75 ans. Il en sera de même face à la Chine dont l'ambition avec les NRS s'étend maintenant à l'Europe : une Europe qui comprendrait la Russie puisque cette dernière est déjà traversée et devrait être contrôlée, un jour, par les NRS. Le salut pour l'Europe occidentale et la Russie serait peut-être de larguer les amarres respectives qui les lient à l'Amérique ou à la Chine, de s'arrimer dès que possible l'une à l'autre et de voir venir... Cela devrait être un sujet de

---

1. Même les deux peuples les plus proches, Kazakhs et Kyrgyzs, qui longtemps ont formé l'ensemble « karakyrgyz », ne semblent pas pouvoir s'unir à nouveau ! J'ai entendu en mars 2019 un paysan kyrgyz se lamenter du fait que le « frère kazakh », à grand renfort de tracasseries à la frontière, était devenu le pire ennemi des Kyrgyzs...

réflexion pour les Centreasiatiques comme les Européens, car, les uns et les autres, sont déjà ou vont être investis par le triangle Washington, Moscou, Pékin. Nous y reviendrons en conclusion.

Telles peuvent être les péripéties du Très Grand Jeu (TGJ). L'évolution prévisible dépendra surtout des initiatives et des réactions des superpuissances – États-Unis, Chine, Russie – dans le cadre de leur jeu triangulaire autour et à cause de deux régions dont, visiblement, elles ne peuvent se départir, l'Asie centrale et l'Europe. Actions et ripostes les amèneront-elles à la catastrophe ?

XV

TRUMP ET LE NŒUD GORDIEN

L'axe du monde, c'est-à-dire la zone où convergent les problèmes cruciaux, et, par conséquent, les grandes puissances qui s'en chargent, a quitté, à la fin des années 90, l'Europe et la Méditerranée pour dériver vers le Golfe persique et la péninsule indienne. Ce glissement vers l'Asie se focalise, aujourd'hui, autour de la puissance émergente chinoise, tant à l'est sur sa façade maritime et à l'ouest en Asie centrale qu'au sud-ouest dans le Moyen-Orient prolongé par l'AFPAK et la péninsule indienne.

Les États-Unis sont intervenus fortuitement, fin 2001, en Asie centrale pour régler leur compte aux terroristes qui avaient eu l'audace de les défier jusqu'en leur cœur à New-York. Cependant, une fois l'Afghanistan conquis, ils n'ont pas tardé à s'apercevoir de l'importance stratégique de ce « bastion » qui prolongeait vers le sud le pivot centrasiatique cher à Mckinder et aux géopoliticiens. Le résultat de ce constat

301

demeure, 19 ans après, leur présence obstinée *in situ* au flanc de l'Asie centrale et du monde islamique comme sur les arrières de la Chine, de la Russie, de l'Inde et de l'Iran. Mais l'intention du président Trump, divulguée en fin 2018 de réduire de moitié le contingent américain en Afghanistan révèle une approche nouvelle.

Le début de ce siècle a vu, autour du « chaudron centrasiatique », aussi bien l'incrustation des États-Unis que le retour en force de la Russie poutinienne et l'apparition de plus en plus prégnante et significative de la Chine qui se livre dans la zone au *rush* économico-politique des Nouvelles Routes de la Soie. On pouvait s'attendre à partir de là au retour à une figure stratégique bien connue, celle du triangle Washington-Moscou-Pékin. Mais le Président Trump ne l'entend pas de cette oreille : appliquant à la vie internationale le comportement sans nuances et finesse du *businessman* qu'il demeure, il a bloqué autant qu'il le peut le jeu triangulaire entamé par ses prédécesseurs. Il y ajoute, dans la zone qui nous intéresse, une particulière intransigeance à l'encontre du Pakistan et surtout de l'Iran.

Comme nous l'avons déjà vu au chapitre 8, la zone que les Américains continuent à surveiller à partir de la plateforme afghane est aussi importante que complexe : à l'entour figurent quatre menaces majeures pour les États-Unis, sur cinq répertoriées dans le monde, auxquelles en février 2017 le général Dunford, président du comité des chefs d'État-major[1], ajoutait rien moins que « le pays des purs » : à savoir, dans un ordre de menace décroissante la Russie, la Chine, l'Iran, l'extrémisme, plus le Pakistan détenteur de la « bombe islamique » aussi bien que patrie originelle des Talibans et instigateur de la guerre afghane. Il importe d'ajouter à ces menaces diverses déstabilisations dues à la corruption intense, au trafic de drogues, à l'islamisme terroriste des médersas pakistanaises, à des conflits frontaliers, et, surtout, à de multiples rivalités ethniques ou religieuses, etc. Ce salmigondis de difficultés entremêlées s'est transformé peu à peu en nœud gordien que les Américains, faute d'une autre issue, pourraient avoir la tentation de trancher. Et voici justement que surgit en 2016 un nouveau président américain enclin aux solutions expéditives...

L'approche stratégique classique observée par les présidents Bush et Obama est donc bouleversée par la personnalité inclassable de leur successeur Donald Trump, véritable maëlstrom[2] dans la mare politique. Ce dernier ignore les règles du jeu triangulaire tout en donnant l'impression qu'il veut en finir une fois pour toutes avec les péripéties afghanes. Amoral, sans trop de scrupules, il a la carrure et la simplicité qui pourraient le faire réussir... Mais au prix de bien des dégâts, en Afghanistan surtout, bien entendu !

---

1. Voir *supra* p. 151.
2. Mot d'origine scandinave qualifiant un phénomène océanique fait de tempêtes et de courants très violents.

TRUMP ET LE JEU TRIANGULAIRE

Si l'on en croit la théorisation effectuée en 1972 par Michel Tatu[1], « le Donald » ne respecte aucune des quatre règles de la stratégie triangulaire :

– Il considère les deux autres pôles (Russie et Chine) en face de lui comme autant d'« ennemis prioritaires » et ne cherche aucune « collusion objective » avec un autre pôle ;

– Il ne cherche pas à éviter la collusion excessive de ses deux partenaires du triangle ;

– Il n'a pas d'adversaire principal qu'il pourrait faire chanter par la menace d'une collusion avec le troisième partenaire ;

– Il se montre agressif, ce qui encourage la collusion progressive *volens, nolens* de ses deux adversaires.

Il est vrai que, sous George W. Bush et Barack Obama, tout avait été fait, déjà, pour jeter la Russie « dans les bras de la Chine », ce qui est une évolution en contradiction avec tout l'historique des relations sino-russes ou sino-soviétiques. L'intransigeance américaine maintenue par Trump a continué à favoriser le rapprochement de la Chine et de la Russie tout en bloquant le jeu triangulaire, verrouillant la situation en Asie centrale, y suscitant une attente, et, finalement, un sursis bienvenu. Poutine et Xi Jinping ont donc

---

1. Michel TATU, *Le triangle Washington-Moscou-Pékin et les deux Europe(s)*, Casterman, Tournai, 1972.

amené « les relations sino-russes à leur meilleur niveau ». On ne parle pas d'alliance bien sûr, mais de « partenariat global » et de « collaboration stratégique ».

TRUMP ET LE NŒUD GORDIEN

Imperturbable, Donald Trump maintient le cap à l'encontre de ses principaux adversaires.

S'agissant de l'Afghanistan, pourtant, il a su évoluer au moins à deux reprises : tout d'abord, alors qu'au cours de sa campagne il s'insurgeait contre le gaspillage que représentait la guerre, il a finalement accepté – souplesse inusitée de sa part – de renforcer jusqu'à 14 000 hs son corps expéditionnaire, à la fois formateur de l'armée afghane et soutien des opérations de celle-ci ; il a recouru au bombardement de la drogue ce qui constitue une attaque frontale contre le « nœud de la guerre » ; il a amélioré enfin la rapidité de réaction aux attaques des insurgés et multiplié les frappes. Il n'en affirmait pas moins que le maintien de l'intervention constituait la plus grande erreur de l'Histoire des États-Unis !

Tant et si bien que sa deuxième évolution n'a pas tardé et se transforme en révolution : après avoir relancé les premiers contacts officiels entre Américains et Talibans au Katar puis aux Émirats Arabes Unis, il se montre désireux d'être le président qui sortira l'Amérique d'une guerre de bientôt 20 ans.

En cette année 2019, Trump, avec la soudaineté et la brutalité qui le caractérisent, veut en finir avec un cauchemar qui a coûté à ses concitoyens 2 400 morts et plus de 1 000 milliards de dollars. Il se tient prêt non pas à trancher mais à transmettre le nœud gordien des complications afghanes, c'est-à-dire, en commençant à quitter peu à peu l'Afghanistan, à lever le principal obstacle à la progression des pourparlers : la présence américaine et otanienne.

Il vient ainsi de décider, seul, de retirer 7 000 de ses soldats, c'est-à-dire la moitié, « en l'espace de quelques mois ». Il s'agit d'ailleurs du montant qu'il avait introduit en début de mandat. Il entre ainsi dans un processus de négociations par retraits successifs qui, tout en étant porteur d'un espoir, promet d'être d'une complexité redoutable : comment rapprocher Talibans et Gouvernementaux alors qu'ils sont à couteaux tirés ? Comment tenir compte de leur complémentarité (armée de guérilla et armée classique) pour mieux lutter contre Daech ? Comment amener chaque province, souvent partagée en deux ou trois camps, à s'unir ? Comment gérer le problème des Hazaras chiites ? En bref, comment éviter que dix-huit ans d'une dégradation progressive se terminent par une explosion de l'Afghanistan ?

La réponse de Trump pourra être : « ce n'est plus mon problème… », mais, en revanche, le retrait avec les principaux matériels, souvent de pointe, des contingents américain et otanien – 22 000 hs au total – sera

« son problème », surtout si, selon la tradition afghane, des agressions interviennent au départ des « envahisseurs ».

LE RETRAIT ?

Il faudra éviter par exemple dans la région du Nangarhar, actuellement soulevé par les Talibans et par Daech et qui représente la principale voie de sortie vers le Pakistan, le renouvellement de la catastrophe britannique de novembre 1841 : une colonne de 16 500 soldats, anglais en majorité, de l'Armée des Indes fuyant l'Afghanistan et son hiver précoce, qui, confrontée aux embuscades des Pachtouns, a disparu corps et biens entre Kaboul et Djallalabad ! Il s'agira aussi d'éviter le « scénario Saïgon » du 30 avril 1973 lorsque les Américains talonnés par le Viet Cong ont abandonné sur place leurs partenaires sud-vietnamiens. Notons qu'une partie de l'armée gouvernementale vietnamienne, écœurée par les revirements des États-Unis, s'était mise, notamment par son aviation, à lutter contre ses anciens alliés...

Des péripéties de ce genre ne sont pas à exclure en Afghanistan où l'armée gouvernementale et la police, qui ont fait preuve d'esprit de sacrifice, sont démoralisées par le « lâchage » américain et pourraient changer de camp. De même, dans un Kaboul extrêmement fragile où 5 millions de miséreux ne savent plus à quel Saint se vouer, les mouvements de foule seront faciles à générer et irrésistibles face à un service d'ordre hésitant… Par ailleurs, si les États-Unis, désireux de continuer à tirer parti de la position géostratégique de l'Afghanistan, entendent y garder quelques bases et, en particulier, celle de Bagram, les négociations n'auront pas fini d'achopper ! Bref, si le départ des Américains – que des mercenaires pourraient remplacer – est, peut-être, pour dans quelques mois, la fin de la guerre afghane, elle, devrait encore attendre quelques années…

Pour l'instant, en tout cas, la désespérance de la population afghane est bien faite pour encourager, vers une Europe finalement proche, un nouvel afflux de migrants.

Enfin, *last but not least*, la légèreté diplomatique, pour ne pas dire les provocations du président Trump à l'encontre de ses alliés – comme ces départs inattendus de troupes en Syrie – s'ajoutent aux échecs patents et réitérés de l'Armée américaine pour sonner, au moins jusqu'à l'élection d'un autre président à Washington, le glas de l'hyperpuissance « en charge du monde »… Les Américains glissent vers le niveau de la première superpuissance plus à l'aise, à l'évidence, dans le domaine maritime que sur le plan terrestre.

Dans quelques mois, si les négociations et l'évacuation traînent, les Talibans, en profitant du ralliement des opportunistes, qui promet d'être important, pourraient resserrer l'étau du peuple afghan sur les restes du corps expéditionnaire américain et otanien gêné dans sa retraite par un excès de matériels. Bien sûr, les bases aériennes alliées, notamment celle de Bagram, devraient pouvoir mener des évacuations aériennes massives mais à condition que le Pakistan consente à l'utilisation de son territoire...

En effet, la majeure partie de l'Asie centrale et la Russie ne pouvant plus être utilisées pour ce retrait[1], l'Amérique aurait à se retourner, une fois de plus, vers Islamabad qui détient toujours – à son profit, bien sûr – une possibilité de solution du problème afghan. Trump, dans ce but, pourrait essayer d'utiliser les points positifs qui résultent pour lui de l'élection en septembre 2018 d'Imran khan à la fonction de Premier ministre du Pakistan[2].

LA CARTE PAKISTANAISE

Voici ce que m'écrivait, à la fin de l'été 2018, un ancien officier de Légion, jadis échappé à la carrière du Saint-cyrien qu'il était pour rejoindre et conseiller

---

1. Le circuit actuel (2018) d'approvisionnement « non létal » contourne l'Arménie, sous influence russe, et le Turkménistan neutre qui, l'un et l'autre, refusent le passage américain. Il suit donc, depuis la mer Noire, un parcours rocambolesque par la Géorgie, l'Azerbaïdjan, la Caspienne, le Kazakhstan, l'Ouzbékistan, pour aboutir, par le pont de l'Amitié, à Mazar-e-Charif.
2. Le Premier ministre pakistanais est doté de grands pouvoirs car le Chef d'État, au rôle purement représentatif, n'est autre que la Reine d'Angleterre !

les derniers combats du Commandant Massoud. Je cite ci-après *in extenso* cet expert très « pointu » de la zone AFPAK :

> « *L'Afghanistan rentre dans une nouvelle phase... Le changement majeur viendrait de la reconstitution de l'axe stratégique Amérique-Arabie saoudite-Pakistan : celui qui fonctionna si bien dans les années 80 ! L'objectif n'est plus le retrait des Russes mais celui des Américains. La clé qui ouvre et celle qui ferme est la même : le Pakistan.*
>
> *Imran Khan, nouveau Premier ministre, n'est pas un « Punjabi » comme les autres : il a des gènes pachtounes. Les Niazi sont arrivés pour piller le Punjab au XVe siècle mais ils y sont restés. Imran Khan remonte sa généalogie à Haibat Khan Niazi qui fut un général de Sher Shah Suri (1486-1545), lui-même pachtoun, et qui conquit pour lui le Cachemire, Multan et le Sindh, avant de devenir un de ses gouverneurs de province.*
>
> *Imran Khan est un nationaliste pakistanais et un punjabi de Lahore mais avec cette culture particulière pachtoune dans son clan et dans son sang. Par ailleurs, il connaît très bien les Britanniques et les Indiens ; il a passé des décennies dans la Jet set, fut marié à une juive Goldsmith, proche de la famille royale d'Angleterre ; il a été une star musulmane du sport*[1]*, adulée par la jeunesse des riches familles du Golfe de la génération de Mohammad bin Salman.*
>
> *Pour le Secrétaire d'État Mike Pompeo et la CIA, Imran Khan doit devenir celui qui aidera l'Amérique à se sortir honorablement du guêpier afghan. Et pour cela, on remet Khalizad en scène*[2]*. Zalmay Khalilzad (États-Unis), Ashraf*

---

1. La spécialité d'Imran khan était le cricket, sport britannique par excellence.
2. Khalidzad a été nommé par Trump « représentant spécial pour la réconciliation ».

*Ghani (Afghanistan), Imran Khan (Pakistan): trois semi
– Pachtouns occidentalisés. On trouvera donc un «deal»
pour les intérêts de l'Amérique (et du Pakistan) ! Mais est-ce
que ce sera un bon deal pour l'Afghanistan ? J'en doute.*

*Khalilzad et Ghani se connaissent très bien. Ils ont partagé
des années communes à l'université américaine de Bey-
routh et leurs choix de vie ont été similaires : mariage
avec une étrangère (la juive autrichienne Cheryl Benard
pour le premier et la chrétienne libanaise Rula Saade pour le
second), vie à l'occidentale, renoncement au retour, départ
pour l'Amérique, service d'institutions à Washington, etc.
Ils ont des racines Ghilzai communes. Ça n'en fait pas les
«maîtres de l'Afghanistan» (fonction historique des Durrani) mais ça crée une relation particulière avec le Pakistan
où les Ghilzai sont, des deux côtés de la frontière, les bons
soldats des Punjabis ayant profité des avantages offerts par
Islamabad quand Kaboul (la noblesse Durrani et les lettrés
persanophones) ne leur offrait généralement que du
mépris...*

*En résumé, oui, un vent nouveau va bientôt souffler qui
devrait permettre, non sans quelques troubles importants,
de sortir de l'impasse actuelle en Afghanistan.» (Fin de
citation).*

Pour cela, il s'agira d'obtenir le concours des Pakistanais et des Talibans afghans !

Avec Islamabad, la situation reste encore tendue : les
Américains viennent de lui refuser pour 2018 une aide
de 300 millions de dollars au motif que le Pakistan
continue à héberger sur son territoire certaines zones-
refuges des Talibans tout en les aidant en sous-main.

La négociation sera tout aussi difficile entre les
«Pachtouns» Khalidzad pour l'Amérique, Ghani

pour le gouvernement de Kaboul et les Talibans en majorité pachtouns. Il s'agira d'obtenir un départ honorable des Américains par un repli en bon ordre au travers des territoires afghan et pakistanais. Comme de Gaulle en 1962, par rapport aux massacres d'Algérie, Trump devra fermer les yeux sur les inévitables règlements de compte en territoire afghan, à Kaboul en particulier.

Que le recours au Pakistan ci-dessus évoqué réussisse ou, au contraire, que les Américains restent encore quelques temps dans « le bastion », les graves péripéties prévisibles ne ressembleront en rien aux prouesses et amabilités du « Grand Jeu[1] » − « Tournoi des Ombres » aux yeux des Russes − mené à la fin du XIXe siècle par les officiers de renseignement russes et anglais. Nous sommes maintenant en face d'un Très Grand Jeu (TGJ) beaucoup plus subtil et discret et, en même temps, d'une bien plus grande envergure.

Le but du Très grand Jeu : qui contrôle l'Europe contrôle le monde !

D'emblée, reconnaissons que ce TGJ, tel qu'il s'annonce entre les Américains, encore cramponnés à la « plateforme afghane », les Pakistanais plus que

---

1. Kipling utilise pour la première fois cette expression dans son roman *Kim*, publié en 1901. Les Russes lui ont préféré une évocation plus juste « *Le tournoi des ombres* ».

jamais rétifs et retors, les «Célestes» lancés dans l'aventure des «Nouvelles Routes de la Soie» en particulier dans le Corridor Chine-Pakistan[1], est prometteur, entre ces puissances nucléaires, de crises majeures, de manœuvres au bord du gouffre... ou, finalement, d'ententes surprenantes !

Le but d'une opération offensive américaine (plus politique et subversive que militaire) serait rien moins que la rupture du lien commercial terrestre et maritime des «nouvelles routes de la soie» qui s'établit entre la Chine, d'une part, l'Europe et le monde méditerranéen et africain, d'autre part. En effet, pour les États-Unis, cette gigantesque entreprise présenterait à terme le risque de transférer, au moins partiellement, la puissance économique occidentale, pilotée aujourd'hui par l'Amérique du Nord, à l'Asie sous influence chinoise. Les Américains savent que certains *think tanks* chinois – à Hong-Kong en particulier, ont repris à leur compte la maxime de Mckinder concernant le contrôle de l'univers : dévoilant toute la portée des ambitions de «Baba Xi» – tonton Xi – ils avancent : «Qui contrôle l'Europe, contrôle le monde !» L'administration américaine qui, dans ce but et par l'OTAN, verrouille l'Europe depuis 70 ans, devrait tout faire pour compromettre la tentative de contrôle du petit cap de l'Asie par les Fils du ciel ressuscitant des routes de la soie bien menaçantes...

---

1. Les Chinois ont entrepris la construction d'une autoroute au travers du Karakoram et du Pakistan en direction du port de Gwadar sur le Golfe persique, voire de Kaboul par la passe de Khïber. Le chantier est encore peu avancé.

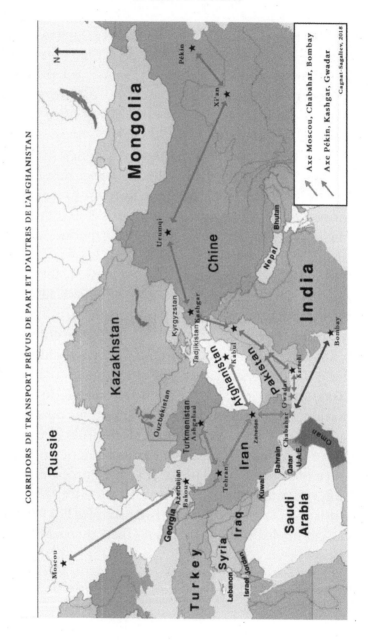

CORRIDORS DE TRANSPORT PRÉVUS DE PART ET D'AUTRES DE L'AFGHANISTAN

Axe Moscou, Chabahar, Bombay

Axe Pékin, Kashgar, Gwadar

Cagnat-Sagaliev, 2018

Mais qu'en est-il de l'importance économique respective du *belt* terrestre et du *Road* maritime ? Bien sûr, les trains et camions du *belt* ne pourront entrer en concurrence avec les immenses porte-conteneurs du *road*[1]. Actuellement, selon le spécialiste Julien Thorez, la disproportion entre les deux voies est de 98 % du trafic sino-européen par la voie maritime contre à peine un peu plus d'un pour cent par la voie terrestre. Il n'y a pas de raison pour que cet état de fait change, sauf peut-être si la flotte américaine interdisait le passage des tankers et porte-conteneurs dans le détroit de Malacca, mais ce serait un *casus belli* d'un niveau extrêmement élevé, quasi nucléaire ! En tout cas, une relève suffisante au pied levé de la voie maritime par la voie terrestre serait impossible. Ce peu d'utilité économique de la voie terrestre (le belt) révélerait-il que cette voie conçue à grand renfort d'immenses travaux très coûteux possède en fait une finalité plus importante que celle du commerce et de l'économie ? Cette finalité « stratégique » pourrait correspondre à la préparation par l'armée chinoise d'une prise en compte logistique, militaire et finalement politique des territoires traversés...

Cette supposition souligne tout l'intérêt qu'aurait une intervention américaine à partir du bastion afghan par missiles ou avions, voire par une action

---

1. Un train dont l'emport est limité à 60 conteneurs, qui traverse des déserts répulsifs au négoce et est assujetti à d'énormes contraintes logistiques, ne peut concurrencer un porte-conteneurs chargés de 10 000 caissons, voire plus, qui dessert de gigantesques ports de commerce bien équipés et a devant lui la liberté relative des mers.

subversive, sur les voies et rocades terrestres du *belt*. Si les Américains quittent l'Afghanistan, cela signifie tout simplement que les Chinois auront « quartier libre » pour s'approprier à terme l'Asie centrale… L'inconnue demeure en ce cas la réaction de l'allié russe. Possible de nos jours, une opposition russe le serait-elle encore d'ici 10-15 ans face à une Chine en plein essor ?

Ainsi, illustrant une vision géopolitique qui oppose les puissances maritimes aux puissances continentales en bordure du « Rimland [1] », l'Amérique a semblé vouloir s'incruster pour longtemps en Afghanistan d'où elle pourrait intervenir contre les nouvelles routes de la soie terrestres : le lancement à Kaboul, en septembre 2017, de la construction d'une « zone verte de sécurité » élargie indique que les États-Unis tablaient sur leur présence dans le « bastion afghan » au moins jusque dans les années vingt de ce siècle. Il est certain que la croissance du BRI (*Belt and Road Initiative* [2]), pourrait être freinée à partir du bastion, par exemple à partir d'une guerre civile instillée depuis cette plateforme. Mais ce frein n'est qu'un cas d'école, une hypothèse de manœuvre et ne découle pas, du moins pour l'instant, d'une stratégie, apparemment absente côté américain.

1. En l'occurrence, territoires asiatiques en bordure de l'océan indien et du Pacifique.
2. Le président Xi Jinping a d'abord utilisé le sigle OBOR (*One Belt One Road*), mais, devant la plaisante caricature qu'en donnaient les Occidentaux (en qualifiant OBOR d'*Our Bull-dozers, Our Rules*), les Chinois ont soudain recouru à l'appellation BRI (*Belt and Road Initiative*), moins gênante…

LES RECULS DE L'HYPERPUISSANCE

En Asie centrale encore plus qu'ailleurs l'hyperpuissance est en recul : elle a dû quitter ses bases militaires, d'abord en 2005 en Ouzbékistan, à Karchi-Khanabad, ensuite en 2015 au Kyrgyzstan, à Bichkek-Manas. En outre, elle a compromis momentanément, par ses exigences, son influence au Pakistan. l'Amérique ne dispose donc plus dans la région que de sa plateforme stratégique afghane axée autour de sa présence militaire sur place mais aussi épaulée par la flotte, les bombardiers et missiles de l'océan Indien. Comme l'ont répété à Trump ses généraux, l'Amérique ne peut pas, en partant, laisser de côté, à la surface du monde, un carrefour d'influences et de conflits aussi crucial que celui de l'Asie centrale[1] et de la zone AFPAK : pour s'y maintenir, elle devra se ménager au moins une base considérable en pays afghan ou en Asie centrale (Bagram ? Termez ? Manas ?) ce que les Talibans ou Centrasiatiques ne sont guère enclins, pour l'instant, à accorder[2]. Le Président Trump, lui-même, a montré qu'il n'était guère favorable à un tel engagement des États-Unis.

On pourrait donc aller sur le terrain, vers un *statu quo* qui, au mieux, se traduirait par un retrait progressif ponctué de coups de semonce[3]. Pratiquement, cela

---

1. Voir 24/2/2017 : http ://www.aopnews.com/pakistan-afghanistan-relations/pakistan-can-be-sixth-major-threat-to-u-s-interests-dunford/
2. On note cependant une hésitation du côté de l'Ouzbékistan.
3. Le lancement le 14 avril 2017 dans le Nangarhar de la colossale MOAL « *mother of all bombs* » en était un.

ressemblerait au départ des Soviétiques : une retraite camouflée en « mission accomplie », quasi victorieuse. Cela risque bien d'occuper toute la présidence Trump et même au-delà... Mais, en ces quelques années, la plateforme afghane ou centrasiatique pourrait encore être utilisée à l'encontre de la Belt & Road Initiative des Chinois...

En dehors du gouvernement de Kaboul – très faible –, de ses forces spéciales et de son aviation qui se battent bien, quel atout Donald Trump aurait-il dans sa manche, au cours d'une négociation inter-afghane, quand, en face de lui, Russes et Iraniens sont parvenus, eux, à attirer quelque peu dans leur camp les Talibans afghans ? Ce pourrait être – ô surprise ! – Daech !

La carte de Daech

C'est surprenant, mais il apparaît que, depuis au moins deux ans et avec la bénédiction des Saoudiens, les Américains seraient intervenus à plusieurs reprises au profit des Daechistes, tout en les combattant sur d'autres fronts : soit ils les ont tirés d'un mauvais pas, soit ils les ont aidés à prendre position dans le Nord-Afghan ou, même, à proximité du Nangarhar. Les derniers exemples ne seraient autres que l'installation-éclair avec des « hélicoptères non-identifiés », le 15 juin 2017, de djihadistes remplaçant dans les cavernes de Tora-Bora[1] les Talibans en fuite ou bien

---

1. Voir *supra* p. 148.

l'évacuation héliportée de cadres de l'EI menacés par Syriens et Russes à Deir ez Zor en septembre de la même année. Ceci correspondrait, probablement de la part de la CIA, à un processus de « séduction » d'une organisation qui pourrait avoir non seulement un certain avenir subversif en Asie centrale mais aussi intervenir contre des grands axes de la « nouvelle route de la soie » : ainsi en va-t-il des gazoducs turkméno-chinois, qui fourniront bientôt 20 % de la consommation chinoise, et/ou du corridor routier sino-pakistanais. Dans l'hypothèse d'une aggravation du TGJ, la carte de Daech pourrait ainsi être jouée en Asie centrale pour nuire aux intérêts de la Chine et de la Russie. Cela serait conforme à une éventuelle volonté américaine de rester dans la région centrasiatique ou moyen-orientale (Irak ?), voire péri-européenne (Ukraine ?) afin de peser sur l'avenir des routes de la soie chinoises. Il n'est pas exclu qu'une telle volonté puisse réapparaître dans l'après-Trump...

Pour cela, il faudra faire en sorte que Daech ne se rapproche pas des Talibans afghans comme on vient d'en voir, le 14 août 2017, un exemple local mais décisif dans la province du Sar-é Pol : un village tenu par les Hazaras[1] et assiégé en vain par « les étudiants en religion » a finalement été pris par une coalition des djihadistes des deux bords.

---

1. Les Hazaras constituent une population semi-asiatique (9 millions) du cœur de l'Afghanistan. Chiites, ils suscitent la haine des salafistes et autres islamistes du pays. Mais les Afghans sunnites les respectent, en général, en tant qu'ethnie constitutive de l'Afghanistan.

Le Très Grand Jeu et le Pakistan

La sévérité envisagée par Donald Trump à l'égard du Pakistan dans son discours de Fort Myer, en août 2017, n'est plus applicable tant Islamabad possède d'atouts. L'Amérique, toujours enclavée, pour l'instant, sur sa «plateforme afghane», a besoin du Pakistan. Pour continuer sa guerre comme pour y mettre un terme, il lui faut recourir au port de Karachi et à ses deux itinéraires d'accès vers l'Afghanistan. Bien sûr, un pont aérien, comme celui de Berlin en 1949, est concevable – et, d'ailleurs, existe déjà à partir des Émirats – mais son coût, à la longue, est rédhibitoire, même pour les États-Unis. Les sanctions américaines envisagées contre Islamabad ne pourraient donc pas dépasser la suppression partielle de l'aide économique et financière. Aller jusqu'à ôter au Pakistan son statut d'allié de l'Amérique hors OTAN ou, à plus forte raison, le placer sur la liste des ennemis et lui imposer alors des sanctions draconiennes serait risqué : le Pakistan peut rétorquer en organisant un blocus plus ou moins larvé à sa frontière avec l'Afghanistan, augmenter les tarifs de transit, gêner le pont aérien, etc. mais, surtout, laisser entendre qu'il pourrait passer du côté islamiste avec sa bombe... islamique !

Faire plier l'ISI, institution militaire mais véritable État dans l'État pakistanais, lui-même contrôlé par son armée, sera tout aussi difficile car depuis l'intervention soviétique, en 1979, la collusion entre Washington et

Islamabad, par services spéciaux interposés, a souvent été très forte. Il fut un temps où elle a concerné, probablement, des domaines délicats à propos desquels des révélations pourraient encore être embarrassantes : s'agissant du trafic de drogues, par exemple, où une implication des États-Unis serait dégradante.

PROSPECTIVE AFGHANE AU 1ᵉʳ MAI 2019

Trump, en définitive, en voulant quitter l'Afghanistan, laisse aux Afghans le nœud gordien local, y compris et surtout le trafic de drogues et tous les autres enchaînements à l'origine de la guerre : il remet cette guerre aux Afghans. À eux de s'en dépêtrer !

Cette annonce de retrait progressif, qui paraît sérieuse puisqu'elle a motivé le départ du Secrétaire d'État à la défense Jim Mattis, peut avoir les conséquences suivantes :

– la migration des Afghans augmenterait en particulier en direction de l'Europe, hâvre principal.

– les futures élections présidentielles prévues pour avril 2019 et reportées au 28 septembre sont fortement compromises.

– La démoralisation dans les rangs de l'armée et de la police afghanes est inévitable : même soutenus par des mercenaires[1] ou de nombreux *contractors* – on

---

1. La CIA disposerait d'une troupe d'élite composée de 3 000 Afghans.

évalue leur nombre à près de 30 000 actuellement – les militaires gouvernementaux face à l'augmentation des désertions et des trahisons vont encore perdre du terrain et, c'est probable, certains chefs-lieux de province. Si cette évolution n'est pas enrayée par l'apparition, par exemple, d'un homme providentiel instaurant l'état d'urgence, ou par la création d'un Haut-Commissariat de l'ONU qui superviserait l'appareil d'État, un effondrement de l'armée et des institutions gouvernementales n'est pas à exclure d'ici quelques mois. Selon la formule de de Gaulle, le pouvoir ne serait plus à prendre, mais à ramasser...

– Laissés à eux-mêmes, les Talibans ne semblent pas en mesure de pouvoir tenir le pays dans son intégralité. Même le ralliement massif des fonctionnaires gouvernementaux ne permettrait pas d'empêcher l'éclatement du pays : certaines ethnies, Tadjiks et Panchiris en tête, suivies par les Ouzbeks et les Hazaras refuseraient le contrôle des Talibans à forte dominante pachtoune.

– Les gouvernementaux ne semblent avoir les moyens de tenir – et encore avec difficulté – que la région de Kaboul. Un départ brusqué des Américains pourrait susciter dans la capitale, comme ce fut le cas à Saïgon, un mouvement de panique. On estime à 30 000 les Afghans qu'il faudrait évacuer par air de Kaboul et Bagram. Il faudrait y ajouter en priorité le personnel des ambassades et des services annexes.

– L'islam sunnite, fortement majoritaire, n'aurait pourtant de poids que par un appel à la guerre sainte contre les Hazaras chiites. Les États environnants seraient incités à intervenir, notamment l'Iran pour la défense des Hazaras : cela pourrait entraîner le danger d'une guerre de religion entre Sunnites et Chiites difficile à circonscrire à l'Afghanistan. Aucune superpuissance (Russie, Chine) ou puissance moyenne (Pakistan, Iran, Inde) ne semble en mesure de prendre à son compte pacification et résolution du problème ou même d'être désireuse d'y procéder. Seule une opération de remise en ordre, plus ou moins patronnée par l'ONU, pourrait être envisagée à condition que plusieurs États y participent. Parmi les organisations internationales, seule l'OTSC patronnée par la Russie aurait vocation à intervenir. L'armée pakistanaise pourrait s'engager en zone pachtoune, notamment ghilzaï (tribu pachtoune répartie des deux côtés de la ligne Durand).

– Ces différentes circonstances risquent de mettre en péril le retrait, probablement vers le Pakistan, des Américains, de l'OTAN et du matériel sensible ne pouvant être emporté par avion.

– Les commandos de Daech en position face à l'Asie centrale ex-soviétique pourraient profiter des circonstances pour mener des opérations de harcèlement ou même des expéditions dans le désert turkmène.

– En cas de guerre civile, le Pakistan, l'Iran, voire l'Ouzbékistan semblent être en mesure de récupérer, à leurs frontières, des parcelles de territoire afghan.

En définitive, le bouleversement initié par Trump coûterait beaucoup plus cher en argent et en vies humaines que le *statu quo*. La guerre, non seulement sévirait de plus belle, mais serait difficile à circonscrire à l'Afghanistan. Pour ces raisons, il faut continuer à prendre en considération comme un moindre mal l'hypothèse d'un départ retardé, voire d'un maintien des États-Unis ou de l'ONU, encore pour quelques années, dans le bastion afghan.

XVI

LES GRANDES OPTIONS ET L'AVENIR DU TRÈS GRAND JEU

Il n'est pas question, ici, de rentrer dans le détail des évolutions possibles à l'intérieur du « triangle États-Unis, Chine, Russie » ou avec les pays avoisinants qui pourraient être inclus dans le TGJ : ce serait se lancer dans un autre livre ! Je me contenterai de fournir les principaux changements de configuration envisageables.

Le « Triangle » est dominé de nos jours par trois phénomènes :

– Tout d'abord, le partenariat sino-russe renforcé à la suite de la crise de Crimée en 2014,

– Ensuite l'apparition en 2013 des Nouvelles Routes de la Soie véritable affirmation de la Chine par rapport aux États-Unis, mais aussi par rapport à la Russie,

– Enfin les décisions fracassantes, fin 2018, du président Trump de repli total de Syrie et partiel d'Afghanistan qui témoignent d'un changement de cap quelque peu corroboré par la déclaration russo-sino-américaine du 26 avril 2019 à Moscou : les puissances du Triangle semblent vouloir s'entendre pour prôner le départ des Américains de l'Afghanistan et remettre aux mains des Afghans le sort de leur pays tout en leur demandant de ne plus jamais tolérer chez eux les terroristes de Daech et d'Al-Qaïda. Entente tripartite aussi surprenante qu'encourageante !

« LE PARTENARIAT » SINO-RUSSE

La quasi-alliance sino-russe[1] se porte bien : elle se traduit par de spectaculaires développements comme celui de la colossale Organisation de Coopération de Shanghaï (OCS) qui rassemble avec huit pays membres 40 % de la population mondiale. Elle aboutit aussi à de multiples « ajustements » sur place, en Sibérie comme en Asie centrale. Ces ajustements – comme, par exemple, le partage du marché de l'essence entre Russes et Chinois après l'ouverture de la nouvelle raffinerie chinoise à Kara-Balta au Kyrgyzstan – dénotent, au plus haut niveau, une volonté de collaboration à tout prix. Comme l'écrit Michel Jan, « Très pragmatiques, les Chinois se servent des avantages du moment sans oublier le long terme (passé et avenir) ». On pourrait écrire de même à propos de la Russie mais en gardant en tête ce dont les « Fils du ciel » se souviennent : Les Russes ont été les plus grands accapareurs de terres chinoises, dès le XVIIe siècle.

---

1. Le terme « alliance » n'est jamais utilisé officiellement.

Si étendue qu'elle soit, notamment en Asie centrale,
la patience russe face aux entreprises et infiltrations
chinoises rencontrera forcément des limites en Sibérie
et dans la Province maritime (région de Vladivostok).
Un peu comme un forçat qui traîne son boulet, la
Russie de Poutine demeure « très attachée à « sa »
Sibérie »… Certes, le peuple russe n'a plus l'élan ni
une démographie suffisante pour mettre en valeur ce
qui lui reste de « Russie asiatique ». Sa vigilance y
demeure néanmoins si sourcilleuse que l'expansion
économique – et démographique ! – chinoise observée
à la frontière sino-russe ou près de certaines mines à
l'intérieur du territoire ne pourra, tôt ou tard (cinq ans ?
dix ans ?), que susciter officiellement les craintes de
Moscou.

En fait, la collusion sino-russe, par bien des côtés, est
une négation, presque contre nature, des leçons de
l'Histoire[1]. Elle n'existe que par suite d'un aveuglement de l'Amérique qui ne peut surmonter sa répulsion anti-soviétique reportée, aujourd'hui, sur les
Russes. En imposant en 2014 des sanctions démesurées
à la Russie, au motif d'une « annexion » de la Crimée,
sans essayer de comprendre que ce n'était, en réalité,
qu'une « récupération », Washington a littéralement
jeté Moscou dans les bras de Pékin. Ni la géographie
ni l'Histoire ne prédisposaient les peuples russe et

---

1. Voir à ce sujet René CAGNAT et Michel JAN, *Le Milieu des empires*, p. 108-
110, p. 127-141, p. 203-218.

Les grandes options et l'avenir du Très Grand Jeu

chinois à cette aventure : bien au contraire ! Mais Vladimir Poutine, isolé, vilipendé, n'avait pas d'autre choix. L'Amérique a ainsi gâché ses chances d'obtenir, sur les arrières de la Chine, une alliance qui aurait pu déterminer son succès. L'Europe, une fois de plus à la remorque de l'Amérique, s'est privée avec les Russes de l'un de ses grands peuples – le plus nombreux, en tout cas – doté de capacités littéraires, scientifiques, artistiques et militaires hors du commun : funeste option qui vaudra, peut-être, un jour, aux Européens comme à leurs frères russes, de n'être plus qu'au second rang, voire de disparaître...

Vladimir Poutine, quoi qu'il en soit, n'a pas tardé à « saisir le vent chinois dans les voiles russes », appareillant ainsi pour une belle navigation. Elle lui vaut, aujourd'hui, de recueillir, de la part de Xi Jinping, outre un partage du fardeau centrasiatique, une mise en valeur de la Sibérie qu'il n'aurait pu obtenir avec ses seules forces. Mais des écueils existent dans ce désert sibérien que les Slaves n'arriveront jamais à peupler et que les Chinois, en revanche, colonisent sur ses limites sud. Eux-mêmes un brin asiatiques, les Russes disposent, certes, d'une capacité d'assimilation exceptionnelle s'agissant des Asiatiques, mais ils vous diront : « avec les Chinois c'est autrement difficile ! » Métissage puis assimilation ? Même fortement sinisés, les Russes n'accepteront jamais de devenir chinois, à plus forte raison sur leur propre territoire ! Il conviendrait de réfléchir sur ce point...

Notons en attendant qu'à Koultouk, au sud du lac Baïkal, la population de la région vient de s'opposer, au début de 2019, à l'installation d'une usine chinoise d'embouteillage d'eau : des manifestations ont été organisées rassemblant jusqu'à 3 000 personnes à Irkoutsk. Une pétition demandant l'arrêt des travaux a été lancée sur internet « pour infraction à la législation environnementale ». Finalement, selon la presse locale, en avril 2019, sur décision de justice, le chantier a été suspendu... [1]

Ceci étant, l'histoire de la colonisation russe en Chine même – par exemple en Mandchourie (Dongbeï) – révèle que la cohabitation avec les Hans se termine au mieux, devant le risque de phagocytose, par une émigration effectuée à temps ou par la disparition pure et simple au sein de la société chinoise. En retournant à la famille à deux enfants et en tentant de réduire en partie les erreurs de leurs prédécesseurs – Mao Zedong en tête – les dirigeants actuels renouent avec les risques d'un nouveau dynamisme démographique appliqué à une population de plus de 1,3 milliard de personnes !

La parade sera, peut-être, pour Poutine ou son successeur, de prendre ses distances au bon moment. En tout cas, sous le système politique et économique que met en place peu à peu Pékin, avec ses Nouvelles Routes de la soie, ses implantations démographiques,

---

1. In *Le courrier de Russie* du 24 avril 2019, article « L'or bleu du Baïkal se refuse à la Chine ». Cet hebdomadaire en français d'excellente tenue, spécialisé dans l'information des francophones, est d'inspiration russe.

ses récupérations de minorités de Hans expatriées[1], ses contrats gaziers à long terme et ses soutiens financiers orientés, les verrouillages seront nombreux face au «Ruxit» hors de l'OCS: cette manœuvre deviendra de plus en plus difficile. Pour les Russes, leur force nucléaire, encore largement supérieure pour quelques années, semble, face aux «Célestes», un soutien, un réconfort… en attendant d'être un moyen de pression, ou un recours.

Pour peu que les Américains y mettent du leur, la rupture entre Russes et Chinois devrait donc intervenir un jour. La récupération, alors, des Russes par les Occidentaux américains et surtout européens sera d'autant plus difficile que ce peuple, laissé longtemps à lui-même et aux Chinois, aura repris de mauvaises habitudes: staliniennes! Qui en voudra? Par les temps qui courront, nécessité fera loi pour les États-Unis comme pour l'Europe… Sans compter que nos frères russes ont montré qu'ils sont capables de sursauts démocratiques! Puissions-nous donc les accueillir, un jour, malgré tout, dans le bercail européen! Notre salut en dépendra, peut-être…

Les États-Unis, très anti-russes, en viendraient-ils à se rapprocher, dans le triangle, des Chinois contre la Russie accompagnée, peut-être, par l'Inde?

---

1. Les Dounganes, musulmans hans ou turco-hans, émigrés de longue date au Kazakhstan et au Kyrgyzstan sont «courtisés» par les ambassades chinoises dans ces pays.

UN RAPPROCHEMENT SINO-AMÉRICAIN
EST-IL ENVISAGEABLE ?

On aurait pu penser qu'il était en filigrane en 2012 de la décision de Barack Obama et d'Hillary Clinton d'effectuer un «pivotement» de leurs forces en direction de la zone Asie-Pacifique. Mais cette orientation nouvelle traduisait au contraire une volonté des Américains de prendre position face à l'ouverture de la Chine – puissance jusque-là surtout continentale – vers le monde maritime. Cela s'est donc traduit, au lieu d'un rapprochement, par une série de crises dans la mer de Chine et le pourtour de la péninsule de Corée.

Il ne pouvait en aller autrement car, mis à part un certain pragmatisme surtout commercial qu'ils partagent, Chinois et Américains sont, à l'évidence, très éloignés tant par leurs civilisations respectives que par leurs options politico-économiques : le communisme des uns (parce que les Chinois, n'en déplaise à certains, sont toujours des communistes), le libéralisme très particulier des autres ne favorisent pas une convergence. De même, le caractère entier du Président Trump et l'obstination avérée du camarade Xi Jinping n'ouvrent guère sur un terrain d'entente.

Il existe, certes, aux États-Unis comme en Chine, des éléments qui favorisent une tendance au rapprochement, en particulier ces «pragmatiques futuristes» qui tournent résolument le dos à l'Europe et regardent vers le Pacifique où ils perçoivent l'avenir. Il est vrai, par ailleurs, qu'une « fatalité économique » lie étroitement les deux géants : des entreprises communes « délocalisées » et, surtout, ces bons du trésor américains (BTUS) que les lois du marché obligent Pékin à détenir massivement. Mais, après, il est vrai, une baisse importante de 25 % de 2015 à 2017 des BTUS détenus par la Chine, cette « fatalité » demeure depuis étonnamment stable[1] ce qui indique une volonté, au moins du côté chinois, de ne pas couper les ponts.

Chinois et Américains, dotés chacun de modèles incompatibles, restent donc, pour l'instant, dans une expectative qui ne laisse pas d'être menaçante, pour l'Asie centrale comme pour le reste du monde...

C'est ici qu'apparaît le risque du « piège de Thucydide ».

---

1. Au 24/10/2018, et depuis un an, rien ne prouve que les Chinois cherchent à « punir » les Américains en allégeant leurs positions en bons du Trésor américains, pour l'essentiel les bons à 10 ans, les fameux TB10, la référence absolue en matière de réserves de change. Ils en vendent et en achètent au gré de leurs besoins financiers, mais pas en fonction de leurs relations politiques avec Washington. Ces BTUS représentent 1 165 milliards de dollars, soit 37,36 % des réserves de change chinoises. Ils font, certes, de la Chine le premier créancier des États-Unis. Mais l'Empire du Milieu est suivi de très près par le Japon qui détient 1 030 milliards de dollars de BTUS.

LE PIÈGE DE THUCYDIDE

Notons au préalable que le risque est assez considérable car ce piège, comme une souricière, pourrait se déclencher au moindre choc du fait, par exemple, d'un événement fortuit mais non sans conséquences, du genre assassinat de Sarajevo, le 28 juin 1914.

L'allusion à l'historien Thucydide a été faite en 2012 par le Professeur américain Graham Allison à partir de l'histoire grecque. Elle nous reporte à la guerre du Péloponnèse au Vᵉ siècle avant J.C., lorsque Athènes, en pleine ascension, effraya, par les progrès de sa puissance, Sparte, pouvoir en place, qui, partant, l'attaqua, suscitant un conflit épuisant de 27 ans.

L'Amérique, puissance en place, tombe-t-elle dans le piège en défiant au travers du Pakistan (ou de la Corée du nord ?) la puissance chinoise montante ? Il semble qu'en fait les deux adversaires sont déjà pris dans une évolution qui les mène, d'une rémission à l'autre, de crise en crise.

Aux dires de nombreux sinologues, la Chine de Xi Jinping, tout en lançant des slogans pacifistes, incite depuis 2012 son armée et son peuple à se préparer à un conflit.

Si hardie que soit cette présentation des événements, on doit reconnaître que la gravité croissante des tensions, qui, de la mer de Chine et de la Corée jusqu'au Pakistan, secouent la périphérie chinoise, ressemble à un glissement vers une spirale guerrière.

La Chine est encore en état d'infériorité nucléaire, militaire et navale, mais elle donne l'impression qu'elle peut combler ce handicap d'ici une dizaine, voire une quinzaine d'années. L'inconnue demeure l'aide que consentirait à apporter la Russie dans tous ces domaines pour seconder la Chine : cette aide pourrait être considérable[1] et refroidir les États-Unis dans leurs velléités d'intervention, lesquelles velléités sont, de toute façon, limitées par une opinion publique américaine réticente, en particulier dès qu'il est question de menace nucléaire.

Ainsi le glissement vers le piège de Thucydide, c'est-à-dire une intervention « préventive » des États-Unis contre la Chine, semble difficile tant que Moscou sera aux côtés de Pékin. Mais si la Russie devait se ranger, dans les années qui viennent, aux côtés de l'Amérique, accompagnée, il se peut, de l'Inde, puissance particulièrement anti-chinoise, les États-Unis pourraient alors en profiter pour régler leur compte à une Chine très surclassée. Dans le TGJ l'importance des options de Vladimir Poutine et de ses successeurs est cruciale...

---

1. Même dans le cas du partenariat limité actuel entre la Chine et la Russie le risque de fuites d'informations décisives, même et surtout au plus haut niveau, est réel.

QUE POURRAIT-IL SE PASSER EN ATTENDANT?

On devrait aller vers des crises de gravité moyenne où la menace nucléaire ne serait pas véritablement brandie. Cela exclut, par exemple, sur la ceinture maritime, l'interruption du trafic de tankers dans le détroit de Malacca ou même ailleurs car cela pourrait être un *casus belli* nucléaire. Sur les routes terrestres, pour la même raison, l'arrêt du trafic par bombardements classiques semble également devoir être rejeté. Mais ce qui demeure possible correspond à des actions d'interception par des éléments difficilement identifiables, diffus sur de vastes espaces, agissant par coups d'épingle. Cette guerre subversive empêcherait la Chine de prendre le dessus sur les États-Unis par un frein mis à sa coopération terrestre par les routes de la soie avec l'Europe.

Nous avons là un type de combat qui peut être mené par des terroristes. C'est dans cette hypothèse que Daech et consort pourraient être utiles aux États-Unis dans une Asie centrale qui comporte quantité d'objectifs (oléoducs, gazoducs, lignes électriques, autoroutes, voies ferrées, barrages, mines, etc.) dont la destruction ou la neutralisation mettraient à mal le BRI, ce lien économique reliant la Chine à l'Europe, au minimum à la Russie, dont la rupture pourrait devenir, en cas de réussite chinoise, quasi – prioritaire pour Washington.

Utilité pour les Américains
de la plateforme afghane

Dans le cas de la présente guerre, le territoire afghan permet déjà de disposer de bases techniques de drones et de missiles destinées à détruire les insurgés de tous ordres et notamment leurs hiérarchies sur le territoire afghan mais aussi au Pakistan.

Mais ce ne sont pas ces éléments « directs » de tir qui seraient utilisés dans la nouvelle guerre subversive où Washington piloterait indirectement, par mouvements terroristes interposés, des commandos qui pourraient intervenir non seulement dans le corridor sino-pakistanais, mais aussi dans toute la profondeur centrasiatique, et au-delà en Europe et en Chine.

À l'intérieur comme sur le pourtour de l'Afghanistan, seraient visés par des actions subversives les équipements et les installations favorisant les échanges internationaux : ce serait par exemple en pays afghan, si du moins ils sont construits, le cas du gazoduc TAPI et de la voie ferrée transafghane qui relierait la Chine à l'Iran. Sur le pourtour serait suscitée une ambiance d'insécurité par des sabotages sur les VF, autoroutes et installations portuaires des routes de la soie, mais aussi par des attaques contre les forces militaires locales.

Les Américains seraient, de très loin, à l'origine de cette subversion, par éléments terroristes interposés, qui permettrait de freiner la progression de la puissance montante chinoise.

Les États-Unis et leur CIA auraient-ils déjà entamé depuis quelques mois cette action stratégique en faisant semblant de lutter contre Daech en Irak et Syrie tout en favorisant le « retour » des djihadistes en Afghanistan [1] ? Assurément, l'EIK de nos jours, alors qu'il est seulement freiné par les Américains au Nangahrar, prend en revanche position tout à son aise sur la frontière afghane face au nord et au nord-ouest, en se préparant à déstabiliser le Tadjikistan et surtout le Turkménistan [2].

Tout ce qu'on observe depuis 1979 en Asie centrale – l'intervention soviétique en Afghanistan, puis en 1992 la guerre civile tadjike, puis en 1994 la conquête de l'Afghanistan par les Talibans, suivie en 2001 par l'intervention américaine et otanienne, et, enfin, les préparatifs actuels au nord de l'Afghanistan face à l'Asie centrale – ne serait-il qu'une longue guerre de quarante ans, opposant les États-Unis à l'URSS, puis à la Russie ? Cette permanence d'hostilité pourrait expliquer que souvent, chez les Américains, la menace russe figure en première place.

---

1. Quelques djihadistes – le groupe Khorassan – sont partis d'Afghanistan vers l'Irak en 2012-2013.
2. Les dernières informations à ce sujet remontent à fin décembre 2018. https://www.ritmeurasia.org/news–2018-12-24–afganskie-voennye-soobschajut-o-skoplenii-boevikov-ig-na-granice-s-tadzhikistanom-40254?fbclid=IwAR2uUVmZvK85upcotHmzmh6tsp1rGWEFSuTC-xe4qdVJegOnaWyEj9H4rzCw

Le retour de la Russie en Afghanistan

La Russie revient, en ce terrain miné qu'elle connaît bien, sur la pointe des pieds. Son excellente diplomatie est parvenue, à force de patience, à surmonter un énorme handicap en établissant des contacts discrets mais effectifs avec les Talibans afghans[1]. En témoigne cette déclaration faite, en février 2017, par un *leader* taliban Saïd Akbar Aga à une journaliste russe, Daria Aslamova. Après avoir prévenu que les Américains « expédient » des djihadistes de l'EI au nord de l'Afghanistan, il avertit qu'« ils ont l'intention par l'intermédiaire de ces mercenaires de se battre en Asie centrale, de la prendre sous leur influence et ainsi de déstabiliser la situation et d'établir une menace sur les frontières de la Russie ».

Cette interview (donnée à Kaboul) est certainement à prendre avec des pincettes, quoique la journaliste de la *Komsomolskaya Pravda* soit connue et de bonne réputation. La déclaration a au moins l'avantage d'indiquer la vision qu'a le Président Poutine de la situation actuelle. Si cette menace sur les frontières de l'Asie centrale et sur les 5 millions de Russes qui y sont demeurés se dessine, l'intervention de

---

1. Notre diplomatie était bien mieux placée pour cela car nous bénéficions d'une bonne image de marque en Afghanistan d'où nous avons replié notre contingent otanien. Malheureusement, comme la Grande-Bretagne, nous avons choisi, pour des raisons financières ?, de ne pas sortir du sillage américain, ce qui fait de la France et d'Albion de quasi-protectorats américains avec une faible liberté de manœuvre.

Conflit global au Moyen-Orient et en Asie centrale

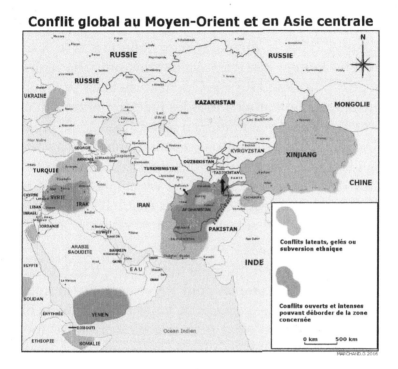

l'OTSC[1] ou au moins de Moscou « pour rétablir l'ordre » est probable. Que la Chine accompagne ou observe, importe peu : la Russie, menacée dans son pré carré et sûre de trouver sur place des alliés, réagira militairement et fermement comme elle a déjà réagi en Tchétchénie. L'intervention devrait rester circonscrite au niveau de l'Asie centrale, mais n'en serait pas moins un événement de taille.

---

1. L'Organisation du Traité de Sécurité Collective (OTSC ou ODKB en russe) est, rappelons-le, une organisation défensive militaire rassemblant, autour de la Russie, cinq ex-républiques soviétiques : l'Arménie, la Bielorussie, le Kazakhstan, le Kyrgyzstan et le Tadjikistan.

Je n'accompagne pas, pour autant, Daria Aslamova lorsque, dans le même article[1], elle fait dire à un général kyrgyz que « les Américains ont déjà réalisé le projet du Grand Proche-Orient après avoir pratiquement détruit ou affaibli tous les États importants de la région. » Maintenant entre en action, dit-elle, le projet de « la Grande Asie centrale : et elle flambe ! » D'aucuns ajoutent que l'observation des déplacements de capitaux de l'Organisation de l'État islamique révèle que, dans son rétablissement plus à l'est, elle s'intéresse aussi à l'Asie du sud-est toute aussi cruciale pour les États-Unis… que pour la Chine !

Face à cet avenir, plein de turbulences, il faut toutefois prendre en compte, pour l'Asie centrale, la tradition d'une grande inertie et de longs mûrissements du facteur temps. En effet, peu de gens, hormis les fous d'Allah – comment les appeler autrement ? – y privilégient la remise en cause des acquis du passé et des profits du présent au bénéfice d'un futur plus que problématique. Même les Kyrgyzs, les plus turbulents des Centrasiatiques, même les mafieux, parfois terriblement incisifs et déstabilisants, réfléchiront à deux fois avant de mettre en danger le sursis actuel mué en fragile équilibre…

Peut-être faudrait-il profiter de ce sursis pour « vider » par la voie diplomatique l'éternel abcès afghan. C'est encore du domaine du rêve… Cela, pour-

---

1. *Komsomolskaya Pravda* du 28/9/2017 de *Daria Aslamova* : « Comment est apparue au Kyrgyzstan la ceinture des martyrs » (en russe).

tant, pourrait se faire, un jour, sous contrôle d'un Haut Représentant de l'ONU en recourant à un gouvernement afghan représentatif et aux mouvements de résistance les plus importants. Modèle serait pris sur la résolution du problème tadjik voici vingt ans. Mais cela demanderait, au minimum, une fois de plus, l'entente des États-Unis et de la Russie auxquels s'ajoute maintenant la Chine... Le retrait américain serait peut-être le premier pas d'un tel processus.

BILAN ET PROSPECTIVE DU TRÈS GRAND JEU

Le Très Grand Jeu devient de plus en plus, en Asie centrale, une réalité foisonnante qui correspond à la diversification des relations internationales induite par l'ordre mondial multipolaire en cours d'émersion. Grandes puissances, nations, organisations, religions, chacune avance ses pions sur l'échiquier-type centrasiatique, cet axe de la discorde mondiale où toutes les principales forces sont représentées et se livrent à leurs machinations d'une façon plus évidente qu'ailleurs. Ainsi,

– L'islam sunnite, salafiste ou wahhabite, est encouragé grâce aux pétrodollars de l'Arabie saoudite, voire de certains Émirats du Golfe : cette manœuvre financière – véritable effort de mobilisation de l'Asie centrale sunnite – peut être perçue comme une tentative d'encerclement de l'Iran chiite, ennemi abhorré, depuis les origines de l'islam, par le reste du monde musulman. Elle peut coïncider aussi avec une troisième *nahda*, renaissance de ces vieilles terres musulmanes du Turkestan éparses autour du « dôme de Boukhara[1] ».

– Ayant pris position en Afghanistan en 2001 au motif d'une vengeance contre al-Qaïda, les États-Unis ont, comme nous l'avons vu, peu à peu découvert l'importance stratégique du « bastion afghan ». Washington a compensé son éloignement stratégique en s'installant sur la « plateforme de projection afghane » non loin du « ventre mou » de la Russie (Caucase-Volga-Oural) et sur les arrières de la Chine, de la péninsule indienne, du Monde arabe et de… l'Iran ! L'hyperpuissance américaine garde ainsi « un droit de regard » sur une « zone pivot », une région-clé qui, en son absence, pourrait totalement lui échapper. On prétend que le Président Trump voudrait obtenir le retrait américain à l'horizon des élections présidentielles afghanes reportées à septembre 2019. Ceci ne sera possible que si les États-Unis obtiennent le minimum de moyens concrets (bases) pour ce « droit de regard » sur la région. Y renoncer reviendra à renoncer aussi au rang d'hyperpuissance régentant toute région du monde.

Notons au passage la similitude entre le vieux problème afghan et la nouvelle question du Sahel suscitée en Libye en 2011 avec l'aveuglement et la prétention qui présidèrent aux débuts de l'intervention améri-

1. Voir *supra* p. 63 note 36.

caine en 2001. Que l'enlisement persistant de l'Amérique en Afghanistan nous incite à garder nos distances et notre liberté de manœuvre au Sahara comme au Maghreb !

– Grâce au contrôle du rivage ouest de la Caspienne, la Russie agence un axe nord-sud, notamment ferroviaire, en direction de l'Iran, son allié, et du nouveau port en mer libre de Chabahar, à la sortie du Golfe persique [1] : elle assurera de cette manière un lien logistique avec son autre grande alliée dans la zone, l'Inde. Décidée à diviser ses adversaires, la Russie essaye d'étendre cette action en direction du Pakistan : un protocole d'accord a été signé, le 28 septembre 2018, pour la construction d'ici cinq ans par Gazprom d'un gazoduc sous-marin transportant du gaz iranien depuis la région de Chabahar jusqu'au port pakistanais de Gwadar avant de le prolonger, peut-être, vers l'Inde. Coût du projet : 10 milliards de dollars, soit autant que l'investissement consenti pour le programme concurrent TAPI [2] plus risqué puisqu'il doit traverser l'Ouest afghan menacé par Daech. En même temps, Moscou veille dans le secteur sur « son pré carré centrasiatique » grâce à l'Organisation du Traité de sécurité collective (OTSC) qui comporte trois des cinq républiques centrasiatiques : le Kazakhstan, le Kyrgyzstan et le Tadjikistan.

---

1. Cet accès à une mer libre correspond à un vieux rêve de la stratégie russe.
2. Voir *supra* p. 276

– La Chine lance, depuis 2013, les autoroutes, voies ferrées, oléoducs, gazoducs, lignes électriques de ses « routes de la soie » au travers de l'échiquier centrasiatique vers l'Europe ou, en sens inverse, vers elle-même. C'est même par les 1 600 km d'une voie ferrée au travers de l'Afghanistan qu'elle pourrait se relier au réseau ferré à écartement européen parvenant jusqu'à la frontière irano-afghane : comme la Chine bénéficie aussi de l'écartement européen cela permettrait un trajet ferroviaire Pékin-Paris sans transbordement ! L'Empire du Milieu mesure tout à fait le risque que représente, pour la partie terrestre (the Belt) de sa « Belt & Road Initiative » et son futur corridor routier au Pakistan, la présence militaire américaine en Afghanistan : c'est pour cette raison que les « Célestes » s'insèrent discrètement de nos jours en pays tadjik comme en pays afghan, mais avec précaution. Le corridor routier en construction au travers du Pakistan, du Xinjiang (Kachgar) à la mer d'Oman (Gwadar) est également un moyen de surveiller à l'avenir les débouchés maritimes du Pakistan et de l'Afghanistan, comme la force nucléaire maritime pakistanaise et, surtout, les relations économiques et militaires en plein développement entre Inde et Russie : la confiance règne !

– Le Pakistan, sous la direction d'Imran Khan, semble ne pas s'aligner sur le *diktat* du président américain à Fort Myer, le 22 août 2017. Bien au contraire, comme nous venons de le voir, il accepte de continuer à développer les liens avec la Russie même au prix d'une transgression des sanctions commerciales américaines contre l'Iran. La nouvelle manœuvre anti-terroriste annuelle avec l'armée russe entamée en 2017 n'est-elle pas maintenue par Islamabad ? Le Pakistan mérite une attention soutenue car c'est peut-être du fait de sa situation très délicate que pourrait naître l'amorce d'un conflit nucléaire...

– L'Inde de son côté, qui avait donné quelques espoirs à Donald Trump en 2017, s'est beaucoup rapprochée depuis de la Russie sous couvert d'achats massifs d'armement. Elle n'en suit pas moins les conseils du président américain de multiplier ses contacts avec l'Asie centrale dans son ensemble. Par-delà le Pakistan et l'Afghanistan, ses tentatives d'alliance de revers se maintiennent.

– La Turquie ne doit jamais être oubliée à propos de l'Asie centrale. Elle y retrouve une région très majoritairement turcique et turcophone où elle peut redécouvrir divers liens « familiaux », religieux – l'origine de ses confréries mystiques, par exemple – et dont elle peut faire facilement son *hinterland* économique. Les liens entre l'Asie centrale et la Turquie ne sont pas seulement mafieux, mais aussi commerciaux, culturels, religieux !

– L'Europe, par l'intermédiaire historique de la Russie – pays européen – et même par le truchement de l'Union soviétique qui a beaucoup œuvré pour l'européanisation de l'Asie centrale, retrouve dans cette région une certaine proximité civilisationnelle :

l'extension des limites de l'Organisation pour la Sécurité et la Coopération en Europe (OSCE) jusqu'à la frontière chinoise n'est pas fortuite. Il faudrait cependant que la personnalité politique de l'Europe s'affirme pour que son rayonnement autre qu'économique atteigne l'Asie centrale avec plus d'intensité... Son apport culturel, sociétal et scientifique est, pour autant, loin d'être négligeable notamment en ce qui concerne l'Allemagne, l'Italie – étonnamment dynamiques sur place – et la France qui, active sur le plan culturel, pourrait mieux faire en d'autres domaines...

Le voisinage de plus en plus étroit entre l'Asie centrale et le continent européen se traduit par un fait marquant : le contingent des migrants afghans est devenu le plus important aux portes de l'Europe ! L'Afghanistan, jusqu'à la fin du siècle dernier, était un pays lointain. Aujourd'hui, sous la menace, il est devenu un pays proche. L'émigration, ce terrible problème promis, si l'on n'y prend garde, à d'immenses développements [1], doit être résolu au point de départ et non bâclé en cours de route ou au point d'arrivée.

Dans le cadre du Très Grand Jeu tout cela constitue une empoignade du bien et du mal, avec une certaine dualité dans les résultats... Prenons certains exemples.

---

1. Voir *supra* p. 165-166.

À QUELQUE CHOSE MALHEUR EST BON...

– Les influences nationales rivales peuvent jouer de la corruption pour faire avancer en tout pays leurs intérêts. Mais, en même temps, cette progression de la corruption sera source de progrès technique, d'embauche, de stages à l'étranger, de contacts qui ne seront pas tous néfastes...

– L'épouvantable système actuel du capitalisme sauvage, qui laisse les gens simples sans défense, devrait hélas se maintenir. Pourtant, les efforts d'initiation à la défense des Droits de l'homme, aux droits économiques, à la sécurité sociale engagés, en particulier par l'Union européenne, les ONG de certains pays occidentaux seront un barrage et aideront à la découverte des abus.

– Les rivalités religieuses, notamment entre chrétiens et musulmans, pourraient s'aigrir. Toutefois, les tentatives de rapprochement des deux religions entamées au plus haut niveau par les rencontres du Pape, en terre musulmane, avec des dignitaires musulmans sont de bon augure.

– Le domaine de la santé devrait être prioritaire tant les nations ont intérêt à son contrôle pour éviter contagions, pandémies, etc. Et pourtant sévit dans ce secteur des abus épouvantables : le rapt des bébés dans les maternités, le trafic des médicaments, la vente du diplôme de médecin aux plus offrants, etc. À côté de cela des ONG comme Médecins sans frontières, des organisations religieuses comme Aide à toute détresse des Sœurs de Mère Thérésa, voire laïques et militantes comme le Peace Corps, sont exemplaires.

– La défense nationale, l'économie, l'éducation et même la culture deviendront des champs d'action du TGJ avec un antagonisme accru. Mais en même temps l'enseignement des cultures et langues étrangères[1] va améliorer l'ouverture de civilisations, de sociétés jusqu'ici repliées sur elles-mêmes, isolées encore par un système soviétique qui s'atténue dans les capitales mais subsiste dans les administrations, les mentalités provinciales.

DERNIÈRES CHANCES POUR L'AFGHANISTAN

La gravité des problèmes du pays afghan est telle que leur résolution devrait être envisagée par un « état de siège » maintenu sous le contrôle de l'ONU. Une tentative pourrait être faite pour que ces problèmes (ordre public, trafic de drogues, corruption généralisée, inalphabétisme, etc.) soient réglés par les Afghans eux-mêmes. Ils disposeraient alors d'une aide massive, mais qui serait modulée en proportion des résultats obtenus. À l'extrême, devant la prolongation de l'échec, la nomination d'un Haut-Commissaire de l'ONU nanti d'un mandat discrétionnaire serait une option de la dernière chance…

---

1. Centres Confucius des Chinois, universités et maisons de la culture russes, université américaine de Bichkek, institutions de formation à l'anglais, efforts multiples, notamment religieux, d'enseignement de l'arabe, efforts méritoires de l'Alliance française, etc.

Conclusion

LA GRANDE EUROPE

« Si on a une colonne vertébrale,
ce n'est pas seulement pour se courber. »

Proverbe dogon

Dans cette conclusion figurent les enseignements
que j'ai pu tirer non seulement de ma vie en Asie
centrale et de mes études à son sujet mais aussi de
mes séjours dans les Balkans. Au cours de l'écriture
de ce livre et sous l'influence centre-asiatique, j'ai
évolué dans mes opinions : alors que j'étais devenu
plutôt anti-européen, j'ai finalement admis l'idée
d'un gouvernement de l'Europe fédérant les États
membres en voyant combien les dissensions des Centrasiatiques les condamnent à l'impuissance, au malheur, à la guerre civile et, peut-être même, à la
disparition. Pour eux comme pour nous, le rapprochement des économies, des institutions, des États sous la
direction d'une autorité effective est une question de
vie ou de mort : nous ne pourrons en Europe nous
défendre — tout en revendiquant nos différences —

qu'unis par l'existence, sur la base d'une économie cohérente, d'un pouvoir fort, menant une politique étrangère et doté d'une armée européenne, et ce, sans tarder! C'est une évidence pourtant éludée ou refusée le plus souvent. Si les Centrasiatiques restent désunis et risquent d'en périr, restons, nous Européens, tous ensemble afin d'être et durer.

*

De l'Asie centrale à la France, à l'Europe, je remarque chez mes parents, mes amis, la crainte d'une guerre civile. J'ai commencé par découvrir en Yougoslavie l'horreur de ce type de guerre en assistant, fin 1993, à la destruction, retransmise à la télévision, du pont de Mostar sous les coups de l'artillerie croate. J'étais en Bosnie à l'époque, entouré de Bosniaques musulmans. Je connaissais déjà Mostar, point de rencontre de toutes les minorités yougoslaves, et son ambiance cosmopolite. Je m'y étais arrêté, juste avant la guerre civile, pour boire un café turc en face du « *stari most* » : instant de bonheur et de recueillement. Ce vieux pont de pierres blanches, reflet d'argent sur l'émeraude de la Neretva[1], m'avait paru une création miraculeuse, un cadeau immaculé de Soliman le Magnifique aux peuples de son empire. Il fut construit en 1567 avec une maîtrise admirable, d'une seule lancée : il faisait bloc et paraissait indestructible.

---

1. Rivière locale.

Il a fallu que les canons croates s'acharnassent long-temps pour parvenir à l'écorner : il encaissait tous les chocs. Les tirs directs redoublèrent de violence pour l'abattre : d'un seul coup. Comme les talibans sortis, tels des scorpions, de leurs trous pour détruire les Boud-dhas de Bamiyan, ces artilleurs dévoyés d'un peuple catholique n'avaient aucune raison militaire à ce sacri-lège : ils s'attaquaient « seulement » à un symbole, à un pont entre l'Asie et l'Europe, entre chrétiens et musul-mans, bref à un trait d'union entre les hommes et les peuples. Les Bosniaques musulmans qui m'entouraient en silence, dents serrées, avaient parfois, comme moi, les larmes aux yeux. Pris dans le tourbillon de la guerre civile, j'aurais voulu tuer de mes propres mains l'officier croate responsable de ce crime. Et, à plus forte raison, je l'eusse fait, indistinctement, contre tous ceux qui auraient porté atteinte, entre autres, à la cathédrale de Chartres, à Notre-Dame de Paris ou à la basilique de Saint-Denis. Mais je l'eusse fait aussi contre ceux qui auraient frappé, en des contrées qui me sont chères, le minaret de Djam ou la Mosquée bleue d'Istanbul. Je n'aurais pas agi alors par fanatisme ou par volonté de vengeance, mais tout simplement parce qu'il existe des méfaits inexpiables. Voilà la violence où m'avait mené le tourbillon de cette guerre civile que je suivais dans le cadre de mes fonctions au ministère de la Défense.

Une guerre civile – comme je l'ai constaté en You-goslavie ou au Tadjikistan – exerce un effet d'entraîne-ment, encore plus que toute autre guerre, car elle est

l'occasion de crimes contre ce que nous avons de plus
cher afin de nous blesser au plus profond et susciter
notre vengeance. Elle délie les forcenés et enrage les
gens les plus sensés, les plus doux. Elle profane les
vieilles pierres sacrées comme elle supplicie ceux ou
celles que nous aimons par-dessus tout. Elle est donc à
éviter de toutes nos forces, de toute notre intelligence...
mais jusqu'à un certain point : pas au prix, par
exemple, de la soumission à l'ennemi, c'est-à-dire
d'une atteinte à la dignité, à l'Honneur.

Tout faire pour éviter la guerre civile, c'est le devoir
de chaque être humain. Apprendre ou enseigner la
mesure et la politesse, c'est faire œuvre de paix. Faire
preuve de tact est un art qui s'acquiert : cela varie d'un
individu, d'un peuple, d'une civilisation à l'autre. C'est
une leçon que je tire de ma longue vie de voyages et de
vie diplomatique à l'étranger, dans l'ancien bloc soviétique, à Moscou, à Berlin et Sofia, pendant les années de
Guerre froide, puis en Roumanie et, enfin, en Asie
centrale, où je me suis établi il y a vingt-cinq ans. Je
n'ai cessé de parcourir ces pays que j'aime tant et que
j'ai vu se déchirer : je pense surtout à l'Afghanistan, au
Tadjikistan, à la Yougoslavie, aux peuples martyrs à
venir, tel le peuple kurde. Ces communautés nous
semblent lointaines, mais, par leurs épreuves, leurs
excès, peuvent nous en apprendre sur nous-mêmes.
À l'inverse, elles peuvent tirer des enseignements de
nos malheurs. Le désastre de notre fin de guerre en
Algérie ne peut-il pas se reproduire en Afghanistan ? Il
y a déjà dans ce pauvre pays des laissés pour compte

par les différentes armées otaniennes, des *Harkis* afghans en quelque sorte ! La décision peu réfléchie, en décembre 2018, du président Trump de retirer la totalité de ses troupes de Syrie et d'en extraire la moitié de l'Afghanistan n'est-elle pas de mauvais augure ?

Où que ce soit, l'éducation reçue doit montrer, en fonction d'une loi, d'une religion ou d'une morale, les bornes à ne pas dépasser. Chaque être humain a sa dignité : c'est le signe d'une limite à respecter. Mais si, pour une raison supérieure, il faut franchir le pas, il convient alors d'avoir l'art, la manière, le doigté d'« effectuer les sommations » avant de passer, sur ordre, à l'acte. Chaque peuple dispose d'un « pré carré », mieux d'une citadelle qui est celle de sa dignité et que, chez lui, il a le droit et même le devoir de défendre. Cette citadelle peut protéger des êtres chers, un art de vivre, une civilisation, un patrimoine culturel, mais aussi un legs historique ou affectif. La diplomatie reste l'art d'imbriquer les divers prés carrés nationaux pour aboutir à une coexistence pacifique. À l'inverse, la guerre correspond à la nécessité de briser ces prés carrés pour qu'ils coïncident quand même. Quel serait, dans le contexte dangereux de notre époque de guerres civiles, notre « pré carré », celui de la citadelle « Europe » ou « France » ?

C'est en Asie centrale que j'ai compris l'importance et la teneur de ces notions, tant grâce à la distance qu'une expatriation m'imposait que par l'observation de vieilles nations exposées aux mêmes questionnements, aux mêmes envahissements que les nôtres. Comment se comporter, face au migrant qui se présente aux frontières ? Au nom du christianisme, comme du simple respect de l'homme, la réponse est partout la même : il s'agit d'accueillir, d'intégrer un frère. L'islam, où que ce soit, devrait avoir la même réponse.

Mais faciliter l'intégration des candidats à la citoyenneté exige, à côté d'un bon état de santé, une formation spéciale – même pour ceux déjà titulaires d'un permis de séjour. L'obtention de la citoyenneté sera subordonnée obligatoirement à une connaissance de la langue nationale assortie d'un respect de la nation choisie, de ses lois, de ses autorités, de son esprit en quelque sorte. En aucun cas, des pratiques étrangères, cultuelles ou sociales, contraires à cet esprit auront à être tolérées : tant dans la majorité que dans les minorités ethniques toute tendance xénophobe, tout ostracisme religieux devront être pénalisés pour éviter les débordements, favoriser l'intégration.

L'égalité des chances de tout citoyen face à l'instruction constitue un pilier de la société démocratique. Je me souviens à ce sujet d'une réaction de Roumains à une déclaration de ma part qui les avait stupéfiés. À mon arrivée à Bucarest, en 1990, juste après le renversement de Ceausescu, le hasard avait voulu que j'aidasse un couple d'enseignants français à adopter une petite Roumaine de deux ans : cette adoption était rendue possible par l'effondrement administratif du pays. L'enfant brillait d'intelligence et de charme à tel point que, devant les amis qui avaient favorisé l'adoption, je tins le propos suivant : « Maintenant, il faudra tout faire pour que, le cas échéant, cette nouvelle citoyenne française devienne, un jour, Présidente de la République ! » Qu'avais-je dit ! La petite était tsigane et mon propos était perçu par les Roumains comme une insulte à la fonction présidentielle... Eh bien, je persiste et signe ! Tout nouveau jeune citoyen français, homme ou femme, quelle que soit son origine, devra, en fonction de ses aptitudes, recevoir une instruction telle qu'il pourrait accéder aux niveaux les plus élevés de notre République. Mais encore faudra-t-il qu'il aime notre pays de toute son âme. Encore faudra-t-il qu'il reçoive son passeport à l'issue d'une cérémonie solennelle et non « jeté au travers d'un guichet » comme ce fut le cas pour mon épouse russe quand elle devint française !

Nous venons d'une grande Histoire. L'Europe est une réussite humaine incomparable, l'œuvre avant tout de notre génération. Il n'est pas question de dilapider cet héritage. Nous disposons pour cela d'un atout : nombre de Français d'origine étrangère présentent un niveau d'éducation et d'intégration remarquable. Faut-il mentionner la foule de savants, d'artistes, de professeurs, de praticiens et de cadres que nous donnent nos brillantes minorités exogènes ? Pour la plupart, ces personnages sont fiers d'être français. Ils sont prêts à bien des sacrifices pour notre patrie : leurs ancêtres nous l'ont déjà montré. Ne soyons donc pas pessimistes : l'Asie centrale, par exemple, qui n'est pas protégée par une mer devant une invasion incontrôlée, qui est entourée de pays rapaces, dont les composantes nationales demeurent rivales, voire ennemies, dont l'économie et l'administration sont grevées de tares quasi irrémédiables, va plus mal que nous. Et pourtant, elle s'accroche à ses valeurs, à son islam de tradition soufie, à sa vie sédentaire ou nomade, malgré des situations difficiles, des régimes oppresseurs et l'influence néfaste du salafisme, intégrisme musulman. « Défendre le pré carré », c'est exactement ce que font les Afghans de tout bord, mais par malheur d'une façon anarchique et vicieuse. Les Centrasiatiques, eux aussi, seront affrontés à l'islamisme et à l'ingérence de grandes puissances, confrontés aux pinces maladroites des crabes américains ou chinois. Leur volonté de rester eux-mêmes est aussi notre défi : qui sait ce qui nous attend en Europe d'ici la fin du siècle ?

Cet essai s'est proposé d'aborder l'Asie centrale – un sujet complexe et mal connu – ainsi que, parfois, l'Europe, par le regard que je porte sur elles depuis si longtemps. Au fil de ces lignes, je n'ai pas reculé devant le petit détail, le récit curieux, l'information inédite. Ma vie, aussi bien qu'*une approche poétique de la réalité*, m'ont amené à penser que ces détails, ces observations décrivent un asservissement qui est en train de s'étendre au monde entier. « Il n'est de problèmes que d'hommes », dirai-je en paraphrasant Jean Bodin. Dans un univers où des vestiges – tel le minaret de Djam – expriment la grandeur et la beauté de temps révolus, tout disparaît et s'effondre devant la nouvelle invasion qui n'est pas seulement celle du terrorisme, d'exactions de vandales, mais aussi celle d'un déluge fait de matérialisme, de techniques, de trivialités, de fanatismes. Emportés par le flot de la résignation, bien peu résistent, au jour le jour, s'accrochent malgré tout à quelque espoir. Pourtant, l'avenir gît dans ce qui surnage d'âme, d'esprit, de courage, d'abnégation et de dévouement. Pour que la civilisation survive, il va falloir se battre désespérément, mais intelligemment, du fond du cœur, avec rage, mais aussi, si possible, générosité, courtoisie, dignement pour tout dire.

L'étude approfondie de l'Asie centrale m'a paradoxalement rendu mon enthousiasme pour l'Europe. Dans ma jeunesse j'étais « européiste » au point d'avoir mis en jeu ma carrière militaire en écrivant en 1978, au sein d'un sympathique trio de jeunes idéalistes, « Euroshima, construire l'Europe de la défense ». En définitive, malgré un scandale considérable, tout s'est bien passé et notre petit « brûlot » – traduit en chinois, s'il vous plaît ! – a fait littéralement le tour du monde. Mais les « gardiens du temple », les tenants de la force de dissuasion nationale, ulcérés par notre engagement[1] m'avaient peu à peu « dissuadé » de continuer

---

1. Nous étions allés jusqu'à envisager l'utilisation avec les Anglais de nos divers sous-marins nucléaires avec des équipages mixtes pour des patrouilles en commun.

dans cette voie sans espoir, disaient-ils. Et je m'étais replié sur le patriotisme de gauche de M. Chevènement et l'étude consolatrice de l'Asie centrale, grande révélation de mon séjour en URSS (1970-1972).

Mais voici qu'en 2016, les Éditions du Cerf me commandent une étude serrée, intransigeante, de fond, sur cette Asie centrale qui était devenue mon refuge intellectuel. Plus question de passer sous silence certains phénomènes embarrassants ! Ainsi ai-je découvert, ces derniers temps, un parallèle nationaliste étonnant entre le petit cap européen de l'Asie adonné au détricotage de son Union à 28 et l'ensemble disparate des 7 pays centrasiatiques acharnés, comme nous l'avons vu, à cultiver leurs différences et à refuser tout rapprochement entre eux...

Il m'est aussi apparu que les uns et les autres étaient littéralement « assiégés », menacés de disparaître corps et biens dans un naufrage dont fort peu s'inquiétaient. D'un côté l'Asie centrale à 7 était prise en compte par trois superpuissances : la Russie accrochée à son pré-carré du Turkestan occidental et l'Amérique fourvoyée en Afghanistan : le tout sous le regard impassible d'une Chine incrustée au Xinjiang et prête à lancer, jusqu'en Europe, les rets de ses autoroutes et voies ferrées. De l'autre, l'Europe occidentale, grâce à l'Alliance atlantique, était tenue en mains sous prétexte de défense, depuis presque trois-quart de siècle, par les États-Unis. Pas question, aux yeux de Washington, qu'une telle Europe élargie à l'Europe centrale et aux Balkans devienne superpuissance à son tour ! Sous la pression américaine, notre grande sœur européenne, la Russie, un temps disponible pour se joindre à l'Europe, avait même été rejetée dans les ténèbres de l'Est et, ne pouvant faire autrement, s'était fourvoyée aux côtés du Céleste Empire.

Le problème est que tout ce joli monde est maintenant en proie, à l'est comme à l'ouest, à un envahissement venu du sud : invasion de pauvres gens démunis, mais utiles et estimables, voisinant cependant avec des brigands parfois saisis par une foi militante et dévoyée.

La guerre gagne du terrain... Il convient de refuser tout ce qui divise et d'accepter tout ce qui rassemble. Prise en étau entre États-Unis et Chine, l'Europe doit impérativement s'unir « de l'Atlantique à Vladivostok » ne serait-ce que pour survivre et préparer le retour au bercail des Russes : tout indique que ces derniers ne resteront pas indéfiniment à l'ombre de la Chine. Avec l'Europe occidentale et orientale, ils pourront constituer une force intermédiaire, rayonnante d'une vieille civilisation qui tiendra à distance les autres superpuissances.

L'Asie centrale ? Elle m'a fait revivre et m'a tant donné que je voudrais qu'elle soit sauvée elle aussi. J'ai aimé avant tout son accueil si chaleureux, si bienveillant. J'ai adoré la beauté délicate, l'intelligence et la vivacité de ses femmes, la grandeur divine de ses montagnes, l'immensité poignante de la steppe, l'élan de ses chevaux. J'ai succombé à la fascination de son passé. Je souhaite donc que, pour survivre, les républiques centre-asiatiques s'unissent enfin et que leur appartenance à l'Organisation pour la Sécurité et la Coopération en Europe (OSCE) les amène à s'arrimer à une «Grande Europe» de l'Atlantique aux monts Célestes.

Épilogue

NOTES DE VOYAGE PRISES AUX ENVIRONS D'ACHKHABAD (TURKMÉNISTAN SOVIÉTIQUE) LE 17 AVRIL 1971

« *Une simple image concrétise parfois, dans la mémoire du voyageur, le destin d'un peuple qui lui est familier. Près d'une petite gare d'Asie centrale, une jeune paysanne était assise à même le sol, serrant dans ses bras un enfant. Le buste légèrement penché, les yeux baissés, la mère berçait son petit d'un mouvement à peine perceptible. Etait-elle ouzbèke ou turkmène ? Elle avait le teint cuivré des gens du désert et portait le long* koïnek [1] *rouge des femmes du Karakoum. Les rayons déjà brûlants du soleil faisaient briller, sur ses cheveux noirs tirés en arrière, les parements nacrés d'une petite calotte rituelle bleu foncé. L'enfant aussi portait la* tioube-tieika [2], *mais noire et brodée de cosses d'amande. L'ombre ténue d'un arbre proche jouait sur les visages où la finesse*

---

1. Robe longue, de couleur écarlate, des femmes turkmènes.
2. Nom en russe des différentes calottes traditionnelles arborées par les Ouzbeks, Tadjiks ou Kazakhs. Les coiffes diverses des femmes de ces nationalités portent également en russe le même nom.

d'une ascendance mongole nuançait la régularité des traits touraniens. Indifférents à la cohue des kolkhoziens slaves[1], la femme et l'enfant attendaient, superbes et isolés, liés l'un à l'autre par une immobilité d'apparence et l'échange inexprimé de leur tendresse. Une heure après, le tableau qu'ils offraient était le même. Sous la paupière étirée, le regard fixe mais sans violence, tendu vers la steppe illimitée, était la proie d'un rêve intérieur.

Les peuples du Milieu des Empires sont énigmatiques. Mongols ou Touraniens, qu'attendent-ils, si calmes, auprès de l'Afghanistan sanglant[2]? Comment restent-ils si vivants, si particuliers sous le poids des systèmes? À quel sort fatidique préparent-ils tant de beaux enfants[3]?»

*

Que changer à cette conclusion du *Milieu des Empires*, pourtant écrite en 1971 et éditée en 1981? Le *Milieu des Empires*, ou Touran, ou Turkestan ou Asie centrale, est resté depuis, humainement, le même. Pendant près de cinquante ans, des marionnettes se sont agitées sur l'avant-scène politique mûes par des fils que manipulaient en coulisse des personnages intrigants... L'idéologie s'est effacée, certes. L'économie s'est modi-

---

1. Rappel: l'observation remonte à 1971.
2. Ce commentaire a été écrit en 1980, soit après le début de l'intervention soviétique en Afghanistan (décembre 1979).
3. René CAGNAT et Michel JAN, *Le Milieu des Empires*, p. 290.

fiée. Quelques-uns se sont enrichis. Parfois, guerres et révolutions ont sévi. Les capitales sont devenues, de temps en temps, le décor des tragédies qui s'y jouent. Mais les peuples centrasiatiques, avec leurs problèmes, leurs misères, leur personnalité, sont restés, pour l'instant, à peu près les mêmes en gardant en particulier leur sagesse intrinsèque, leur génie profond et souvent une feinte impassibilité. Qu'on ne s'y trompe pas! Ce calme affiché procède plus d'une intériorisation que d'une passivité : les Centrasiatiques ne sont pas ces « hommes-plantes » qu'on s'est amusé à voir en eux : les révolutions kyrgyzes ont prouvé qu'ils peuvent aussi réagir... Que Dieu (Allah) les préserve tels qu'ils sont : encore humains, accueillants, fraternels, au sein d'une société encore familiale, clanique, en un mot solidaire et sous une administration sévère, certes, mais simplissime. Les ravages et l'égoïsme de la société de consommation et les complications inouïes de l'informatique ou de la cybernétique – pour ne citer qu'elles! – commencent à peine à y sévir : bel avantage sur nous!

Prière[1]

Peu m'importe, Seigneur, que l'on t'appelle Être suprême, Allah ou Jéhovah, car Tu es Dieu unique de tous les gens du Livre. Juifs, chrétiens ou musulmans, nous croyons tous en Toi et nous appartenons donc tous à une même famille. Mais tu vois combien nous sommes de plus en plus divisés, pleins de haine les uns envers les autres. Alors, Dieu le Père, toi qui es tout-puissant, juste et miséricordieux, penche-toi sur le malheur de tes enfants et vole enfin à leur secours ! Éteins de quelques larmes le brasier du fanatisme, du crime, de la terreur, du racisme. Chasse loin de nous l'ignorance crasse, la bêtise épaisse, l'intolérance, la sécheresse du cœur. Fais-nous atteindre un monde où nous pourrions vivre tous ensemble, être heureux au prix de quelques efforts, de quelques partages et d'un amour réciproque. Donne-nous de nous comprendre, de nous respecter, de nous rencontrer sans arrière-pensée, bras ouverts, mains tendues vers une autre culture, une autre beauté. Donne-nous à tous, Seigneur, d'être enfin frères et sœurs, pour l'éternité !

---

1. Texte paru dans *du Djihad aux larmes d'Allah, Afghanistan les sept piliers de la Bêtise*, p. 143, éd. du Rocher, Paris, 2012.

Remerciements

À mon ami Serghei Massaoulov, cosaque, « afghaniets »,
spécialiste de relations internationales, homme d'action et,
néanmoins, de réflexion,

À Myktibek Arslanbek, cinéaste kyrgyz et croyant sincère,

À David Gauzëre, docteur en sciences politiques, jeune
chercheur français de grand talent,

À Sébastien de Courtois, jeune écrivain et turcologue qui
m'a fait bénéficier de son expérience déjà grande,

À mon ami Paul-Henri Ravier aventurier émérite de la
Cour des Comptes,

À Vala et Guy Porcedda qui m'ont prodigué conseils et
procuré refuge,

À Bernard Rouault, Charles Plumey et Mathurin
Gaudin, mes bons compagnons de route.

Le « djihad du président Bush »

PAR RENÉ CAGNAT

L'étranger qui vit aujourd'hui en Asie centrale et constate le mépris plein de saint de pitié à l'égard des Pachtouns et de colère à l'encontre des Américains. Comprend

d'écoute, argent pour souloyer, amalée précis et paquenait grâce à quelque l'information, gouvernements révoltés par l'attentat, décidés à dire tout ce qu'ils savent et faire tout ce qu'ils peuvent. Il était une fois des Soviétiques, la plus grande chef terroriste du monde. S'appuyant sur l'argent de la drogue parce qu'ils ne pouvaient pas faire autrement, les Pachtouns trouveront dans un sanctuaire d'où personne n'aura le courage de les déloger et y feront figure de justiciers de l'Islam : ils seront les héros.

leur terrain, comme les Tchétchènes. Ils ne croient pas. Les victoires des bombardements en font des enragés. La guerre est pour eux une sorte de sport où l'Américain est le plus prestigieux des gibiers.

avaient fait leur temps ». Voici qu'aujourd'hui ils continuent à se défendre contre cette guerre à distance, l'Américain est plus fort et le danger de déstabilisation est considérable pour la péninsule indienne.

quant à la fidélité d'une Alliance du Nord composée elle-même de musulmans.

S'appuyant sur l'argent de la drogue, les Pachtouns se maintiendront dans un sanctuaire et y feront figure de justiciers de l'Islam

L'intervention militaire des Américains, telle qu'elle est maintenant amorcée en Asie centrale, est aberrante

Du même auteur

- *Euroshima, Construire l'Europe de la défense*, essai en collaboration avec Guy Doly et Pascal Fontaine, Média, 1979. (Traduit en chinois).

- *Le Milieu des Empires, Entre Chine, URSS et Islam, le destin de l'Asie centrale*, monographie, en collaboration avec Michel Jan, Robert Laffont, 1981, 1990. (Traduit en turc).

- *Minorités à l'âge de l'État-nation*, essai collectif, sous le pseudonyme de René Tangac, Fayard, 1985. (Traduit en anglais).

- *La stratégie oblique de l'URSS*, essai collectif, Les Sept épées, 1985.

- *La rumeur des steppes, de la Russie à l'Afghanistan, de la Caspienne au Xinjiang*, essai, Payot 1999, 2001, 2012.

- Asie centrale, vision d'un familier des steppes, *album photo commenté, Transboréal, 2001, 2003*.

- *Djildiz ou le chant des monts Célestes*, roman, Flammarion, 2003.

- *L'Asie centrale après la guerre contre la terreur*, essai collectif, l'Harmattan-Choiseul, 2005.

- *En pays kyrgyz, vision d'un familier des monts Célestes*, album photo commenté, Transboréal, 2006.

- *Voyage au cœur des empires, Crimée, Caucase, Asie centrale*, livre d'art, en collaboration avec Alexandre Orloff, Imprimerie nationale-Acte Sud, 2009.

- *Du djihad aux larmes d'Allah, Afghanistan, les sept piliers de la bêtise*, essai, Le Rocher, 2012.

- *Il était une France 1870-1970, Conseils à mes petits-enfants et petits-neveux*, mémoires familiaux, Le Rocher, 2014.

- *L'Asie centrale*, guide touristique, Mondeos 2006, 2008, 2011, Mondeos-Michelin 2018.

Table des matières

Composition : Le vent se lève...

Dépôt légal : juin 2019

Imprimé en France par EPAC Technologies
N° d'impression : 4550414304921
Dépôt légal : juin 2019